商业战略顾问
财务自由者
帅健翔
作品

财务自由

第一课

提前过想过的生活

湖南文艺出版社
HUNAN LITERATURE AND ART PUBLISHING HOUSE

博集天卷
CS-BOOKY

图书在版编目（CIP）数据

财务自由第一课 / 帅健翔著 . —— 长沙：湖南文艺出版社，2021.3（2023.9 重印）

ISBN 978-7-5726-0070-8

Ⅰ.①财… Ⅱ.①帅… Ⅲ.①私人投资－通俗读物 Ⅳ.①F830.59-49

中国版本图书馆 CIP 数据核字（2021）第 028925 号

上架建议：商业·成功励志

CAIWU ZIYOU DI-YI KE
财务自由第一课

作　　者：帅健翔
出 版 人：陈新文
责任编辑：匡杨乐
监　　制：邢越超
策划编辑：李彩萍
特约编辑：王　屿
营销支持：周　茜
封面设计：利　锐
版式设计：李　洁
出　　版：湖南文艺出版社
　　　　　（长沙市雨花区东二环一段 508 号　邮编：410014）
网　　址：www.hnwy.net
印　　刷：三河市中晟雅豪印务有限公司
经　　销：新华书店
开　　本：875mm×1230mm　1/32
字　　数：245 千字
印　　张：9.5
版　　次：2021 年 3 月第 1 版
印　　次：2023 年 9 月第 3 次印刷
书　　号：ISBN 978-7-5726-0070-8
定　　价：52.00 元

若有质量问题，请致电质量监督电话：010-59096394
团购电话：010-59320018

自序

你也可以"少奋斗 20 年"

　　如果你能翻开这本书，证明你改变财富命运的时候到了！过去 10 年，我一直辅导学员重新认识财富和自己。很多人问过我：钱为什么重要？我的答案很简单：有钱，意味着你拥有更多的选择权。

　　因为我见过太多人——有毕业时想留在自己喜欢的城市、做自己喜欢的事情，却不得不因为家里切断经济来源的"要挟"，服从了家长的安排，把命运交给别人，眼见着自己的"喜欢"变成了"遗憾"的；有明明不喜欢一份工作，在公司受尽了委屈，却不得不因为生计一次又一次地妥协的；有在爱情和面包面前一直徘徊，想跟最爱的人在一起，却担心无法过上想要的生活的；也有没车没房，不敢面对"追要彩礼"的丈母娘，等好不容易结了婚、有了孩子，别人家都是宽敞学区房，自己家只有"老破小"的……上有老下有小的压力，让很多年轻人提前没了头发。人生最大的遗憾莫过于，你想拥有，但是只能说：我没有钱。

　　跟大多数人一样，我也曾因为没钱而错失良机，也曾迫于现实压力丢了爱情。生活把我逼进了死胡同，人生一度看不到任何希望。穷则思变。我几乎尝试遍了大家所知道的每一种赚钱的方式，既而开始转变我的思维，到最后，我找到了一种很多人都希望拥有的"躺赚"模式。

其实很多人没有钱，一方面是因为赚不到钱，另外一方面是因为守不住钱。我们从来到这个世上开始，就已经在花钱了。小时候自己不能支付，是父母替你花；稍大一点，父母把钱给你，你亲自花。而赚钱呢？基本上大部分人都是从 20 多岁大学毕业后才开始的。这就揭示了一个再平常不过却一直被忽略的真相：你花钱的经验，比你赚钱的经验，几乎多出了整整 20 年的。你花钱的能力太强大了，赚钱的能力却远远赶不上。这就是你要"多奋斗 20 年"的原因。

所以这本书最重要的任务就是：**帮你降低你的花钱能力，提高你的赚钱能力**。否则，你可能永远处于"存不下什么钱""赚完花、花完赚""钱永远都不够"的不良状态里。你会感觉自己像个陀螺，周而复始，却永远摆脱不了"没钱"的命运。但其实，很多弯路，你本不必走。我把我多年如何赚钱、存钱、用钱从而变有钱的经验与方法告诉你，你也可以提前过上自己想要的生活。

在这本书里，你将了解：

——原生家庭不曾系统教你的重要理财观念；

——如何复制有钱人的思维和习惯，避免情绪化决策；

——如何将现金流视觉化，轻松存下更多钱；

——把钱用掉前要问自己的 7 个问题；

——如何找到自己在工作以外的价值，开启属于自己的小生意；

——钱能生钱的秘密，被动收入的新门道；

——懒人也能"躺赚"的基金投资法。

比如谈到财富，每个人都在找致富的方法。他们误以为，只要掌握了方法，就可以一劳永逸，却忘了方法有其局限性。比起方法，更重要的是"心法"。我发现，要达到财务自由，心法一共只有7个字：赚钱，存钱，钱生钱。这三者中的任何一个掉链子，你都难以真正做到有钱又有闲。打破旧循环，换一种思维和行动方式，按照新的心法，来换一种活法，这就是"少奋斗20年"的关键。

我从13岁开始在大街上尝试卖报赚钱，到26岁后只靠利息来生活，用了13年的时间，基本达到了财务自由。我在想，如果我当时手上有现在这本书，达到财务自由的时间应该至少可以缩短一半。

纵观市场上的其他理财书，或提供了思维方式，但不具备能照做的实操技巧；或提供了具体实操方式，但读完之后发现，并不是对每个人都适用。所以在本书的创作过程中，我特别注意取其精华，去其糟粕，补其不足。通过结合经典和大家的智慧，以及个人实战经验，最终写就了这本既有思维方向指引，又有实操方法的，适合每一个人边学边用的理财书。之所以命名为第一课，是因为它要帮助你用最舒服的方式开始，然后过钱有闲的生活。

这本书，我专门挑了夜深人静之时来创作，为的是对财务自由的议题进行深度而密集的思考。所以如果你觉得读起来稍有困难，请给自己时间和耐心，多读几遍即可。希望你通过实践书中的原理和技巧，在不久的将来，可以像我一些过往的学员一样，在公众号或微博中向我报喜："老师，践行了你的理念后，我真的是越来越有钱了！"

祝你从翻开这本书的今天开始，少奋斗20年，有钱又有闲！

帅健翔

2021年1月11日

于三亚

如何使用这本书，让你的收获最大化？

1. 增加遍数：

全书至少读三遍，每年至少读一遍，直到完全掌握。

2. 加大投入：

读书时，准备好笔，边看边画，并在空白处记录你的灵感。

3. 提问反思：

读完每篇文章，回答以下 3 个问题：

- 我在这篇文章中，学到了什么？
- 我怎么把学到的马上运用起来？
- 我怎样用学到的来帮助身边的每一位朋友？

4. 完成作业：

结合自己的过往经历和未来目标，写下每一章的学习感悟。

5. 加强交流：

把你的画线好句、摘抄灵感、反思回答、学习感悟等，拍照发微博，并加上话题 # 财务自由第一课 # 和 @ 小帅老师，就能随时和帅老师互动。

6. 更进一步：

把《财务自由第一课》送给三位你最好的朋友，并在"赚钱，存钱，钱生钱"的路上，相互鼓励，相互鞭策，互相陪伴十年，一起达成有钱有闲的梦想。

声明：书中出现的一切基金和股票不作为投资建议，仅用作举例。

目录 Contents

Chapter *1*
财富观念篇

重塑你的金钱脑和钱意识

Chapter *2*
轻松存钱篇

存款越多，人生越自由

Chapter *3*
精明用钱篇

越用越有钱的金钱使用法

Chapter *4*
优势赚钱篇

$

个人商业时代，用自己的优势赚足够的钱

Chapter 5
翻倍思维篇

让钱为你工作，实现财务自由

Chapter *1*
财富观念篇

重塑你的金钱脑和钱意识

1. 原生家庭理财观：

为什么我的钱总是会花光？

你有没有想过，是什么决定了我们的金钱观？或者换句话说，是谁教会了我们支配手中的金钱？请你思考几秒，然后回答这个问题。

这个问题我问过身旁的无数人，包括我的好友、同学、粉丝，当被问到这个问题的时候，他们都会陷入一种茫然的状态。然后我就想，为什么会茫然？因为他们想来想去，都找不到答案。

上课时我常讲，每一个问题都会有一个答案。如果你得不到答案，很大可能是因为你根本没有问题。或者，还有一个可能，就是你问错了问题，找错了方向。

99% 的普通家庭财富教育现状

比如说刚开始的那个问题：谁教会了我们支配手中的金钱？你想来想去，发现还是没有答案。所以很明显，根本的问题是：从来就没有人系统地教过我们应该如何支配手中的财富。

通常我们对一个问题刨根问底的时候，总会论及原生家庭对我们的影响。而当我们论及原生家庭对我们的影响时，我们总会把注意力集中于，就是因为原生家庭教过我什么，所以我今天才会出现什么样的问题……在此过程中，我们却忽略了一个更重要的方面：是否原生家庭没教我们什么，才导致了我们今天的问题？因为很可能没教过的东西比教过的东西对我们的影响更久远。因为看不见的部分，永远比看得见的部分影响更大。

财富的支配，就是其中一种原生家庭通常不会系统教导，但又会影响我们整个生命历程的重要课题。零零碎碎，甚至可以说支离破碎的财富观念灌输和教导，就是 99% 的普通家庭财富教育的现状。

而大多数人的现状是什么呢？就是背景差不多，都来自普通家庭。普通家庭可以大致定义为中产或中产以下收入水平的家庭。今天我们提出这个有关普通家庭大致的定义，不是为了分优劣好坏，而是为了让大家看清现状，以便以现状为基础，做进一步的突破。

需知道，改变现状的第一步，就是认清和接受现状。

1）钱意识的萌芽：你第一次花钱

那你最初关于钱的意识，到底是如何形成的呢？

我想先问你一个问题，帮你打开思路：你还记得你第一次花钱的经历吗？我还记得我人生中第一次亲自花钱。那时候我五六岁的样子，家里来了一堆客人，后来汽水不够了，我妈把我喊过去，边递出一张纸币边跟我说："儿子来，去小卖部给大伙儿买点汽水。"我还清晰地记得，那是一张 50 元的钞票。我拿着钱，领着一帮小朋友来到小卖部，眉飞色舞地和大家说："想吃什么、喝什么，随便拿，我来买单！"

　　第一次有了钱的支配权，然后花出去，我的感受是什么呢？当然是很开心。而从其他小孩的状态给我的反馈，我感受到他们也很开心。看到他们的开心，我甚至会有一种莫名其妙的自豪感。从此我便知道了，花钱，可以买来快乐。

　　当然，我妈毕竟是我妈，一个聪明绝顶的女人。当时她把钱交到我手上的时候，还跟我说了一句："虽然给你 30 元应该就够了，但我现在给你 50 元，如果你最后能剩下 20 元或更多，你将会得到额外 5 元的奖励。"小孩子都喜欢奖励，我也果真剩下了 20 多元钱回家，如愿以偿。那时候我年纪还小，不知道妈妈的用意，现在长大了，研究过了心理学，懂得了理财的方法，有了自己的财富观和思维方式，才恍然大悟——原来在 20 多年前，从第一次花钱开始，我不仅仅感觉到了花钱的快乐，还额外感受到了存钱的快乐。妈妈的一句话，让我的钱意识更加完整了。

　　但对大部分人而言，第一次花钱的场景，一般会有两个问题：一是从来没有人告诉你这个钱应该怎么花；二是你通常不是为自己花钱，而是帮爸爸，或者妈妈买东西。总而言之，这不是一个自主行为，而是一个学习行为。**第一次花钱，为我们创造了一个花钱的"回路"，也为我们创造了几个事实。**

　　第一个事实——无论你手上拿的是多少钱，也许是 5 元、10 元，也许是 20 元、50 元，因为拿到的额度较少，通常你都会花完。

　　第二个事实——因为没有事先被教导，也没有办法通过学习来进行主动选择，所以通过第一个事实，你会得出一个可能影响你余生的结论："因为钱花得完，所以钱是有限的。"你开始有点害怕。

　　第三个事实——通过第二个事实，你又有了一个看上去更加客观的结论："因为钱是有限的，所以钱得省着花。"你隐隐约约感到有点慌。

　　第四个事实——由于是头一次花钱，对你来说是一个全新的体验，你会感到一种莫名的"兴奋"。然后你就会牢牢记住这种感觉——花钱能使我快乐。这也是后来你总为情绪买单的原因。

对大多数人而言,第一次花钱,除了害怕和恐慌的感觉,还得到了快乐。一言以蔽之,钱让你感到既兴奋,又害怕。因为一方面你意识到,花钱能让你快乐;另一方面你又隐隐约约有些不安,要是钱花完了怎么办?

而这导致的最严重的后果,并不是钱花没了,而是你往后的每一次花钱,都会像第一次花钱的样子。

2)初衷是保护,呈现出来是限制

当然,我说到这里的时候,你可能会想:要是父母当初有这个意识,能多给我一些钱就好了!但你要知道,父母没有给你很多钱,不是因为他们穷,也不是因为他们钱不够,而是另有隐忧。他们认为最重要的理由是保护你。

事实上,无论你的父母处于哪种财务水平,他们总能给出比你手上拿着的要多的钱。比如,你父母能给你 20 元,就一定能给你 30 元。但为什么最终他们选择只给你 20 元,甚至是 10 元,而不是 30 元呢?是因为不够爱你吗?差 10 元就能决定爱和不爱,这爱也太廉价了吧!当然不是了。

那是因为他们害怕你会乱花钱,或是过多的钱会给你的人身安全造成威胁。这是父母的本能,也是他们良好的发心。可是原生家庭对你的保护,最终可能成为对你的限制,更精准地说,会形成你在金钱上的限制性信念。

简单来讲,你父母给你钱的时候带着害怕,你接收这些钱的时候,也同时接收了这种害怕的能量。所以,你第一次从父母手中拿到钱的时候,最主要的限制你的潜意识也形成了:钱永远都不够。"钱花完就没了",

这种钱很稀缺的想法，这颗恐慌的种子，其实在你人生中的第一次花钱之前就种下了。

所以，长大后，你会永远赚不够钱，钱永远不够用，永远不够存。所以，你才一直"月光"，一直存不下钱，然后就一直觉得自己没有钱，一直不能让钱成为你的翅膀，让你如虎添翼，飞得更高。

好在，当你意识到这一点的时候，改变就要开始啦！因为你最终会发现，这只是一个对生活的看法，而不是生活的真相。

3）你的年龄和你的财富年龄

每个人都有一个生理的年龄，就是从你出生到现在为止的年数。假设我们在人生中重视的各个方面也有年龄，我们就可以通过将这个年龄和我们的实际年龄进行对比，清晰地了解我们在此方面的发展程度，以及仍可加强的方向。

比如，我重视的方面是情绪管理、财富支配、人际沟通。我就会常常问自己，此时此刻我的情绪年龄、财富年龄、沟通年龄分别是多少岁呢？这样类比，会更有利于你对这些方面的理解。也许这并不是一个十分精确的准则，但某个方面用年龄来衡量，可以给我们提供一个自我觉察的标准和方向。比如，有的人可能 26 岁，但一激动说话的时候，沟通年龄只有 6 岁的水平。他的表现可能是"一哭、二闹、三上吊"。

财富年龄，正是如此。我知道，你现在处于某个年龄，但是支配你的金钱时，你大概是几岁的水平呢？你的财富年龄和你的真实年龄相当吗？如果不相当，差在哪儿？你可以做点什么，让自己的财富年龄有所增长呢？比如，看完这本书，然后用好这本书？万一你觉得，你的财富年龄超越了你的真实年龄，你做对了什么事情呢？比如，在花钱上，你可能有超越年龄的自控力,你是如何做到的?谁启发过你呢?从财富年龄出发,认清现状,将有利于我们迈进下一个阶段。

依照我的观察,绝大多数人,财富年龄小于实际年龄;多数人的财富年龄停留在孩童阶段,也就是说,他们的财富大脑,在孩童以后就没有再更新过了。少数人的财富年龄超越他们的实际年龄。而只有极少数人,在财富上的成熟度,让他们不管是在认知上,还是在行动上,都能大大超越自己的同龄人。所以,财富,就成了他们最有力的前进工具,而不是让他们举步维艰的限制。

无数事例告诉我们,要么你把控财富,要么财富限制你。做金钱上的成年人,掌控财富,就能开始掌舵人生。

2. 理财就是理生活：

牺牲情绪上的放任，换来更高的自由

　　人该如何才能更了解自己呢？有人回答说：照镜子呗！但是，一个人无法只通过照镜子，就完全了解自己，因为镜子只能照到人其中的一面。如果一个人想要真正了解自己，就要把自己放在一个更大的系统中——如学校、公司、社会等，做反向观察。

　　正如我们想要真正了解财富、理财等的知识，我们就不能只谈论它们本身。我们也要学会把金钱放到更大的系统中，以便通过更大的系统，反向来理解它们的全貌。比如，当我们把理财这件事放到生活中，我们才会真正以我们的人生为导向、生活为目的，去了解理财，而不仅仅是纠结于加减法和几个数字。深度而全面地认知"理财"二字，才能帮助我们在这条道路上正确开始，顺利行走。

1）财务状况，就是对生活状态的反映

虽然我不知道你理财的目的是什么——有的人想孝敬父母，有的人想换更大的房子，有的人可能只想获得心安，但我知道，如果我们想通过理财来达到更好的财务状况，都离不开一个共同的目的，就是拥有更好的生活和未来。而财务状况，好比我们上学时的学习成绩。一个阶段的学习成绩，会反映出我们该阶段的学习情况。

我们的财务状况，也全然反映了我们那段时间内的生活状态。一方面它代表了你的能力，就像你各科的能力都不错，就得到高分；另一方面它代表了你的竞争力，如果你发挥出自己的优势，也能得到高分。能力和竞争力的最大不同在于：能力的立足点是个体，也就是你自己；而竞争力的立足点是关系，就是你跟你的对手做比较。

财务状况就相当于给你这两方面的能力综合打一个分数。如果这个分数目前比较糟糕，就说明了你的生活状态也比较糟糕，它甚至能直观地反映出，在职场上，你的业务能力比较低。我们不得不面对一个现实，在离开校园以后，我们衡量一个人的生活是否有起色、是否有进步，就看他的收入水平是否有变化。因为，收入水平是业务水平的重要指标。说白了，业务水平持续提升，收入水平也随之增长；业务水平下降，收入水平也随之降低。

所以你发现了吗？解决财务问题的关键是你真正掌握一项能力，或真正拥有核心竞争力。用大白话说，就是让自己的业务水平保持增长，以谋求财务状况的改善，从而让生活有起色。

至于怎么让自己拥有优势和竞争力，可以参考《优势成长》一书，这里不再赘述。

2）理财的理，不仅仅是"打理"

我们常听到有钱人说："钱啊，对我而言，就是个数字。"听见这句话我们的第一反应是，啊，他们好像在炫富。我想告诉你，他们没有炫富，反而道出了事实，还给我们指明了方向。

"钱就是个数字"，从此刻开始，你也试着认真理解一下这句话。不加判断，不加预设地理解，看看这句话到底在表达什么。无论你手上有多少钱，打开你的微信或支付宝，看看那个余额，它是什么？没错，它就是个数字。于是你开始变得客观理智了，最后你知道了：钱就是数字。这里的潜台词就是：你越了解数字，你就会越有钱。

你一直在说钱，钱，钱，但你对钱没有感觉，也没有概念。直到钱被量化出来，它才能被感知。所以，理财的理，不仅仅是打理、整理和管理的意思，还有最重要的一层含义：理性。无论财富多少，最终我们要看的是理财的结果，这个结果也必须通过数字来呈现。所有的结果，都是理性的。借由数字，我们才会对结果有衡量。因为理性，所以有财。

所以，富人想告诉你的其实是：时刻保持理智，提高对数字的敏感度，建立数字化思维。所以说白了，如果你不开始用你的理性大脑，运用理性的思维，你就无法解读这些理智的结果，也就无法真正掌握财富。

但问题是，过去的 10 年，乃至 20 年，不管是赚、用，还是存，我们都几乎采取同样的方式、相似的行动来对待钱，我们一直在旧有的模式中徘徊，所以得到的还是同样的结果。

如果要改变结果，很简单，改变你的行为。

如果要改变行为，更简单，改变你的思维。

再强调一遍，财富的思维，就是理性的思维，就是数字化的思维。

3）牺牲小满足，换来大满足

什么是缺乏理性的表现呢？据我的观察，大部分人花钱，都是一种情绪上的发泄。那为什么情绪又可以这样被放任，被毫无顾忌地发泄出来呢？其本质原因是，原生家庭没有教过你如何进行情绪管理。但这最终会让你变成穷人。

一个平凡的事件，简单的语句，就能扰乱你的情绪。于是你在坏情绪下就开始乱花钱，买一堆没有用的东西，等清醒过来，发现自己买了一堆没有用的东西之后，又懊悔不已，觉得自己才是那个没用的东西，坏情绪再次出现，继续乱花钱。而每次这些特定的事件和语句出现，都会让你像巴甫洛夫的狗面对刺激时流口水一样，产生坏情绪。接着造成坏情绪的 compound effect（复合效应），让坏情绪更坏，钱花得更多。直到你的钱都因你的情绪被花光后，无处发泄的你，就会找到成本最低的情绪出口，毫不费力地成为一个"网络喷子"。

但恶性循环到这个时候还没有结束。你可能忽略了，要是你变成了喷子，这就是在用你现在的情绪，继续左右他人对你的看法，透支他人对你的信任，降低他人对你的好感，这些是你"未来的钱"。简言之，如果你习惯用情绪应对一切，你就会消耗过去的钱，让现在的自己没钱，并预支未来的钱。过去、现在、未来都没有钱，是不折不扣、彻头彻尾的穷人啊。

你原以为，是你那些不断购买的习惯，让你留不住钱。但究其根本，是你总在为你的情绪买单。于是情绪就成为你前进路上最高的一项成本。值得注意的是，这里所说的情绪，指的不光是消极情绪，还有积极情绪，最起码，是看起来好像积极、正面的情绪。比如，"双 11"的时候，商家打折促销，你一看高兴坏了，冲动消费，买了一堆自己不需要的东西。这里从头到尾，并没有什么所谓的消极情绪，却又是一个为情绪买单的案例。又比如，我以前在新东方当老师，需要用到手提电脑来备课、上课。我发现我有的同事，喜欢每年换一台新电脑，且价格基本上万。我不明白原来的电脑好好的，为什么要换？难道换一台电脑，课会讲得更好？在好奇心的驱使下，我找到一位相熟的同事询问："过去10年，你买了10台电脑，为什么呢？"她告诉我的理由却出乎意料地简单："用新电脑很开心啊！"你看，又是很典型的为情绪买单的案例，就像有人习惯性地每年要换一部手机一样。但你有没有想过呢，你真的那么需要一部新手机吗？

对于手机、电脑等设备，我给自己设定的规则是：不坏不换。比如，2014年年底，我换了iPhone 6，一直用到坏，2017年年底，换了iPhone X，这部手机我一直用到今天。又比如，最近我买了新的手提电脑，是因为我原来用了5年的电脑彻底报废了，几千块的电脑用了5年，我也心安理得地让它"退休"了。

我的意思并不是说要节衣缩食，我完全有富余的钱让我每年换一部手机或电脑，或毫不夸张地讲，只要我想，每天换都可以。但我想说的是，理财的本质在于扩大自己的选择权。而财务自由的本质，在于实现选择的自由。如果我拥有选择权，并且我有足够的资本来实现各种选择，为什么我要守着原来一成不变的生活方式呢？难道生活就是为了换电脑、手机？那赚更多钱的目的是什么呢？更换更好的手机、电脑？

所以，不管你有钱没钱，事实上，现在你可以开始养成一个"财务自由"的思考习惯：用同样多的钱，我是否可以换一个选项、换一种用法呢？比如，你总是在商家打折的时候忍不住"买买买"，但把这些钱攒下来，年底就能奖励一次出国旅行。又比如，我的那位同事，买电脑花了差不多 20 万元，要是把钱攒下来，也足以支付一套小公寓的首付了。

注意，我不是让你过度地压抑自己的情绪，有时候满足一下自己的情绪也是必要的，但前提必须是，这是你的主动选择，而不是你毫无察觉地为情绪买了单。作为一个对自己负责任的成年人，最重要的指标，就是对自己的情绪负责。你总能找到排解情绪和压力的方式，比如，向朋友倾诉、跑步、捏方便面，或者听音乐等，而不是只有"买买买"这一种方式。如此一来，你的情绪趋向平稳，也会省下很多因为情绪而花出去的"冤枉钱"。

毕竟，满足当下的情绪，都是小满足；而满足自己更高的精神追求，才是大满足。你要为你的情绪负责，而不是为你的情绪付费。请记住，管钱，就是管情绪。只要牺牲一点对情绪的放任，多一点理智，就能换来财务上更高的自由。

3. 树立正确钱意识：

提高数字敏感度，重新认识价值

前些天，我收到了一个问题，着实把我吓了一跳。有一位同学跑来找我，说："老师，我想达到财富自由，我的目标是在今年下半年赚到1个亿，请你帮我实现吧！"

我有点惊讶，也有点好奇，反问她："你过去三年，每年的年收入分别是多少呢？"

她很快回了我："10万元。"

我继续问："过去的三年，每年都是10万元吗？没有增长吗？"

她说："没有。"

我问："那你自己打算怎么在半年赚到1个亿呢？"

她说："还没有计划。"

先不说这位同学的异想天开，问题的关键在于，她没有正确的钱意识。换句话说，1个亿是什么概念，她并不清楚。我相信在看这本书的你，可能也没有想过这个问题，就让我用一句话说明白吧：年薪10万，想要赚到 1 个亿，一共需要 1000 年。

钱意识层次一：进出

　　大多数人对钱都没有意识，他们只有一种模模糊糊的感觉，所以他们总会说：钱怎么不知不觉就花完了！或者他们会说：都不知道为什么钱就没了。事实上，有钱人都有对钱的觉知和意识，最明显的表现是，他们都能注意到每一次钱的进出。就是因为我们没有意识，对日常的生活，包括对钱也是后知后觉，通常是钱花完了才发现，所以才会没钱！

　　不信？我来问你几个问题，你试着用一秒的时间来回答我：

- 今天你用了多少钱？
- 昨天你用了多少钱？
- 过去一周你用了多少钱？
- 过去一个月你用了多少钱？
- 按过去一年算，你平均每天会用多少钱？

　　也许前两个问题比较简单，今天用的钱，你轻易能记住；昨天用的钱，你稍微想一下，也许也记得。但是过去一周、一个月，甚至一年的呢？你有概念吗？有这个意识吗？如果你不去看账本，不去看任何记录，也不去算，能马上告诉我吗？你看，你根本没在意钱的进出，特别是你没意识到钱的"出"，也就是你究竟花出去了多少。钱都花掉了，却不知道花掉了多少，这下你知道你为什么会没有钱了吧？

　　如果你想更进一步提高你对钱的意识，那我把以上的问题再加深一层，换一个字眼即可。你把以上问题里的"用"字换成"赚"字，再试着回答一下，可能第一个问题就把你难住了。你根本没有算过今天自己赚了多少钱！

要是你想改变你的财务状况，难道不应该好好计算一下"今天赚了多少"和"今天用了多少"，甚至去计较一下今天所用的，有没有超过今天所赚的吗？**开始意识到钱的进出，开始计算和计较，你就会越来越有钱。**

钱意识层次二：数字

上过初中的政治课，我们都熟知一句话：货币，是一般等价物。所以钱意识的第二个层次，就是要明确，在当今社会中，或者说在这个开放的市场中，多少钱和多少物等价。如果你没有意识到钱代表了什么，你对钱没有正确的认知，结果就是，你永远无法赚到超出你认知的钱。

我们来做个小测试，用 3 秒的时间来快速回答以下的问题：

- 1 元等于什么？
- 10 元等于什么？
- 100 元等于什么？
- 1000 元等于什么？
- 10000 元等于什么？
- 100000 元等于什么？
- 1000000 元等于什么？

试着针对每一个问题，快速说出三个或以上的答案。

从上至下你会发现，一开始也许很简单：你可能会说 1 元等于一支铅笔、一盒火柴、一根冰棍、一枚邮票；10 元等于一趟来回的地铁、一斤水果、一本二手书、一个微信随机红包；100 元等于一件上衣、一个线上课程、两张电影票、三杯咖啡等。到了 1000 元的时候，你回答的速度可能就减慢了。到了 10000 元，你可能开始冥思苦想了。再到了 10 万元、100 万元的时候，也许你就根本回答不上来了。

为什么呢？对于这个世界中所能购买到的商品，你从来都没有关注过价格，没有关注过价格所标的那个数字，所以以上这些数字代表了什么、等于什么，你也不甚清楚。而能轻易回答上来的答案，一定就是你的日常生活中经常用到的东西，它们在你的生活中大量出现，让你不得不注意到它们。所以回答这些问题的速度，一定程度上反映了你的消费水平；而消费水平，也在很大程度上反映了你的收入水平。

因为一般超越日常消费水平的商品，我们平时是不会有意识地去关注的，基本上是在想到要买之前才去看一眼价格。也就是说，我们的数字敏感度的边界，就是我们的收入水平。而每个人一开始的收入都很有限，这就意味着，我们对世界上大多数物品的价格和数字，都是毫无知觉的。

为帮助大家提高对数字的敏感度、对金钱的意识，突破认知的局限，我自己有一个小窍门分享给你们，方法简单到只有三个字：猜价格。具体的操作是，下回去餐厅吃饭，或是逛商场，可以在看到价格之前，先凭着直觉猜一猜。值得注意的是，你如果去的是麦当劳，对里面的消费和价格已经十分熟悉了，这个数字就没什么好猜的了。但如果你参加的是一个饭局、一次盛宴，这就是很好的训练机会，请好好把握。

先猜一遍，然后再核对一遍，你会开始关注边界以外的状况，从而扩大边界。久而久之，便能打开你在这一层次的钱意识。

钱意识层次三：比例

关于钱的意识，除了以上两个层次，还有最后一个，也是最重要的层次。为了全然唤醒你这部分的意识，我先来问你一个问题：

- 今天你去电影院看电影，怡宝矿泉水 8 元一瓶，买还是不买？

我们先排除掉那种你快渴死了非买不可的极端情况，不考虑你的需求。

我相信，绝大多数人的选择，都是不买。因为对有些超市里卖1元、市面均价2元的矿泉水而言，8元一瓶真是太贵了！请思考一下，你决策的立足点是什么呢？是什么决定了你不买矿泉水呢？也许你会说，就是价格高太多了，贵了六七元呢！

如果我把问题改一改，改成如下的问题，看看你的决策是否会改变：

● 今天你去电影院看电影，怡宝矿泉水4元一瓶，买还是不买？

这时候，有的同学会维持原本的选择，不买；但有的同学说，只贵了两三元，可以买！

那我把场景换一换，把问题再改一改，你再看看你的决定：

● 今天你到酒店，发现酒店房间里的矿泉水8元一瓶，同时你知道酒店楼下小卖部也有同样的矿泉水，卖4元一瓶，你会直接喝房间里面的吗？

到了这个场景，有的同学说他比较懒，下楼那么麻烦，就差4元，直接喝了得了。有的同学说，不！下一个楼就能省4元，多好，肯定下去买！还有的同学，无论是房间的还是小卖部的，都比均价贵，肯定都不买啊！

看完这几个案例，你有什么思考吗？我想跟你说，无论选什么，都是对的。但是，我想问，有没有三个场景都选择不买的同学呢？如果有，我猜你冥冥中已经具备了第三个层级的钱意识。第三个层级，事实上比第二个层级更进一步。我们关注的，不再是绝对的数字，而是数字间的关系，也就是比例。

如果关注数字，在第一个场景中，8元比2元贵6元；第二个场景中，4元比2元贵2元；第三个场景中，8元比4元贵4元；而在第三个场景中，8元和4元比均价2元，分别贵6元和2元。对大多数人而言，在三个场景中贵出来的6元、2元和4元也许不算什么，因为以我们的总支付能力来说，几块钱只是很小的数额，有人甚至会觉得，就那么几块钱，根本没有省的必要。有人还会这样衡量，这几块钱，比起买电影票的钱和住一晚酒店的钱，根本不算什么。

用"相对性"来衡量价值，进而做购买决定，是人类的通病，也是商家常用的伎俩。运动品牌店里一条长裤卖500元，一双袜子居然要卖100元，你买完长裤，却还是觉得袜子便宜。可是，我想告诉你，一瓶水8元是贵就是贵，虽然和酒店的住宿费比起来价格低很多，但并不代表它真的便宜，我们还是得回归到商品本身的绝对价值比较上来。所以，当我们转换视角，把关注点放到比例上，你可能会洞察到新的东西。

我们来算一笔账。在第一个场景中，8元比2元贵了300%；第二个场景中，4元比2元贵了100%；第三个场景中，8元比4元贵了100%。而在第三个场景中，8元和4元又比均价的2元，分别贵了300%和100%。如果你拥有了看比例的思维，无论你目前是有钱还是没钱，相信你都会像我一样，选择不买。

这样的例子在日常生活中不胜枚举。记得去年我在北京写作，在饭局上碰到一位朋友秋秋，她刚毕业，在报社工作，拿着同龄人会羡慕的收入。

席间秋秋问我："帅老师，我要怎样才能像你一样有钱啊？"

我问了秋秋一个问题："你平常吃外卖通常多少钱一餐？"

秋秋想了想："平均50元吧！"

我继续问："你猜我吃多少钱一餐？"

秋秋说："我都吃50元了，帅老师该吃80元一餐吧？"

我笑了笑说："其实我只吃30元左右一餐，而这就是我比你有钱的原因。"

秋秋不解："不就差20元吗？就有钱了？"

我说："看起来你一餐只是比我多吃了20元，但实际上，我比你省了40%。"

你可能说，多吃20元，吃好的能让你感到快乐。

但我会说，省下 40%，让我更快乐。

因为，试想一下，如果放到基金投资市场来算，要找到一只回报率达到 40% 的基金，是异常困难的。或者换个角度想，100 元钱存在银行定期里一年，按 3.5% 的年利率算，你大概会得到 3.5 元的回报。如果要用这个比例来赚 20 元，就得把 571 元钱在银行放一年。计算比例的意识，会让你重新认识价值，重新定义"贵"，也会让你重新决定该不该花钱、该如何用钱。

进出、数字、比例，这三个层次，构成了我们初步的钱意识，这里的每一个层次都重要，但最后一个层次最重要。不同的层次，对应着不同的结局。当然，站得越高，就看得越远。

4. 杀死金钱脑里的"癌细胞"：

刚开始理财的"4 大误区"

　　你如果想变有钱，就必须有一个健康的金钱大脑。但在刚开始理财的时候，我们总会有一些误区，或者会碰到一些"陷阱"，让我们"掉"进去。而且关键是，这些陷阱从本质上讲，都不是外部导致的，而是我们自己内部引发的。

　　我在课上把它们比喻为金钱脑里面的"癌细胞"。听起来特别可怕，事实上也如此，你的金钱脑本来是帮你掌管金钱的，但"癌细胞"会慢慢开始分裂，占据你的大脑，削弱你的管钱能力。试想一下，若你的大脑都布满"癌细胞"，它就不是金钱脑了，而是一个"癌细胞大脑"。所以，金钱脑里的"癌细胞"每分每秒都在阻碍你变有钱，最终很有可能让你一无所有。

　　你看，虽然只是思维和心理上的误区，但它们实际上对你生活的影响，一点都不亚于病理性的癌细胞。今天我们就要开始把金钱脑里面的"癌细胞"逐一杀死。

癌细胞一：从众心理——以别人为标准

理财的第一个思维误区，就是"从众心理"。在讲为什么会从众之前，我想先问你一个问题：我们一直都在说理财，你觉得理财到底是什么呢？

我猜你会说：理财，就是买一些理财产品。

然后我问：比如说买什么呢？

你可能会说：买基金、买股票，甚至买房子！

好了，关键的问题来了，我接着问你：你是怎么知道要买这些东西的呢？

这时候，99%的人都会说：大家都是这么说的！

你看，你就连最基本的关于理财的概念，都是"从众"而得来的。因为从众，我们对"理财"的概念首先就是有误解的。大家都在说的买基金、买股票和买房子其实只是表面，它们只占理财的一小部分，或者说，它们也只是实施理财的一部分手段而已，并且这种手段的实施，得先有原始积累。简单来说，要买东西，首先得有钱吧？但由于"从众"，大多数人会误以为上述的三种产品就是理财的全部，所以他们会觉得自己离"理财"这件事还很远，所以才迟迟不开始理财。

事实上，今天你就可以重塑一下思维了，记住我的一句话：**理财，就是重新处理"赚、用、存"三者的关系**。这才是理财的本质。如果你刷新了认知，对理财的观念有了全新的理解，你就能发现，无论你处在哪个阶段，其实都可以开始理财。如果你的收入还很有限，就想想该怎么存；如果你的能力还没有完全发挥出来，就想想该怎么赚；如果通过努力，你已经有了一定的积累，就多考虑考虑该怎么用。

而对大多数还在财富累积阶段的年轻人来讲，更好的顺序是"存、用、赚"，这也是本书的展开顺序。因为人刚开始到社会工作，缺乏经验和能力，提高收入是很难的，相反，控制支出就比较简单，所以"存"就该放在第一位。然后你也不难推断出结论：在你没有什么钱的时候，最好的理财方式只有一个，就是省钱，也就是管理好你的"用"，尽可能增大你的"存"，因为你的"赚"不是由你单方面决定的。至于为什么"存"必须放在第一位，其实还另有原因，在专讲存钱的章节我会仔细说明。

话说回来，那么人为什么会从众呢？生物本能使然。我们设想一个场景，假如你回到了原始社会，你和你部落的其他"野人们"穿着草裙，在一望无际的大草原上散步。忽然间，你发现你的小伙伴们都开始朝一个方向奔跑。你猜，你会有什么反应呢？出于求生的本能，你肯定跟着拔腿就跑。如果在那个时候，你不跟着大家，反而站在原地理智思考，你想——为啥他们都跑了？急啥啊，慢慢来！我保证，你一回头，就能看到那头垂涎欲滴的狮子。最后，从众的人都活了下来，不从众的极个别都成了晚餐。

从众心理，简单来说就是我们为了活命而发展出来的一套反应机制。而这种强大的生物本能，刻在了我们的基因里，理所当然地保留至今。但现在和以前不同的是，在绝大多数情况下，我们的生命安全是得到保障的，我们没有那么迫切地要躲避天敌，要"活命"。放任这种本能，反而会让我们忽视事物的本质以及自己的需求，给自己带来损失。而从众心理的最基本特征是：别人有的，我也要有。表现在理财时的特征就是：别人买，我也跟着买。可是，这里最大的隐患和风险其实就是那两个字：别人。你想想这多危险，你的决策标准，居然是"别人的标准"。

有一次，一位学员跑过来问我："老师，我想理财，你说我该买股票吗？"

　　我问他："为什么要买股票呢？"

　　他说："因为大家都在买啊！"

　　我继续问："大家是谁呢？"

　　他说："就是别人啊！比如，我的同事、上司，还有亲戚。"

　　你看，这个就是典型的从众心理，因为他根本没有自己的标准，他是以他人的标准为标准的。请问，你有办法用别人的地图，来走好自己的路吗？没有办法！比如，近几年流行做副业赚钱，大家看到了别人的结果，欣喜若狂，都争先恐后地要去做"副业"。相信你也发现，疫情到来的这一年，在朋友圈中卖各种产品的人，也比往年明显增加了。但是，为了帮助大家更清晰地思考"做不做副业"这个问题，我提出了三大疑问：

　　第一，你看到的是别人做副业的结果，但你有没有问过，在过程之中，别人付出过什么，又牺牲过什么？而你是否愿意做出同样的付出和牺牲？

　　第二，你主业都没做好，凭什么做得好副业？如果副业做得比主业还好，主业还是不是主业？

　　第三，那些不断劝你做副业的人，你觉得"劝你做副业/教你做副业"这件事情，是他们的副业，还是他们的主业？

　　当你看到一个所谓的机会，跟风进货，最终可能因为缺乏销售的能力和销售的渠道，赔得血本无归。最终残酷的现实就是，你干副业赔光了钱，而劝你干副业的人都赚到了钱。我把这称作"从众心理的恶化"，即侥幸心理。一方面，从众心理让他们觉得别人有，我也要有；另一方面，从众心理恶化为"过度自信和侥幸心理"，让他们觉得别人可以，我也可以。

他们通常缺乏成本思维，认为一切的发生都理所当然，甚至他们会觉得，"不用付出就能得到"也是理所当然的。他们期待的是像别人一样"不劳而获"，但他们忽略了别人真实的状态是"多劳多得"，所以自己最后才"得不偿失"。

请记住，当你不能全盘了解这个东西，也就不能全盘了解风险，这时候任何一个小风险，对你而言，可能都是最大的风险。**当你不了解一个东西的时候，风险最大**。当你看到别人都向一个方向跑的时候，你很容易就会跟着做出最愚蠢的决定。

回到当今社会，吃掉你的不再是那头狮子，而是那个"方向"。所以，下回在做决定前，请你务必静下心来，问问自己决策的标准是什么，到底是来自自己的调查、计算和判断，还是来自"别人"？如果答案是后者，你就该悬崖勒马了！

癌细胞二：情绪驱动——以欲望为标准

一个人成熟的标志有很多个，其中最重要的是——能把自己的需求和欲望区分开来。我想告诉你的是，如果你不了解自己的需求和目标，那么你的决定都会来自你的欲望，你的购买都会来自你的情绪。

而在商业社会里，这些情绪和欲望就会被商家加以利用。简单来讲，你的所有购买冲动，都是可以被设计的。而且根据我的经验，不管你在哪个财务等级，都有相应的"陷阱"等着你。你有100元就会有100元的陷阱等着你，你有1000元也会有1000元的陷阱在等你，你有1万元、10万元、100万元，也不例外，总有一款适合你。金钱脑里的癌细胞，所谓的情绪驱动，一言以蔽之，就是贪念在作祟。

前段时间看到一个新闻：《七旬老夫妻，深陷理财梦》。大致是说，上海的一对老夫妇，给某投资机构交了 51 万元，对方承诺一周后就能赚到 170 万元。机构跟夫妇二人保证："你今天交 51 万元，我们过几天，就连本带利给你赚回来。你看我们店面这么大，用户那么多，又有工商注册，人跑得了，店都跑不了啊！"最后老夫妻俩到银行准备打款时，幸好在银行员工、经理还有民警的极力阻拦和规劝下，终于意识到了自己正面临骗局，放弃了打款的念头，才保住了养老的本钱。

我曾经听说过一个诈骗案，至今记忆犹新。在北京，有一个人到处告诉别人他是蒋介石的后人，他现在需要马上飞回台湾分遗产，自己能拿到的部分是 1000 多万元，但现在就缺一张机票飞回去。如果你愿意借 2000 元给他买机票飞回去，为了感谢你，他拿到遗产后会分给你一半。这个理由够荒唐了吧，但你可能很难相信，居然有人会上当。截至被公安机关逮捕，这个人前前后后一共骗到了 1000 多人。

无论是老夫妻的新闻，还是"后人"的诈骗案，类似的事情，每天都在发生。骗案的实施手段也许各不相同，却都有一个共同点，就是瞄准了人性。情绪和欲望一旦被激发，受害者的双眼就被蒙蔽了，贪念一上来，理智的大脑就瘫痪了。

下次要是机会出现时，你就得问问自己：首先，有这样的机会，为什么那个人自己不赚，要带你一起赚？其次，如果真的出现了千载难逢的机会，这个机会凭什么轮到你？别相信运气，要相信实力。**实力就是最好的运气，而守好财，就是最大的实力。**

我想告诉你，如果你不是常走运的人，也没有做过什么努力，主动改变过自己，若有一天，你突然发现自己无缘无故地走运了，而且是比较大的所谓"狗屎运"，请先别高兴，也别侥幸，马上警惕起来，看看自己是不是被骗了。

癌细胞三：把概念当目标——以"知识"为标准

如果说癌细胞一和二，是稍加警觉就能避开和剔除的，那第三类癌细胞，就是最容易被忽略，但又最多人容易踩进去的坑。

过去一年，我在全国各地开讲座，提问的环节，很多同学都问了这么一个问题："老师，我要如何才能达到财务自由呢？"

我通常都会反问："在你看来，怎么样才是财务自由呢？"

这时候，提问的同学都会像机器人般地重复以下的这几句话：

"财务自由，指的是被动收入大于主动支出。"

"财务自由，意味着不再需要为钱而工作。"

"财务自由，意味着不再需要付出劳动也能获取收入。"

我接着问："我知道你说的，可是这些都是书上有关财务自由的概念，我想问的是，对你而言，财务自由的标准是什么呢？"

听完我的话，提问的同学要么哑口无言，要么支支吾吾，好像有什么想说的，可又说不出来。

我趁机引导他们："这就是你们达不到财务自由的原因！虽然你们嘴上说着要财务自由，但实际上你们根本不知道自己想要的是什么！因为你们不知道它到底是什么，所以你们只是在重复着书上的话、书本上的概念而已。"

更关键的是，我们很多时候所谓的知识，对概念所谓的理解，只是停留在对知识和概念的简单重复上。我们缺乏的，是对知识真正的理解、探究和深思。比如，说到理财，有一句话你一定听过——复利是人类的第八大奇迹。你知道这句话，也会复述这句话："复利是人类的第八大奇迹"。但可惜的是，你没有思考过，你只是在机械地重复、人云亦云而已。不信？

那我问你，如果复利是人类的第八大奇迹，那前七大奇迹是什么？

所以，在我看来，概念归概念，概念是不能当成目标的。因为概念相对客观，而目标永远是主观的，更准确地讲，目标是很私人的事情。我们的问题在于，总是把概念错当成目标。其实解决的方法特别简单，就是我课上常说的一句话：书中有书中的概念，但你也要有你的定义。操作的核心是：把客观的概念主观化，把别人的东西变成自己的东西，在不违背客观规律的前提下，得出自己的结论。

重视知识没错，但别忘了，运用知识的主体，是你自己。所以，知识不是标准，你自己才是。因为你有你对财务自由的定义，我也有我财务自由的理解。比如，我曾经辅导过一个学生，她是上班族，企业白领，工资水平一般。

我问她："在你眼中，怎么样才是财务自由？你忘掉书本上的知识，告诉我，对你来说，怎样才是财务自由？"

她想了想，告诉我——工作不太忙，朝九晚五，能准时下班，下班后能发展自己的一项兴趣；收入相对稳定，年底双薪，每个月能够定期存下钱；有双休，周末可以和朋友聚会，或到周边的城市游玩。三年内完成初步积累，然后在市中心有一个不大不小的家，有一辆安全性能好的代步车，每年还能带父母出国旅行至少两次。她觉得这样就是财务自由了。

她描述得很清晰，也很具体，事实上她所描述的目标，都可以分解成一个又一个更明确的赚钱或存钱的小目标，然后很快去实现，所以她想在三年内做到是不难的。在我手把手的辅导下，她提前了一年多的时间，不到两年就达到了目标。

但试想一下，如果你将"财务自由"这个概念当作目标，可能要10年、20年，甚至50年都达不到。因为这个概念对你来说，太遥远了，你会泄气的，甚至你会觉得这是骗人的。但其实不是，只是你理解错了这个东西。你以在课堂上或书上学到的知识为标准，定错了标准，所以定错了目标。

你需要多少钱才能达到你理想中的自由，首要的标准就应来自你自己。比如我自己的财务自由标准，一般我不喜欢把其命名为"财务自由"，因为它听起来好像我本来有多不自由一样。我更喜欢的命名是"提前退休"，具体的描述是：可以不上班，靠着投资的利息过生活，工作做也可以，不做也可以，如果要做，不为钱而做，要为实现理想而做。

我在25岁的时候，就过上了"提前退休"的生活。我也常跟我的学员讲，如果你不是要过那种极尽奢华的生活，人生只需要存200万元，即可"提前退休"。概念是冰冷的，知识是不切实际的，只有把它们跟你的个人需求相结合，成为新的描述，真正的标准和目标才会出现，你的财务自由之路，才真正踏出了正确的第一步。

那你的标准是什么呢？如果标准不明确，目标就会不清晰。要知道，一个不够清晰和明确的目的地，是永远没有办法到达的。

癌细胞四：把结果当原因——以"表象"为标准

不仅仅在理财上，在个人成长的各个方面，当我们论及结果时，误区四就会反复地呈现。一言以蔽之：大家都爱追求表面的结果，所以，大家总爱把结果当成原因。什么意思呢？就像有时候，我会在我的朋友圈中分享一些我的基金投资成果。比如，我在年前买了一只基金，到现在11个月了，它的收益率已经达到了58%，这已经是一个特别高的收益了。这个时候，总有人留言问："老师，你买的是哪一只？我也去买。"事实上，他这么问，如果又这么做了，风险是非常高的。因为，当他问出这个问题的时候，就已经证明了，他根本不懂基金的买卖。

关于基金，首先，你要判断该在什么时候买；然后，要收集情报，预测形势；最后，你要知道该在什么时候卖。你知道买，却不知道卖，这不就是傻吗？而且，你都看到我晒一个成绩出来了，如果你对基金有最基本的了解，你应该知道，仔细的分析和预判、良好的心态，才成就了我长期持有这只基金的结果。

你只有复制了原因，才能产生类似的结果。但如果你只是去复制一个结果，这个结果就会成为一个新的原因，从而产生出另外一个结果，并且新的结果有可能会让你大失所望。关键是，我选购的基金回报率已经达到 58% 了，上升的空间已经非常有限。如果你在看到的时候去买，走势处于高位，其实也赚不到什么钱了。可见，这也是一个你不够了解基金、不应该去投资的体现。

就像有很多人在追求成功，是觉得成功会带来快乐，在他们头脑中的公式是：因为成功，所以快乐。但他们再一次搞错了因果关系。请记住，所有的成功，都是快乐的结果，而不是快乐的原因。你做让自己快乐的事情，你才容易成功；你能做让自己快乐的事情，你就成功了。所以，当"成功"明明是一个结果时，你却把它当作一个原因来追寻，就必然会产生出新的结果，这个结果很可能是"痛苦"。

总把表面的结果，当成本质的原因，是常人的思维误区。所以，杀死这种癌细胞的方法，其实特别简单，就是清晰地认识到：结果并不能复制，只有探究出结果的真正成因，才有复制类似结果的可能。当然，之所以想着只要复制结果就能成事，可能是因为投机取巧的心理在作怪。这种心态也会让你和财富渐行渐远。

当你清理掉这些癌细胞后，现在就已经拥有一颗健康的金钱大脑了。你会发现，原来你在理财的时候、面对金钱的时候，所有的标准都不是基于客观的事实和数据，而来自他人、情绪，是所谓的知识和表象的结果，这都会产生各种后续的问题。

曾经的你，不知道自己的标准在哪里，也不知道财务自由的标准是什么。现在你知道了"赚、用、存"的思维框架，更关键的是，在本书的后续章节，我会把更多关于如何赚钱、如何用钱和如何存钱的标准告诉你。而这本书最大的意义，就是让你用这些标准和守则，重新武装你的大脑、指挥你的行动，做你真正想做的选择。

5. 有钱人有好习惯：

复制富人思维，模仿富人习惯

　　世界上最大的监狱，是人的大脑。思维转变，是一切转变的开始。我一直好奇，富人做到了什么，是穷人没有做到的？或者说，穷人到底做了什么，是富人从来都不会做的？更本质地讲，两者的思维，到底有什么差别？

　　每一本关于财商和财富的书，都会提出类似"穷人思维""富人思维"等的概念。但我想说，这很可能是伪概念。首先，这个世界上根本没有"穷人思维"，因为穷人没有思维。就是因为他们没有思维，所以才成为穷人。他们头脑中拥有的，只是一些零碎的、片面的小观念和小技巧等。也就是说，他们所拥有的所谓财富知识，都是碎片化的，而非系统性的。

　　更惨的是，很有可能他们所拥有的碎片化的知识、一知半解的理论，都是错的。这就导致他们每天都在执行一些有限的、碎片化的、错误的理念，最终进入成为穷人的恶性循环。错误的观念，只能带来错误的行为，最后导致错误的结果。

其次，我个人非常不喜欢"穷人"这个说法。因为我是个语言敏感度极高的人，而且我相信人的可能性。我认为，严格来说，暂时没钱的人，不是"穷"，而是"贫"。因为人有无限的可能，人也具有主观能动性和可变性，一时的贫困，只是这个当下的状态，是可以通过自身努力和不断学习改善的。而所谓的"穷"就是已经到终点了，有一种永无翻身之日的感觉，你听听这些成语："山穷水尽""穷途末路"，就大概能明白我的意思。

如果你自认为就是穷人，那我无话可说。但只要你觉得，目前而言，你只是贫或困，那我们就一起把路障清除掉，把问题解决了。向那些已经走过来的人学习吧，别忘了，如果你不改变，持续的"贫"，最终也会变成"穷"哟！

综上，穷人是不存在的，穷人思维也不过是空穴来风。那富人有思维吗？确实有。但富人的思维都呈现在了他们的习惯上。根据我对身边富人们的研究、学习和总结，他们都有以下四个习惯。[①]

富人习惯一：社交冷淡

很多人都幻想着能进入富人圈，结交一些富人朋友，自己慢慢也会成为富有的人。就像时下有一种类似的观点，去见牛人，自己慢慢也会成为牛人，但请别忽略：一是真正的牛人，你一般见不着；二是只要你足够弱，看谁都像牛人；三是你成为牛人，两个牛人，才会相见。

而且，牛人或富人为何如此吸引你？因为，在你的想象中，他们的生活，必定是物欲横流，推杯换盏，夜夜笙歌。但真实的富人，最起码

---

① 我们在这里讨论的并不是凤毛麟角的世界顶级富豪，此处所讨论的富人标准有两个：一、白手起家；二、个人净资产在1000万元以上。

我认识的大部分富人朋友，他们最不喜欢的，就是圈子，他们并不像很多人想象中那样热爱社交。甚至他们当中的绝大部分人，都是社交冷淡的状态。

要知道，媒体宣传的富人生活，你想象中的富人生活，和真正像一个富人一样生活，可能是完全不同的三件事。你认为的富人生活的样子与真实情况不同，可能是因为你的信息源是"网红"录制的小视频，或者"微商"发的朋友圈。而白手起家的富人，在真实的生活里，他们很可能不像许多普通人一样重视表面的光鲜亮丽，他们大多都有自己的事业和专注的领域，他们有野心，他们谋求发展，巴不得每天把时间都花在工作上。所以，比起饭局和酒局，他们更喜欢的是实实在在，有事说事，约个合适的场所谈合作。

可能你难以想象，但他们最害怕听到的一句话是：你什么时候有空，我请你吃饭！一开始我也不明白，直到我能给他人创造很多价值的时候，我才发现，每出差到一个地方，一些平常没有交流过几句、也不算相识的所在地的朋友都会发来微信：帅老师，你什么时候有空啊，请你吃个饭。这时，我才反应过来，这句话的潜台词，怎么这么像"帅老师，我知道你可以帮到我，但我想请你免费帮忙，你觉得意下如何"？

有时候我会因为太忙忘了回，但有些人不屈不挠，再三打扰。如果幽默一点地拒绝，我会说："你看我这个身材，是需要吃饭的吗？"如果严肃一点，我可能会说："我差这一顿饭的钱吗？我缺的可是吃饭的时间啊！"事实上，我们是真的没有时间。对大多数人而言，他们的时间几乎都是随机安排的。而我们到了一个地方出差，所有行程都是两个月前排好的，想找个缝插进去都不行。主观上没意愿，客观上没时间，就是我们这种人的社交现状。

好在，我还在攀登阶段时，约见富人朋友们的时候，我就会特别注意。

哪怕只是见一面，我都会跟这些年轻有为的 CEO（首席执行官）说："你下午在办公室吗？我刚好会经过，你有没有哪段时间有 15 分钟，我有一个新想法，你应该会感兴趣。"这时候，我到他们的办公室，通常就因某个业务问题或目前的困难聊开，不知不觉时间就过去了。等到他们的下一个会议要开始，我们的谈话才结束。

我想，**他们有钱的最直接原因，是他们足够重视和珍惜自己的时间。**本质上就是，他们绝对忠于自己内心的选择。比起社交，富人更热衷于独处。因为独处的时候，他们能够充分阅读、沉思，关注健康、慈善。所以和有钱人相处的方法，严格来讲，只有一条：比他们自己还要珍惜他们的时间。

你可能会说，老师，我也想效仿，我也想社交冷淡，可是我孤独啊，怎么办？我当然想拿鸡汤来安慰你，如告诉你：若要走出平凡，必先走进孤独。可真相是，没错，真的会孤独！但是，请搞清楚了，你会感到孤独，不是因为没有社交，而是因为没有事做，简称"太闲"。你错把无聊当成了孤独。富人们虽然不乐于社交，但对于他们热爱的事情，他们不是乐在其中，如痴如醉吗？何来的孤独？

还有人会说：我不能没有社交，因为我不能没有朋友。其实，你不是离不开社交，你是离不开社交给你的那种肯定感和存在感。这反而证明了，你一天下来所做的事情，并不能给你自己提供一种自我确认，所以你才需要在社交上寻求这种额外的满足跟肯定。所以关键是你没做对事情，而不是你缺乏社交。

比如，我去参加 3 个饭局进行社交，会占用我一天的时间，但同样的一天，我自己在家，可以写几篇文章，可以看看书，可以给社群成员做分享，这就会让我十分满足。因为生活本身是充实的，所以不需要另外的支撑。假如你一整天无所事事，也没做什么让自己有成就感的事，你就会总想要在一天稍微晚点的时候，找个朋友出来聊一聊，诉诉苦。而最可怕的是，你能找出来的那个人，也和你差不多，同样需要有个人聊一聊，诉诉苦。至于你说"你不能没有朋友"，确实，每个人都需要朋友。但我建议你换一种思路，我想让你看到一种新可能：比如可不可以是，你的朋友不能没有你。

所以保持社交冷淡的秘诀是：

1. 让自己尽量忙起来，多做让自己有成就感的事情。

2. 自己不愿意做的事情，就让别人来做。我不愿意进行社交，就让别人来找我进行社交吧！

富人习惯二：情绪克制

富人在情绪上总是保持克制的，或者说，他们善于调控自己的情绪。因为这样，他们的情绪就不容易受摆布，他们能更清晰地思考，钱也能更多地留下来。而常人在未经觉察、未经训练时的应对模式，只有两个字：本能。**人生要真正取得突破，就必须打败很多与生俱来的本能。**比如，你要打败慵懒、打败拖延、打败先入为主、打败逃跑反应等。

所有的本能存在的最原始意义，都是为了保护你。但是，到了一定的阶段，这种保护就会成为限制，成为你的瓶颈，最终阻碍你的前进。你今天必须有一个清晰的认知：所有的成长，都是从反本能开始的。本能出现的一刹那，你必须敏锐地察觉到，并马上把它往一个相反的方向调整。当你开始反本能，你就是在做选择，你就在真正使用大脑，让自己成为眼下发生的事情的主宰。

比如，今天有一位朋友惹你生气了，你怒不可遏，情绪完全占据了主导地位；你一直沉浸在情绪中，享受作为被害者的好处。观察一下，此时此刻，在你这副躯壳里，并没有主人，因为无论是大脑还是心，都完完全全地被情绪占据了。如果你希望结果有所不同，就必须换一种不同的应对模式。

情绪的调节，有三个行之有效的方法。

方法 1：改变你的焦点

改变焦点，并不是简单的"转移注意力"，直接去做另外一件事情，那是逃避问题，并非解决问题。情绪要是没有得到根治，可能还会不断复发。真正改变焦点的方式，主要是通过简单的自我发问，把你的注意力重新从情绪中带回到理智上来。

人类常见的情绪有三种：一是焦虑，二是恐惧，三是愤怒。焦虑通常表现为纠结、犹豫不决，下次焦虑出现时，你可以问自己："这重要吗？"如果不是，那么，什么才是重要的？恐惧的根源或是未知，或是过去不好的记忆，下次恐惧出现时，你可以问自己："这会死吗？"如果不会，干就是了！愤怒通常是因为自己的能力不足或期待落空，下次愤怒出现时，你就可以问自己："这是最后的结果了吗？"如果不是，我现在应该做点什么，让结果更好？

方法 2：改变你的肢体动作

有个成语叫作"垂头丧气"。这个词听起来有点消极，却道明了"肢体动作"和"情绪"之间的微妙关系。垂头的动作，会带来丧气的情绪；反过来，你不开心、能量低的时候，也有可能做出一个含胸驼背低下头的动作。

肢体动作，会创造相应的情绪，而情绪，也会引发相应的动作。比如，两个人聊天的时候，若是你对话题感兴趣，身体就会前倾；若是你觉得话题无聊，身体就会后仰，或是远离说话的那个人。所以改变情绪最有效的方法之一，就是改变肢体动作。比如，疲惫的时候，如果你刻意地坐直身体、抬起头，保持5秒，就会感觉神清气爽。对付心情低落的状态，我自己有一个7字秘诀：昂首，挺胸，快步走。

方法3：改变你的速度

所有情绪的出现，或所有情绪的爆发，都必然伴随着速度。所以，有时候我们形容一个人有情绪，才会说他"急了"。让情绪得以缓解的方式非常简单，就是反其道而行之，把一切变慢，如让动作慢一点，让呼吸也慢一点。

在心理学上，有一种病症，叫作"情绪性进食"，简单来说，就是两种情况：一是来情绪的时候，就想吃东西；二是来情绪的时候，会猛吃一通，不知不觉增加了食量。我是怎么帮助我的来访者解决这两个问题的呢？我发明了两个方法，一个叫作"先喝一杯水"。下次来情绪，想吃东西了，先别吃，去倒一大杯水，然后慢慢喝完。这相当于在"情绪"和"进食"之间，加入一个缓冲带。增加了步骤，延长了路径，自然增加了时间，所以大多数人在喝完水后，情绪得到了缓解，就不会非吃不可了。

另一个行之有效的方法，叫作"咀嚼50下"。如果进食已经开始，同时伴有情绪，这是情绪性进食的另一种情况。但为什么每一口食物，都要咀嚼50下呢？就是为了延长进食的过程，降低进食的速度：速度减慢，情绪随之消失，情绪性进食也就变回了普通进食。

通过主观的克制和调控，不一定能够完全消除情绪，但我们能把情绪降低到可控范围内，让它不影响我们做任何事情。这就是富人们的情绪克制。

富人习惯三：财务意识

富人与常人相比的优势，就是他们对一切都有清晰的意识和明确的界定。富人也把其他的一切看得比钱更重要，因为他们知道钱是结果，他们非常清楚，前面的事情做好了，后面的结果是自然而然的。

什么是"前面的事情"呢？就是"财务意识"。我们已经知道了，理财，就是重新处理"赚、用、存"的关系。所以，财务意识，分解开来，就是：赚的意识、用的意识和存的意识。

第一，赚的意识：想尽办法提高收入。

富人们会留意到每一个可能赚钱的机会，无论机会是在身边还是在远方，他们都会设法收集可靠的赚钱情报。

如果你希望提前退休，提前过自己想过的生活，别无他法，你必须把自己调节到一个极具创意的频率，为自己找到多元的方法或渠道来赚到额外的钱。要赚到额外的钱，可能性是丰富的，千万别自我设限。或许你可以开办一门课程，建立一个社群，创立一个可以在晚上或周末进行的小生意；或许你可以转变一个职业赛道，换一个公司，从而让自己获得六位数的月薪；又或许，做一阵子像送外卖、保洁，或开专车这样的体力活来增加现金流也可以。

关键是：只要你有富余的时间、精力和创意，你都可以利用你自身已有的资源，来帮自己赚到比现在更可观的收入。无论这个你选择的渠道和方法看起来如何，职业没有高低贵贱之分，适合你自己的，就是最好的，别管其他人会怎么看。因为，你在本职工作之外的收入，在财务独立和提前退休这两件事上，起着最重要的作用。

第二，用的意识：竭尽全力降低开销。

富人们愿意花时间和精力去注意他们金钱的流向。他们明确定义什么是自己的需求，什么是自己的欲望，并只为自己的需求而不是欲望付费。

他们会竭尽全力地砍掉毫无意义的支出，如为情绪买单、为了让自己看起来活得不错而消费等。这就意味着，他们总会做好用钱的计划，并坚定不移地执行计划。更理智地用钱，就能留下更多的钱；留下更多的钱，就能真正让自己向着目标，取得真真正正的进展。

简而言之，富人们用钱，不仅仅是用，而且是关注每一分钱的使用，能不能至少达到两分钱的效果。甚至，不用钱的时候，能不能达到用钱的效果。

第三，存的意识：把存钱和投资视为第一要务。

存下钱，然后让钱再生钱，是财务自由的唯一秘诀，也是第一要务。这当然也是一个人能持续富有，并在赚钱这件事情上越来越轻松的原因。

刚开始赚钱的时候辛苦点没有关系，甚至做好心理准备，头 10 年，赚的都是辛苦钱，这也都没有关系。关键是不要白白浪费了你的辛劳。也就是说，不要让辛辛苦苦赚来的钱，轻易就花掉了。因为你完全可以在辛苦 10 年后，慢慢让赚钱变得轻而易举；重点在于，辛苦 10 年后，你未必有机会像头 10 年那么辛苦、那么拼，因为人会变老，体能会大不如前。

这个时候，你就要完成由"你赚钱"到"钱赚钱"的转变。但前提一定是，你在头 10 年辛苦赚钱期间，已经做好了准备。一个是本金的准备，也就是存款；另一个是认知的准备，也就是怎样去投资、怎样控制风险和及时止损等。

如果你没有考虑得像上述那么周详，至少，你也应该为"早日达到财务自由"或"提前退休"这两个目标存下足够的钱。存钱的秘诀在于定时定量地存，最后让存钱成为你全新的习惯。哪怕养成这个习惯会带来一定的痛苦，你也要发誓坚持下来。痛苦是因为存的习惯是反本能的，人的本能是手上一有钱就花掉，正如我们的祖先，手上一有食物，就得马上吃掉。

若你能克服本能，让存钱成为习惯，那么最大的好处是，定时定量的投资也会成为习惯。一旦你开始把上述的"赚、用、存"意识建立起来，并落到实处，钱就会源源不绝地到来。这时不仅钱会为你工作，时间和复利也都会为你工作，而不再是你为它们工作。

如此一来，你不但是金钱上的富人，还是时间上的霸主。

富人习惯四：积极假设

这个世界上没有天生的富人，也没有天生的穷人，天生富或穷的人事实上都非常少，大多数人处于中间。但是除了以上的习惯，你知道是什么导致最终有的人变成了富人，有的人却变成了穷人吗？或者更直接地思考，富人和穷人的根本区别，到底是什么呢？答案是：他们的假设不同。

无论是对于一件事情的过程还是结果，**富人喜欢做积极假设，而穷人喜欢做消极假设。** 你想想，头脑中的一个积极假设，跟一个消极假设，会带来什么行为上的区别呢？很简单，富人总是对未知抱有乐观的期待，他最起码会开始去尝试，而由于有积极假设的习惯，一次尝试不行，富人们总是会多尝试一次，再不行就进行调整，然后就再尝试。

但是穷人呢？他们总是悲观，所以都不用说行动了，仅仅是一个观念、一个想法就把穷人给打败了。因为他们整个大脑里面，都是这样的声音：过程会不顺利，事情会状况百出，结果会不如人意，自己也会一败涂地。比如，穷人会说：这件事这么难，算了。而富人会说：这件事这么难，我得试试看。

很多时候，我去鼓励我的学员开始实施自己的想法时，就常发现这种思维上的差异。比如，学员跟我说一个他们酝酿已久的想法时，我总会对他们说："挺好的，先试试吧！"

习惯消极假设的学员，总会这么回应我："老师，万一我失败了怎么办？"

我说："你试过了吗？不试一下怎么知道？"

学员继续纠结："我就是怕会失败啊。"

我说："那你先试一下，做了再说。"

学员还是说："我还是很怕我会失败啊！"

你有没有发现，他想了一万遍自己会失败，但是从来没有想过，万一成功了呢？其实这是一道再简单不过的数学题，去试一下，成功和失败的可能性各占 50%；而不去试，失败率就是 100% 了。况且，我是一个经验丰富的咨询师，听了你的想法，我肯定是觉得有七成以上的把握，才敢让你去尝试的，因为我也不愿意你浪费时间。而且，凭借丰富的阅人经验，我一看这人，能不能做成这件事，也是心中有数的。而他自己因为头脑的关系，给了自己一个消极假设，就百分之百地否定掉自己。我觉得他 70% 能成功，他觉得自己 100% 会失败，所以他才会失败。**他没有败给任何人，却败给了自己的假设。**

我们的大脑是世界上最精密的仪器，也是最精确的自动导航系统，无论你想什么，它都会帮你实现。比如，我常和学生分享，为什么老板会有钱？因为他们天天想钱。为什么员工没老板有钱？因为他们没有天天想钱。他们天天想什么呢？他们天天想着下班，几乎一上班就要想到底什么时候下班，所以，老板们都很擅于赚钱，而员工们都很善于下班。所以，只要你想"我一定会失败"，或早或晚，你的大脑就一定会准确无误地实现给你看。

假设的不同，造就了人的不同。过去的几年，无论和朋友交流，还是做咨询，又或者是在课堂上叮嘱学员，我常跟大家说：消极是一种本能，而积极是一种选择。你选择去过的人生和被本能控制的人生，当然就是两种人生啦！拥有积极性，保持开放性，接纳更多的可能性，是成为富人的关键。不然，你学再多的课，读再多的书，也是白费力气，因为只要你假设自己百分之百会失败，你就真的会失败。

做到以上几点，你就具备了富人思维。请记住，一旦变有脑，就会变有钱。如果你能把本章完全读懂，恭喜你，从今天开始，你就已经拥有了一颗富人的大脑。

Chapter *2*

轻松存钱篇

存款越多，人生越自由

1. 会存钱才能抗风险：

明白你的金钱模式，存到你的第一桶金

我是一个跑车爱好者。这个爱好让我知道了：世界上最快的跑车，时速可达 450 公里。为了让你感受到这个速度，顺手列两个参照的数据：高铁时速一般为 350 公里，飞机时速一般为 800 公里。最快的跑车已经能快过高铁了，我开始畅想，有没有可能有一天，跑车的速度可以超越飞机呢？

经查证，人类现有的科技早已能制造出时速 1000 公里以上的汽车发动机。但是，为什么还没有这样的跑车面世呢？而且为什么现有的跑车的最大速度，还达不到科技能达到的一半呢？原因竟然出奇简单，就是以目前的科技，我们还不能制造出对应速度的刹车。时速 1000 公里的车，根本停不下来！这会给驾驶者和其他的道路使用者造成极大的安全隐患。

以前，我们一直以为，一台车能跑多快，由发动机和油门决定。现在我们终于知道了，一台车的最大速度，由刹车决定。而财富增长的速度，

同理。一个人财富积累的速度，也由"刹车"决定，这个"刹车"就是存钱。

过去我们论及金钱，**谈起成为富人，每个人关注的焦点都是如何用更多的方法，赚更多的钱，却忽略了存钱才是真正的关键。**你有多少存款呢？有人可能说 10 万元，有人说 5 万元，有人说几千，更多人说没有。但是，你总得知道一个真相：不在尽力存钱的基础上谈努力赚钱，根本毫无意义。因为刹不住车，开得太快，结果很可能是车毁人亡。

这样的故事，对你来说一定不陌生：那些买彩票突然中了 500 万、1000 万的人，在挥霍几年之后，就会回到原来没中奖时一样的财富水平和生存状态，甚至有的会比中奖之前更穷困潦倒。如果你没有存钱的习惯，或是不知道为什么自己要存钱，下面的四个问题，能帮你重新打开思路。

问题一：你的金钱模式是什么？

制作自己的财富简历，是我辅导每一位想在财富上达成逆袭，或在金钱上得到全新觉知的学员时，让他们做的第一个步骤。

那什么是财富简历呢？首先看什么是简历。我们从出生开始，不断和世界互动，渐渐地，我们就会有很多各种各样的经历和感受。在汲取的同时，我们也在输出，而且不管你的努力程度如何，只要你活到一定的年龄，或多或少，你总会有一些成果。这个成果，或是求学时的考试成绩，或是学校里比赛的名次，或是参加工作后公司内部的奖赏，又或者是你和团队一起努力做出的行业中的标杆案例。

当你把这些大大小小的成绩和成果按照年份进行罗列，就会形成你基本的"简历"，更准确地说，这是你的一份人生成绩单。成绩单上单独罗列的每一项，又能加起来，成为你的总成绩单。我常说：人生就是一个看总成绩单的过程。**因为，没有人有时间在意你的过程，大家在意的都是最后的成绩。**

没有别人会在意，所以你得自己在意。你要知道过程中发生了什么。你自己得知道，有哪些部分，怎样影响和构成了你的总成绩。并且，通过过往的成绩单，你才能更好地了解过去，从而展望未来。看着自己的成绩单，你会知道过去你做过什么、创造过什么，有什么事情你来做时容易收获肯定，并以此为起点反思，你曾经没做什么、你浪费过多少时间，继而完善自我，给自己日后的时间使用、人生进程带来新的指导和启示。

财富是我们人生的重要组成部分，我们向他人诉说过我们的故事，也制作过自己的简历，但从未以"财富"这个视角，来审视自己的过去，为自己制作一份财富简历或成绩单。所以从今天开始，我们就把"总成绩单思维"用在我们的财富上。

财富简历说白了，就是从钱的角度，去给自己制作一份简历。然后观察：

我们过去20年，在金钱的支配上，发生过什么？

我们是一直在进步，还是在踏步，甚至是退步？

我们遇到了什么问题，又该如何改进？

财富简历能让你审视过往，了解你的金钱模式，甚至能让你看见在你的金钱脑中，正在发生什么。

财富简历表格制作要点：

1. 拿出一张空白的纸，在上面画出表格；

2. 共分5列，分别是：年龄、赚到的钱、用掉的钱、存下的钱、大项支出；

3. 除了表头所占的一行，表格共 20 行（代表 20 年间的财务状况）；

4. 从你现在的年龄开始，一直往前列；

5. 填写数据时，请尽量翔实——诚实面对自己，才能认清现实；

6. 没有记账习惯的同学，可以借助微信、支付宝等工具为自己一年用掉的钱，做一个合理的估计，然后进行填写。

列出你的财富简历，是为了告诉自己以下几件重要的事情：

1. 过去的虽然已经过去，但如果现在不做改变，过去就很大程度上代表了未来；

2. 过去的 20 年，也许你已经赚到了 50 万元，但你好像从来没有见到过这 50 万元，起码没有见到它完整地出现过；

3. 过去的 20 年，你一定有各种各样的理由把钱花掉；也似乎有一些当初看起来坚定不移的理由，让你把一大笔钱一次性花掉；

4. 我们自己常抱怨或常听人说：我没钱。现在你知道了，"我没钱"的真正含义，并不是"我没赚到钱"，而是"我没存到钱"。

问题二：我为什么一定要存钱？

为什么一定要存钱？那我先问你另一个问题，你知道一个有存款的人和一个没有存款的人，他们最大的区别是什么吗？有人会说，他们的思维不一样；有人会说，他们的习惯不一样；还有人会说，他们的底气不一样。以上的答案也许都对。但我想告诉你的是，他们之间最大的区别在于：抗风险的能力完全不同。

比如，同学 A 和同学 B，两人都到了而立之年，A 有 10 万元的存款，B 是月光族。A 的父亲得急病住院了，需要垫付医药费，因为 A 有存款，很快能解决燃眉之急；假设 B 的父亲也出现了同样的问题，B 能怎么做呢？好的情况，就是低声下气，四处跟亲戚筹借；坏的情况，就只能是让父亲活活等死。所以存钱的第一个目的，也是最大的目的，就是"抗风险"。

意外总是难免的，我们无法控制意外的到来，但我们可以把控自己的金钱，让我们在遇上意外时，不至于手足无措。抗风险的存款我建议是 20 万 ~ 50 万元。当存下了这笔钱以后，之后的存款，比如，在 50 万 ~ 100 万元这个区间内，我们是有选择权的。

网络上流行一个说法：职场人一定要存一笔 Fuck you Money（"去你的"基金），这笔钱得让自己不工作，也足够生活一年。之所以要存下这笔钱，是因为这笔钱能给你底气，不向老板低头，让你敢于随时离开你现在的工作。虽然 Fuck you Money 的说法稍显粗暴，但是话糙理不糙。当你没有存款的时候，出现不公平对待或是让你不快的事情一再发生时，你会想，还是得指望着工资生活，忍一忍就算了。但当你有存款的时候，你就不用为别人的错误买单了。

所以，存钱的第二大目的，就是给你提供选择，一方面不向你不喜欢的选项妥协，另一方面，你终于可以选择自己想做的事情了。

之前有一位同学小西来问我，说："老师，我明年想辞职，当一位作家，你有什么建议吗？"

我能看出她的决心，但有点担心，于是问："你有多少存款呢？有其他被动收入吗？比如，投资的收入？"她很坦然："都没有啊！我就想通过写作来赚钱！"

我继续问："假设写一本书需要一年的时间，出版需要另外半年，拿到稿费需要再过半年，一共两年，你没有收入，你打算怎么养活自己呢？"

她说："我可以做兼职，或者干点副业。"

我说："这样你就写不出好作品了。还是先存钱吧！"

她似懂非懂地点了点头。诚然，写作是一份要"养着"的工作，或者说，写作根本就不是一份工作，而是一项兴趣，一项需要花费时间和金钱来滋养的兴趣。并不是说成为作家有多难，我是想告诉你，每一个选项，都有成本。这个选项触及面越大的时候，成本就会越高。比如，职业选择、人生选择等。我自己深知这点，所以我也是从我的被动收入能给我提供稳定现金流的时候，才决定开始写作的。

人人都说，这是一个充满可能性的时代。我们需要辩证看待，没错，可能性和选项都是客观存在的，客观来讲，也是充分的。但是，你有没有足够的本金来做选择，就是另外一回事了。就像这个世界上根本不缺乏门，但能不能把某扇门打开，就得看你手上有没有那把钥匙。要是你野心更大，想打开更多的门，就需要更多钥匙了。

存钱的第一个目的，是提高保障，抵抗风险；存钱的第二个目的，是提供选项，拒绝妥协。那么，还有没有第三个目的呢？在我看来，如果充分满足了前两者，下一个目的，就是以结果为导向，从人生的维度来看，你的存款足够多的时候，你就可以提前过上想过的生活，也就是大家口中常说的：另外一种人生。

这时候，你可以主动把握你的人生，自主安排你每一天的生活，而不是过那种别人安排给你的生活。你今天早起，是因为你想看日出，而不是因为要上班。如果你要去上班，那是因为你觉得很喜欢，你也可以不上班，却一直有可观的收入。你可以决定自己的存在方式，你也可以决定，你的存在对他人造成什么样的影响。

这就是一定要存款的三大理由：抗风险、增选项、换人生。如果这还不能给你足够的存钱动力，你就反过来想：因为感觉没有保障而焦虑，因为没有选择而彷徨，你真的希望继续过这种一眼能看到底的人生吗？

问题三：赚的钱已经不多了，还需要存下来吗？

有人总是跟我说："老师啊，钱那么少，存起来有什么用呢？"中国有一句老话：勿以恶小而为之，勿以善小而不为。大致翻译就是：一件事只要是坏事，再小也千万不能做；一件事只要是好事，再小也值得去做。存钱这件事，同理。跟存钱的多少、额度的大小没有关系，因为存钱是正确的事，所以就值得坚持做。

凡事只能从小处养成习惯，而且，从小处开始养成的习惯，通常也比较牢固。因为你在养成习惯的同时，也在改造行为，改造行为的同时，也在反向塑造你的大脑和思维。很多人觉得存小钱没必要，他们总爱说，等到有大钱的时候，我再存下来。但你有没有发现，这种人总是"等"不到这么一天。你太天真了，如果小钱你不存，等你赚到大钱的时候，你也存不下来。你只会赚得多，也花得多，甚至比以前花得还多，那么剩下的就会更少。

每个人都想成为有钱人，但都忽略了"有钱"的关键不在于拼命赚更多的钱，而在于学习如何守住钱。赚再多，守不住，或是赚来的钱不能再生钱，那跟没赚到过有什么区别呢？

最后，我认为，不能让收入低成为你不存钱的理由。反而，正是因为收入不高，才是"需要存下钱"的最大理由。

因为收入低的时候，我们主要依赖出卖劳动力来赚钱。你从今天就得开始认识到，你的劳动力其实是有限的，一般就是 15 ~ 20 年。等你老去以后，你就会被年轻的劳动力替代。所以，能通过劳动赚来的钱，也是有限的。**人生想要最大化，就得开始学会如何用"有限"创造"无限"。**也就是说，有限的东西我已经知道边界了，我已经不能改变，那在使用的时候，我是否能调节自己，使之在功能上达到最大化呢？

所以，你得开始想想，你每周至少要花费 40 小时在劳动和工作上，赚来的钱有多少最终流进了别人口袋，又有多少最终是留给自己理财的呢？你辛辛苦苦赚来的钱，一不小心，月光了、年光了，相当于浪费掉了自己有限的、不可再生的劳动力。但如果你能存下来，再合理利用，相当于替自己付出过的劳动力保值。**所以，换个角度来讲，存不存钱，也决定了我们所付出过的劳动，是否更有价值。**

有人认为"存钱有什么用，要用钱的时候，再赚就有了"，确实钱会再有，但值得注意的是，钱不会再有原来那么多，因为用来赚钱的那些时间和劳动力，是一去不复返了。劳动力赚钱是一个不可逆的过程，利用劳动力赚的每一分钱，都应该尽量多地留下来。所以，收入低的时候，哪怕再难，或多或少也要存一点。也正是因为收入低，所以你才要对钱有更高的把控能力。

问题四：第一桶金，要存多少、存多久才算够？

我自己有一个理念，就是：第一桶金，存到 200 万就可以翻转人生。注意我说的是存款，不是资产。因为道理其实很简单，如果你有 200 万元的存款，并保持理财的收益率在 8% 左右——这个也比较好做到——那每一年，这 200 万元，又会帮你"生出"另外的 16 万元，这就是传说中的钱生钱。

你就用这 16 万元作为日常生活开销，生活可以过得很滋润呢！但实际上，如果只是日常生活开销，其实是用不到那么多的，以我自己为例，因为工作的性质，我年轻的时候，就存到人生中的第一个 200 万元了。而我现在一个月的生活费最多 6000 元，10 年前可能还不到 3000 元。我在钱的使用上非常节约，能用 1 元解决的，绝对不用 2 元。如果你还没有养成这种习惯，参考我们上述所说的，能满足需求就好，以尽量不产生后续成本为最佳。

当我一个月只用 6000 元的时候，一年的生活费加起来 8 万元都不到，也就是利息的一半。然后我下一年，只要保持收益率还是 8%，我就能赚得更多了，因为新的一年，起算点不是 200 万元，而是 208 万元。有人可能会问，那让收益率保持在 8% 的方法是什么呢？我想说，这就是你在存 200 万元的过程中，同时需要去学习的。

我必须再次强调，赚到的钱，不是你的钱，存到的钱，才是你的钱。**你用存下的钱为你的人生加分，和你用一辈子去赚钱，是两种截然不同的人生。**两者的主要区别是：前者是钱为你工作，后者是你为钱工作。如此看来，200 万元，真的是一个非常合理的第一桶金标准。而且这样听起来，好像比传闻中"在北上广深生活，达成财务自由需要 1.9 亿元"的说法，难度低得多了。

但是，请不要高兴得太早，我还有一个重要的问题要问，就是：以你目前的收入情况而言，存到 200 万元，需要多久呢？假设你年薪 10 万元，存 200 万元，就需要 20 年，而且还需要不吃不喝。听起来好像有点让人绝望，但我帮你算这笔账，绝不是为了让你绝望。这里面有一个最重要的启示：光是省钱，不会变有钱。光节流是不够的，我们还得开源，寻找多元的收入渠道，合理地投资。你不需要一夜就存到这笔钱，也不需要用很短的时间一次就存到这笔钱，你需要做的是尽力存款，让钱生钱，让积蓄的增长率高于钱被花掉的速率即可。

按照我的辅导经验，一般人有意识地开始存款和投资，平均 10～15 年就可以达到存下 200 万元的目标，而更克制的人，7 年就可以达到。听上去这些时间都不算短，但已经比工作 40 年或是原来算出来的 20 年更好接受了。请记住，**在财富积累的旅途中，耐心是最有力的武器**。因为缺乏耐心的人，可能就因为不切实际的欲望和不合理的目标，把钱乱花掉了。

如果你想改变，过一个不同的人生，存下 200 万元，就是一个非常好的前进动力。请记住，你花的不是钱，是寂寞；你存的也不是钱，是梦想。至少，你存的是未来的选择权。

2. 存钱的阻碍：

4 种花钱模式，让你花成"穷光蛋"

据我多年的观察和研究，一穷二白，过得痛苦不堪的人通常存在 4 种花钱模式。这些都是你消费的陷阱、存钱的阻碍，看看自己中了多少个？你只要中了一个，就很有可能成为穷光蛋。

1）为过去花钱

很多人的每一次购买，都会基于一个起点：过去的情绪残留。我们都知道，情绪内耗是可怕的，就是一直徘徊在情绪中，从早到晚，胡思乱想，消耗光了自己的时间和精力，让自己停滞不前。殊不知，更可怕的是情绪外耗。我觉得这才是情绪的最可怕之处，向内消磨精力，向外消灭金钱。

哪怕不是为了缓解特别消极的情绪，只是为了平衡工作时不快的感受，大多数人也会选择花钱的方式。因为工作的关系，我经常出差，入住各大酒店的时候，我总是抓住机会和前台的工作人员攀谈，我问："平常你们一个月的工资够花吗？"

前台小姑娘说："勉强够吧！"

我说："主要会花在哪些方面呢？"

小姑娘说："主要还是吃吧！"

我说："能稍微吃便宜点，就可以多留下一点花在其他方面了。"

我都不敢说吃便宜一点，稍微省一点，就能存钱了，就可以实现更多可能了。但小姑娘斩钉截铁地说："那可不能省！一天上班那么辛苦，肯定得吃一顿好的！"所以你发现真正的问题所在了吗？她的问题并不是不愿意存钱，也不是非要吃一顿好的，而是她找了一份让她产生"痛感"的工作。为了消除这种"痛感"，她才不得不吃好的，才不得不搭上大部分的工资，把内心缺失的快乐给平衡回来。看起来，她是在为自己此刻的快乐消费，但事实上，她是在为过去一天的不快乐买单。

所以，如果我说省下的就是赚到的，那么找一份自己喜欢的工作、一份让自己高兴的工作，甚至"把兴趣当饭吃"就能让你赚双倍了。因为工作本身就能给你提供你需要的满足感、成就感等，一边赚钱，一边还不用花钱，你看是不是来回都赚到了？

我听无数人说过，花钱嘛，就是为了让自己高兴。让自己高兴没错，但下回你说这句话的时候，请你多警惕一下，因为你正准备丢钱了。

你可以问自己以下几个问题来了解自己的潜意识，提高自己的觉知：

花钱为了让自己高兴，那我之前是有多不高兴呢？

我不高兴的核心原因是什么呢？这真的和花不花钱有关系吗？

如果花了钱，我现在是高兴了，但以后呢？是会更高兴还是更不高兴呢？

如果我选择不花钱，我还能用什么方式让自己高兴起来呢？

如果非买不可，除了让自己高兴，还有其他理智的购买理由吗？比如，你需要用；又比如，能解决你的问题？

2）为现在花钱

为现在花钱，是什么意思呢？在消费主义大行其道的今天，各种社交媒体平台都在过度地鼓吹花钱。商家还会提出各种价值观证据，让你花钱花得心安理得，花得理所当然：

"人嘛，就是要活在当下。"

"现在能花掉的，就是你能赚到的。"

"今朝有酒，今朝就要醉。"

什么意思？你没有明天了吗？

商家不仅给你强行灌输消费观，还无时无刻不在激发着你的消费冲动。常见的方式有：积分、会员卡、充值送、打折促销、大抽奖。所有的设计都只有一个目的：让你赶紧把更多的钱掏出来。看到有打折，你会感叹："啊！商家真好，今天买那件衣服只需要 500 元，可以省 200 元啊！"但是你有没有想过，如果你不买，连那 500 元也直接给省了。

请记住上面这个简单又生动的例子，这是想告诉你，不要随意办理任何的优惠卡、会员卡，除非它是你的刚需。例如，有一次我去深圳出差，到了一家牛肉火锅店，桌子上立了一个牌子，上面写着：充值活动，1000 元送 100 元，3000 元送 400 元，5000 元送 800 元，10000 元送 2400 元。作为一个财商导师，我是怎么考虑这个问题的呢？

第一，商家的设计肯定是，充得越多，送得越多。但是，你要学会风险管理，你要懂得无论你充多少，最大的风险是商家跑路。

第二，你还得考虑充值送，到底是怎么送？是充值以后马上返现，还是以后每次消费打相应的折扣，或者说给你几张小面额的等值优惠券，以后在规定的条件内每次消费可以用一张？比如，充1000元送100元，这100元可能被拆分为10张10元的优惠券，每次消费满200元，就可以使用一张。返现、打折，还是优惠券，对你而言，风险是截然不同的。总体而言，这三种办法，风险从前往后是递增的。

第三，根据心理学的研究，人一旦有了初始的投入，之后就容易投入得越来越多。简单来说，本来你一年消费牛肉火锅可能就是4～5次，但因为你充了值，不知不觉会增加到8～10次。充值后，你去得比本来需要的次数多，这相当于无形中增加了你的消费速度，让你把钱花得更快了。

第四，如果你充的是一大笔钱，也就锁定了消费的可能性。同样是牛肉火锅，同样是一年吃4次，为什么不能选不同的4个品牌来尝一尝呢？

第五，一个好好的店，经营了几个月，为什么会突然做一个充值活动？会不会反而正好是"经营不善"的信号？也许他们不多收点现金，下个月发工资、付房租都成问题，这就大大增加了前面分析的跑路的可能性。

有了上面5个方面的分析，如果你还去充值，不就等于"送死"吗？除非你真的每天都要用，你把这牛肉火锅店当食堂了。所以一般而言，我自己是无论如何都不办任何会员卡，也不参加任何充值活动的。除非我真要用到，商家又恰好有优惠。

个人以为，优惠活动中最奇妙的一种，叫作"清仓大甩卖"。每次看到一些门店清仓，里面总会人头攒动，人流络绎不绝，争先恐后。但我们试着静下心来想一想，什么是清仓？为什么要清仓？就是这些货品商家曾预测会好卖，结果买回来后滞销了，积压在仓库里，最后因为经营不善，在搬店前，来一次优惠处理。换句话说，清仓就是把别人不想要的、卖不出去的、根本没人要的，甚至是你曾经不想要的产品，便宜一点卖给你，然后你居然就激动不已了。以为是清仓优惠，捡到了便宜，实际上是吃了大亏。

与之类似的情况还有"免税店"。每次看到国人在免税店里买东西的状态，都会让人产生一种错觉：这是个"免费店"。所以，请记住，要让优惠为我所用，而不是让优惠成为我的购买理由。这句话，就是抵御外部诱惑的最好方式。

所有冲动消费，都是因为击中了这么一个人性的弱点：人总是害怕损失。所以今天要给你送积分，给你优惠，给你打折促销，给你大抽奖，给你纪念版的会员卡，你都隐隐约约地觉得害怕，你怕错过机会，害怕损失，所以你才会中计。

我想让你认清真相，虽然你害怕损失，但是这些东西从来都没有到过你的手上，它们本来就不属于你，就谈不上所谓的损失了。这是一种假损失，你没有真正损失什么，它们只是商家给你精心营造的一种"好像损失了"的感觉。但是，当你害怕损失的时候，损失往往就真的发生了。

3）为未来花钱

你慢慢会发现，现在花钱，活在当下，只是很多人不存钱并花掉未来的钱的借口罢了。这样的借口太多了，还有一个更常见的，叫作：为未来花钱。他们的后续解释通常是：我现在花这个钱，就是为了我的未来过得更好。

为未来花钱不是不可以，为自己的未来更好也不是不行，但了让你不要花了"冤枉"钱，结合多年的经验，在这里，我有三点不得不提醒大家注意，大家可以作为决策的标准来辩证思考。

第一，无论你处于什么状态和阶段，现在和未来，应该是一个动态平衡的关系。虽然你口口声声说你现在花钱是为了未来过得更好，但如果每次花钱都是这个理由，你很容易现在就花完了未来的钱。未来无钱可花，未来一穷二白，未来捉襟见肘，那试问未来如何更好呢？

第二，当你觉得要为未来花钱的时候，你要分清楚，这到底是你的一个借口，还是说你实实在在地会变得更好、有所成长。依我的观察，大多数都是借口。

比如有一次，我的一位朋友报了一个旅行团，由于报名在旺季，所以特别贵。我问他："为什么你要在这么贵的时候出行呢？而且旅行旺季到处都是人，也不见得能玩得尽兴。"他的回答很经典："我报这个旅行团就是为了以后能更好地投入工作。"但据我所知，他已经离职在家休息半年了，现在还要去旅游，明明他最需要的，是找一份新的工作。

他也许真的很想去旅游，也许真的很想去那个地方，也许想继续逃避现实，具体是什么原因，我们不得而知。但他说出口的是为了未来更好地工作，只不过是想合理化当下这个明显不够合理的行为。果不其然，他旅行回来后，又颓废了一年多，才重新开始工作。

第三，我听过对"为未来花钱"最动听的表述，就是"投资自己"。哪怕你不这样对自己说，也会有很多人抢着对你说。

"投资自己的大脑，保赚不赔""世界上最好的投资，就是投资自己的脖子以上""应该把所有钱都投资在学习上""对未来的最大慷慨，就是毫无保留地付出现在""年轻时，一定要不计回报地投资在自己的成长上"，更有甚者，"房早晚能买到的，别投资房产，要投资大脑"。

以上言论，总是不绝于耳，且多见于劝你参加某个培训或课程的人口中。结果就是，你投资了你的大脑，人家开培训班的保赚不赔。至于投资大脑是不是世界上最好的投资，就因人而异了，你跟你的大脑一起生活了那么多年，心里还不清楚吗？如果大脑不灵光，这还是最好的投资吗？

或者说，你投资大脑该投资在什么项目上，你有想过吗？天生我材必有用，你是哪块料，就做什么事，就在哪个方向上多投入。这就是我常告诉大家的，搞清楚自己的优势，要在优势上发力。用对力比瞎努力更重要，因为努力的点没对，相当于没努力。同样，如果没有搞清楚自身的优势和特长，就毫无保留、不计回报地付出，最终得到成长和提升的还是培训机构，而不是你。

再说了，既然是投资，为什么要不计回报，你以为是捐款吗？有的同学可能会反驳说，现在投资在自己的大脑上，也许不是马上能反映在赚钱的能力上，但最起码，未来会赚更多的钱。我想说，同学，未来能赚多少钱，也是有现在的"事实依据"的。而你可能赚不到钱的最大事实依据是：你守不住钱，总是用现在凌乱的大脑，混乱地为未来的大脑投资。

如果付出的是钱，是时间，是精力，还是计算一下回报吧。如果你非要投资大脑，我的建议是：别连着学，别总在学。像我常说的，学习本身不会让你进步，但思考会。你总是在学，还有什么时间用来思考呢？具体的做法就是：你参加完一段培训后，盘点一下自己有哪些收获，包括认知提升上的，也包括收入提高上的，缺一不可。整理了收获，做好了反思、复盘和总结，再进行下一阶段的学习。

4）花未来的钱

说到"花未来的钱"，就要比前三个的状况更惨。这一点只要做到，你就会彻头彻尾地变成一个穷人，永无翻身之日，甚至会影响到后几代人。

花未来的钱，是什么意思？就是说：这些钱从来不属于你，你只是有暂时使用的权利，最终花掉的，你总归是得还的。最简单的例子，就是信用卡消费。还有一些类似的产品，如花呗、借呗等。可能是因为虚荣心，可能是因为存在感，可能是因为别人有我也要有的从众心理，或者可能只是因为想让别人觉得自己过得不错，现在很多人，都在朋友圈里表演。

当目前的能力配不上欲望、配不上理想的生活时，他们就会选择提前消费，花掉未来的钱。他们每天都努力在朋友圈里演好一个幸福的人，实际上他们不幸福，他们只是在表演自己很幸福。

我曾经在微博上写过一段话，来概括这种现象：Why are you poor? Because you always buy the things you don't need with the money you don't have to impress the people you don't even like. You need validation and approval. So you are not buying for yourself. You are buying for others. You care about how they see you. So you want to look good all the time. It's actually not the buying itself that makes you poor, it's the low self-esteem behind the buying.

翻译过来就是：为什么你没钱？因为你总是用不属于你的钱，去买你不需要的东西，来取悦你压根不喜欢的人。你总是需要证明和认可。所以你不是为了自己而购买。你是为了他人而购买。你在意的是别人如何看待你。所以你就希望永远看起来都是好好的。所以啊，并不是购买本身把你变穷，而是购买背后的自卑让你最终一无所有。

一方面，我们要提醒自己别重蹈覆辙；另一方面，我们也要警惕其实很多人炫耀的所谓幸福生活没那么值得我们羡慕。当然，能花未来钱、敢花未来钱的人，他们很重要的理由，就是我们刚才所说的第三条"为未来花钱"。所以"花未来的钱"也是"为未来花钱"的一个分类，但由于其影响过于深远，所以单独抽取出来，重点进行阐述。

如果你已经有提前消费的习惯，我必须告诉你这几个事实，以免你踏入万劫不复之地。以信用卡的消费为例：

1. 信用卡能让你用比你凭实力所得更多的钱，这种感觉会让你挺爽的。但是，信用卡的额度，不是你的钱，是你借回来的钱。请记住，不用还的才是你的钱。

2. 每个月发工资的时候，还上个月的信用卡欠款，是一个收支的负循环。

3. 如果你每个月要还信用卡，你就不仅在为你的老板打工，你还在为银行打工。

4. 信用卡看起来会让你的消费更简单，却会让你有钱变得更困难。

5. 钱不够花不是使用信用卡的借口，银行能给你批这个额度，是评估过你能还得起。你能还得起，也就证明你平常的收入是够花的。

6. 万一你不能准时还钱，信用卡的利息会让你陷入更大的困境。

7. 如果你用信用卡消费是为了积分，请在 24 小时之内就把钱还上，让自己明确知道，此次的购买，确实是花掉了自己的钱。

8. 尽量别花不属于自己的钱，为了救命除外。

最后，我想跟你说，虽然花未来的钱和为未来花钱，都让你感觉心安理得、理所当然，但是，比为未来花钱更重要的是为未来存钱。只要你主动不花，就能主动存下来。当然啦，乱消费的本质原因，归根结底还是缺乏明确而长远的目标。你不知道自己想要的是什么，所以才什么都想要；你不知道自己要买什么，所以才什么都想买。

所以，**抵挡内部和外部敌人的最好方式，降低为过去、现在、未来消费的最好方法，就是拥有一个长远的目标，并愿意为长远的目标而去付出，为实现这个目标，存下更多的钱。**

3. 夺回花钱的主动权：

定时定量，轻松存钱的 3 个策略

　　我先问你一个问题："你觉得，你会花钱吗？"然后你可能笑了："花钱有什么难的？买就完了嘛！"是的，如果花钱只是各种买东西，那你就真的完了。很多时候，我们认为自己所谓的**"会花钱"，也不过是未经思考，毫无知觉地把钱花完，而不是有意识、有觉知、有计划地花。**

　　我想告诉你，会花钱和不会花钱，真的是两回事。学会花钱的第一步，就是学会不花钱。所谓强制性存款，就是给自己设立死规则，按照规则来实施对金钱的支配。

　　我来介绍我自己从 13 岁赚得第一份收入开始的存钱方法，我把它们分为三类：提前存、过程存、意识存。在这三个策略里面，包含了近 10 个强制性存钱的小方法，这些方法至今我还在使用，总会有一个适合你，总会有一个能让你最舒服地开始，也至少会有一个，能让你成功。

策略一：提前存——先存后用

　　大多数人，特别是大多数年轻人，在他们得到一份收入后，习惯性动作总是——用掉。简单来说，大多数人支配钱的习惯是"先用后存"。他们的想法很简单：及时行乐啊，反正最后有剩下的钱，我是会存起来的。所以最后的结果是，先用是先用了，然后呢，就没有然后了。

　　所以，你总会听到那些老存不下钱的人，一直这样为自己辩解："你看我用都不够用，还怎么存呢？"但事实是，并不是钱不够用，只是因为，平常我们就有无意识花钱的习惯，所以无论你有 1000 元还是 5000 元，有 10000 元还是 50000 元，无论钱多还是钱少，够用还是不够用，你总能想到办法把钱都花完。所以你那么努力地赚钱，也赚了那么多年了，最终还是颗粒无收，存不下任何钱。我们不得不感叹，支付宝的公司为什么是世界上最伟大的公司之一，因为他们对人性太有洞察力了！你看你在支付宝里存钱的那个地方叫什么？它不叫"存钱宝"，也不叫"存款宝"，它叫"余额宝"。

　　因为支付宝做过数据调研，99% 的年轻人都没有主动存钱的习惯，他们的存款触发机制是：看看有没有用剩下的钱。用剩下的钱，是什么呢？没错，就是"余额"啊。支付宝是有多懂用户啊！主动存下来的，叫作"存款"；被动留下来的，叫作"余额"。那该如何改变和远离这种月光、年光的坏习惯呢？其实方法很简单，就是化被动为主动，用一个新的好习惯，来代替原来的习惯就好。具体方法，就是"改变顺序"——调整"用"和"存"的顺序，用"先存后用"这个新模式，来替代"先用后存"的老机制。

　　还记得我反复和你强调的吗？所谓的理财，就是重新定义"赚、用、存"三者间的关系。下一次，你再得到一笔收入的时候，第一个动作就是把一部分存起来，剩下的部分才用来满足你的生活所需。我在课上，喜欢把这部分先存起来的钱，叫作"雷打不动基金"。雷打不动基金的第一个含义：无论收入有多少，都要雷打不动地执行"存钱"这个动作。第二个含义：钱存下来后，就是要雷打都不能动的，除非是用来救命。你不能说，如果手上的钱用完了，就去存起来的钱里面"支一点"，下个月发工资的时候再帮自己"还回去"。反正是自己的钱，自己还上就行。这样的做法，没有任何意义，自欺欺人而已，雷打不动就是为了养成稳固的习惯。

"先存后用"的实施，有两个简单的方法：第一个方法是"按数目存款"，第二个方法是"按比例存款"。

刚进入职场，也许你的收入还比较低。比如，你的工资收入还没有达到个税的起征点，你就可以采取"按数目存款"的方式。具体的操作是，每次工资到账时，马上转走 200～300 元，存起来。如果一开始真的难以养成存的习惯——或许你只是"忘了存"，光靠自己的力量留不住这笔钱，那就利用现代的科技来帮你完成存钱的行为。比如，你可以开通一些网络银行的"工资存款服务"，设置好每个月划扣的金额，只要你工资一到账，网络平台就会把你设定好的金额自动划走，而剩下的，就是你可支配的现金。选择平台的时候要选可靠性、安全性高的大平台，如微信，支付宝等，都有相关功能。支付宝里有每月划扣工资到余额宝里锁定理财，或划到养老金计划里锁定理财的功能。App 帮你锁定了这笔钱的好处是，它平常就不会被"不小心地花掉"。

当你的收入逐步提升之后，可以采取"按比例存款"的方式。这部分存下来的钱比较合理的比例是：收入的五分之一（20%）。但如果你目前的收入比较低，虽然可以缴税了，但基本生活所需还难以保障，就可以适当调整为十分之一（10%）。如果收入比较高，如月收入税后在 20000元以上，存款的比例就可以调到二分之一（50%）。

以我自己来举例，在主动把钱存下的这件事上，我对自己是十分严苛的。很早的时候，我就规定自己，每一笔收入，都固定存下二分之一（50%），存下的部分雷打不动。哪怕只是收了个 9.9 元的红包，我也会用同样的比例处理。

这么做的好处有两个：一是我手头上的可支配现金变少了，我不会再认为我有很多钱可以花，这就大大降低了我冲动消费的机会，而我的消费欲望也会处处受限；二是正因为我手上的钱很有限，我开始计划消费了，会更理智地考虑什么应该买，什么不该买，什么需要现在买，什么可以以后买。

现在我的收入与十年前相比，已经发生了翻天覆地的变化，所以我现在"先存后用"的比例，达到了95%。保持对自己的严苛，是因为我知道，你能存下的，才是你真正赚到的。

策略二：过程存——省下更多，存更多

"提前存""先存后用"是最重要的观念和标准，你需要把它们贯穿到整个对金钱的"支配和使用"的过程中。

在支配和使用金钱的时候，你要善于省钱，并把省下的钱存起来。但是，我们来追问一下，为什么在支配金钱的时候，会省不下钱？答案我们之前提过了：因为我们总是在花钱。那为什么我们总是在花钱呢？答案是：因为我们认为，花钱能为我们买来快乐。更准确地说，花钱能让我们买来"现在就能享受到的快乐"。

由此可见，原来能不能省钱的本质，在于重新定义你的"快乐"。也

就是要回答两个问题：

"到底什么使我快乐？""还有什么能让我更快乐？"

我问过我的朋友菲菲，第一个问题是，到底什么使你快乐？

她说，一杯奶茶。

我接着问她第二个问题，还有什么让你更快乐？

她说，再来一杯奶茶。

我差点没有晕过去，因为这并不是我设置这两个问题的用意，我以为，她能回答出一个更"长远"的答案。从这个简单的问答中可以看出来，多数人之所以沉迷于"现在就能享受到的快乐"，除了本性使然，更可能是因为你缺乏长远的目标和开阔的眼界。简而言之，就是你根本看不见，原来还有"另一种快乐"存在。比如，我们来算一笔账，如果我们习惯每天喝一杯奶茶，需要 30 元，一年 365 天，就需要 10950 元。

要是这笔钱不用来买奶茶而是省下来，每天存 30 元，存到 10950 元，这一整笔钱，就可以来一趟外国旅行。这就是"另一种快乐"。

如果目光更长远一点，你把类似奶茶这样的支出也省下来，每天存 3 个 30 元，一年后你存到的钱，就可以跟人合伙开一家小奶茶店了。那时候，你再喝奶茶也不迟，成本低啊。这也是"另一种快乐"。

然而推演还没有结束，更符合现实的情况是，有一些支出，难免会有后续的"连带支出"。比如，为了维持体形，消耗每天喝一杯奶茶带来的热量，你需要每周请一次健身教练帮你减回来，假设请教练的费用是 500 元，一年按 52 周算，就要花费 26000 元。看起来只是每天多喝了一杯奶茶，一年却多花了 36950 元；看起来只是每天少喝了一杯奶茶，一年却可以多存 36950 元。用旅游来换算，就是三趟国外旅行。又或者给自己报一个认证课程，得到证书，为自己增加核心竞争力。

再往下推演一步，如果这些钱不是用来消费，而是存起来用于投资呢？这个本金，在未来会为你带来多少收益呢？36950元，如果给我一点时间，就能生出另外的10000元。

要永远记住，没什么钱的时候，省到就是赚到。所以，**看到"更长远的选项"，并考虑把它作为"可替代选项"，才是改变的根本和存钱的关键。**到了那个时候，你的选择题，就变成了"要为'现在就能享受到的快乐'花钱，还是要为'更长远的快乐'存钱"，而不是"买'一杯奶茶'，还是买'两杯奶茶'了"。

这不仅是思维上的转变，还是行为上的跃迁。你得清楚，在可支配金钱有限的情况下，"大的快乐"和"长远的快乐"是需要用"小的快乐"和"当下的快乐"来换取的。另外，以上的分析，还给了我们一个重要的启示，"时间"就是我们第四层的"钱意识"。**加上时间的维度，去考虑金钱的使用，对钱的意识就会发生改变，你的金钱行为也会因此得到调整。**因为任何一笔"小钱"，放在足够长的时间维度上去计算，都会变成一笔"大钱"。

平时你会觉得，一杯奶茶就30元，没关系，就一点钱！下次要是出现类似的念头，觉得一笔"小钱"花掉没关系，别着急，我教你一个方法，请先用这笔"小钱"来乘以365，看看会得出什么样的数目，然后花5秒时间来想一下，这个数目能给你提供怎么样的"替代选项"。如果这个乘法还不能阻止你，那你就再把得出来的结果乘以10，乘以20，看看这个钱又能等于什么"选项"。你要意识到，如果你选择了这个"替代选项"，它不仅可以给你"另一种快乐"，还能帮你开始养成"要存钱"的意识和"存下钱"的习惯，创造未来"让存款自动生出更多钱"的机会。

"过程存"是有钱方法的三大策略和方向之一。

以上介绍的就是"过程存"的核心理念，看看有什么能"以小换大"的机会，然后把省下来的钱都存起来。用"时间"来衡量金钱的使用，是想让你知道，金钱也是有"时间成本"的。我们常说时间就是金钱，所以永远不要忽略了"时间"对金钱的作用。

我还记得有一个奸商的故事，说的是老板想尽办法克扣员工的工资。后来奸商老板想出了办法：每个月比上个月推迟 10 天发工资。乍看之下没什么问题，但细算一下，如果每一个月比上一个月晚 10 天发工资，那每 4 个月就会少发一个月的工资；以上的情况，可能只会发生在故事中，现实中这样的老板早就被关进监狱去了。但是，我们从故事中可以知道，按一个比较长的时间周期来看，如果得到钱的时间延后，会让钱的总数减少。那如果是在比较短的时间内呢？或者只是一次延迟呢？会有影响吗？

比如，问个问题，你和朋友合伙做生意，朋友本来在今天要跟你结款 10 万元，但由于结款平台提现功能出故障，得 7 天后才能提现。那请问，现在提现和 7 天后提现，是否有区别呢？很多人的第一反应是，没区别啊，都是 10 万元，无非是要多等 7 天而已。但是，你知道吗？按照我现在的投资回报率，10 万元，经过 7 天，大概可以增加另外的 3 万元。所以，表面看来没有区别，事实上因为推迟了 7 天，我错过了把 10 万元变成 13 万元的机会。晚 7 天提现的钱，让我损失了 3 万元啊。如果算上通胀率，我的损失还会更多一点儿。

所以请记住，今天就能赚到的钱和明天才能赚到的钱，哪怕数目一样，它也是不一样的钱，因为"时间"会改变"钱的价值"。就像今天的 100 万元和 10 年后的 100 万元，价值完全不同。因为钱会贬值，这意味着，你越爱花钱，你就越晚才开始存到钱；而你把战线拖得越长，需要存的钱就会越多，达到财务自由就会越难。

于是，你应该知道了，"今天就能存下的钱"和"几年后才能存下的钱"也完全不一样，中间浪费掉的那些时间，本来是可以用来让钱生钱、为你原来的钱增加价值的。**你今天买任何东西，除了失去"付出去的钱"，**

也会同时损失掉"存钱"和"让钱生钱"两个机会。

"每日存"

当然，如果把"过程存"和前面的"提前存"理念结合起来，还能发展出另一个"过程存"的方法，我管它叫"每日存"。"每日存"：考虑到我们花钱的"过程"，基本上是"每天都得花"。所以，我们可以把"提前存"中"先存后用"的总纲领，落实到生活中的每一天。我们可以安排自己在每一天花钱之前，就把一部分钱存下来。

具体做法是：每天早晨，或是在刚醒来的时候，或是在吃早餐的时候，就转走自己的 10 元，一年下来就可以存 3650 元。如果你的经济条件比较好，每天存 20 元、50 元，甚至是 100 元都可以，按照自己的能力调节每天的金额就好。关键是，尽量不要中断，尽全力坚持下来，至少一年。

"等额存"

除此之外，"过程存"中还有更高段位的玩法，我把它叫"等额存"。"等额存"的理念非常简单，就是今天你每一次消费的时候，也请同时存下等额的钱。简单说，就是你花多少，就存多少，这就相当于你在以两倍的速度消耗你的钱。

这个方法的好玩之处在于，哪怕一开始你难以克制消费的欲望，后来也会因为现金的短缺，被迫改变你的消费习惯。关键是，当你觉得自己快没钱的时候，事实上你已经存下了钱。比方说，还是刚才买奶茶的例子，你安排了 900 元的预算给自己买奶茶，本来你每次买奶茶花 30 元，这笔预算够用 30 天。但如果你采用了"等额存"，每花 30 元，就存 30 元，相当于每次就要花 60 元，原来这笔钱就只够你用 15 天了。所以当你前 15 天把预算用完了，后 15 天就只能不喝奶茶了，但这个时候，你有了

450 元的存款。这就比什么都没有要强！

还有的同学比较聪明，提前预料到了这种情况，发现后 15 天会没奶茶喝，于是开始调节自己的行为，他不每天喝了，变成了隔天喝。当他主动调节的时候，他的习惯就改变了，消费的频率也降低了，关键是，他还是存下了 450 元。当然了，这个方法适合收入比较可观，但还没有养成存钱习惯的同学。

把握好"提前存"和"过程存"的核心理念，你也能总结出属于你自己、更适合你自己的存钱方法。比如，我有一个学生，他结合"按数目存""等额存"的方法和自己的实际情况，帮自己设计了存钱的行动：每次消费，无论消费金额多少，都雷打不动地存下 5 元，只要他数一数一天、一周、一个月存下了多少个 5 元，就能知道消费的次数，这也有利于他控制和降低自己的消费。

所以，你终于知道了，"存钱"和"存钱的实施过程"本身，不仅能让你存下钱，还能帮你不断提高判断力、自控力和对钱的觉知。一石多鸟，一份付出，多份回报，完全符合投资中"利益最大化"的思维。何乐而不为？

策略三：意识存——周期性存款

通过前面的学习，我们知道了，要成功地守住钱、存下钱，有两个重要的指标，就是"定时"和"定量"。当钱还比较少的时候，"定量"比"定时"更重要。虽说每个月发工资时都要存下一部分，这也是定时，但毕竟"每月一次"的频率还是有点低，所以这时，我们把焦点全放在"定量"上。而一开始的提前"定量"存款，也是为了习惯的初步养成和提高"存钱的意识"。

当经济变得宽裕时,"定时"比"定量"更重要。这个时候你的收入、现金流充足了,光是"定量"已经不能把"存钱"最大化了。所以要加入时间,更加"有意识"地为自己增加存款的频率,创造存钱的机会。这就是"意识存"。

为此,你可以参照以下三个方法:

1. "递增法"——频率:按天存;方法:金额按天递增。比如,第一天 1 元,第二天 2 元,以此类推,第 365 天 365 元,一年共能存下 66795 元。

2. "1378 法"——频率:按周存;方法:金额按周递增。比如,第一周 100 元,第二周 200 元,以此类推,第 52 周 5200 元,一年共能存下 137800 元。

3. "逢年过节法"——频率:每逢节假日;方法:每个节假日存下固定金额。比如,每个节假日固定存下 200 元,一年大概有 115 个节假日,一年共能存下 23000 元。

在实际操作的时候,有 4 点需要谨记:

1. 量入为出,按照自己的实际收入和支出来选择存款的方法,设置每次存款的额度。比如在"1378 法"中,也可以第一周存 10 元,第二周存 20 元,第 52 周存 520 元,一年能存下 13780 元,这也是个不错的数目。

2. 尽最大力量,定时定量,一直保持,直到"存钱"成为你的日常,像刷牙、洗澡一样简单。哪怕偶尔中断了或被中断了,都没有关系,从断掉的地方重新开始就可以! 最好分析一下,断掉的原因是什么? 每一次断掉,都会给之后的坚持提供积极的意义。

3. 你需要知道，存款只是理财的第一步，也只是重新认识金钱的第一个习惯。此章的全部目的和注意力，都放在"如何帮你清除障碍，开始存款和稳定存款意识"上面。经过后面的学习，你会知道光存是不够的，钱会贬值，在后面的章节，你会学习到"存在哪里"也是个关键。

4. 现阶段，不要好高骛远，光存就够，不然你连让存款贬值的机会都不会有。

来快速整理一下。存钱的具体方法，有"按数目存""按比例存""每日存""等额存""递增法""1378 法""逢年过节法"。总有一款适合你，如果你还在起步阶段，那就挑一个方法；如果你已经渐入佳境了，试着用上更多的方法，直到你能像我一样，把这些方法同时用上，留下绝大部分的钱。

这些方法，既可以让你开始存钱，也能让你发现自己。你也可以从这些"元方法"中得到启发，提炼和发明出属于自己的方法。比"发现自己"更重要的是"发明自己的方法"。

别轻信国外的某些理财书，告诉你"存钱是没用的""存钱的思维是落后的"，甚至还有人说，"存钱会让你变穷"。你要知道，每个国家的国情不一样，经济大环境不一样，谈论这个事情的大背景，也完全不一样。比如，在美国，也许是不存钱会更好，但你可以看看近两年，特别崇尚自由，连花钱也崇尚自由的美国人民，活得举步维艰。任何理论的理解和执行，都有两个大前提，即"时代的大背景"和"个人的实际情况"。脱离这两个最大前提的结论，既不现实，也无法实现。

请记住，只要开始存，就永远都不晚；只要开始存，就已经开始了新的循环。

4. 存小钱，省大钱：

设立高标准，在有限的收入里省下更多钱

大多数人有一个通病：对小钱锱铢必较，而对大钱又毫不在意。我们会在淘宝网上，因为一件50元不到的物品，货比三家一晚上。但遇上像买房、买车这样的"大决定"，却缺乏讨价还价的精神，反而用更少的时间就做了决定。为什么会这样呢？很大可能是因为，"大决定"变量更复杂，需要考虑的情况和参数更多，一般大脑就会被这庞大的信息量吓退，便匆匆做了抉择。

针对这类问题，我提出过一个省钱存钱的完整口诀：存小钱，省大钱。存小钱，就是把每一笔可以不用的小钱存下来，定时定量，积少成多。省大钱，就是省下一笔大消费，或在一笔大消费里省下可观的部分，这就相当于你存很久的小钱了。比如你每天省10元，要花近30年，才能省下10万元。但是，像买房等大额消费，一次就能省下10万元或更多。这也相当于，你的省钱和存钱的速度，正在翻倍。

改变财富现状的本质，是金钱使用方式的改变。而金钱使用方式的改

变的本质，是消费方式的改变。能够更聪明地消费，省下钱，你就已经开始改变了，你的财富也在随之而变。如果你想省下更多钱，我总结了四个标准。

标准一：注重日常

我们的"日常"，会有五笔日积月累形成的"大钱"，分别是："衣""食""住""行""电子产品"。只要改变日常生活的标准，就能降低消费：

"衣"的标准是"舒适"，而不是"名牌"。

"食"的标准是"健康"，而不是"贵的"。

"住"的标准是"安全"，而不是"宽敞"或"豪华"。

"行"的标准是"到达"，而不是"快捷"或"高端"。

"电子产品"的标准是"够用"，而不是"最新款"。

年轻的时候，你可能因为追寻错误的"标准"，导致不必要的支出大大增加。据我观察，大多数年轻人的钱，都花在了买衣服和吃饭上面。导致在"衣""食"上面开销过大的原因，除了情绪性消费，还有两个心理障碍：

一是"控制欲"：

因为觉得自己赚的钱还比较少，没法买房，也没法买车，唯一能够买到的就是衣服和食物。而"把控"这两者让你感到"有力量"，所以你只能把控制欲，无度地释放在衣服和食物上。

二是"存在感"：

如果你真的想省钱，请记住一个秘诀：年轻时，微信朋友圈发的图片和视频越少，存下的钱自然越多。年轻人的很多消费，都伴随着炫耀。殊不知，这么做其实是竭尽全力让自己变得更穷。你总想看起来活得不错，你总怕别人看不起你，事实上，根本没有人看到你，大家都很忙！

"存钱"这件事，看起来是表面上的有节制、少花钱。但本质上，其实是一种"脱离他人眼光和评价"的活法，是一个"注意力回收"的过程。把注意力往回收，你才会真正关注自己的需求，为了让自己更好而花钱，而不是为了"看起来好"。

通过这些年的实践，我给你分享一下在衣、食、住、行，还有电子产品上的一些陷阱和建议，你可以选择能用的，马上执行起来：

"衣"的建议：

衣服主要分为"高频服饰"和"低频服饰"。

（1）"高频服饰"

就是你几乎每天都会穿的衣服。我建议，在年轻的时候，你要尽可能早地找到让你舒适感最高又最便宜的衣服。我自己迄今为止，都坚持着衣服"舒适就好"的原则。我平时就算是做讲座，都只穿一件99元的纯棉T恤。因为我最不希望读者关注我的衣服，我希望他们关注的是我正在表达什么，背后的思维逻辑又是什么，对他们的帮助又有多少。而且，穿得普通，有利于降低大家的期待，拉近和大家的距离。期待越接近于零，学习的效果越好。当然最重要的还是，这么穿让我觉得舒适自在。

（2）"低频服饰"

工作几年之后，那些不是工作本身，但又和工作相关的机会、任务、活动，就会多起来，你需要准备好两套衣服。一套是出席正式商务场合的"正装"，如参加公司年会、商务谈判、慈善晚宴等你目前生活中最有价值、最重要的活动。这套衣服的价格应该至少是你平常单衣的 20 倍。

另外一套，是出席非正式但重要的场合的"服装"，风格通常是俗称的 Business Casual（商务休闲），可以让你更体面地参与到一些重要场合的活动中，像车主活动、高尔夫友谊赛、企业联谊、发布会等。

"食"的建议：

吃的唯一标准，就是"健康"。然而，很多人错把"贵"当成了"好"。其实，很多 20 元的食物跟 50 元、100 元、200 元的食物，光从味觉感知上来讲，是没有区别的。它们的区别可能仅仅在于，你多付出了钱，这种付出会给你带来更好的"心理感受"，甚至你会把它混淆成"好吃"。

保持"吃得健康"，是最为重要的"致富习惯"之一。长期以来保持饮食健康，第一，让你每一餐饭都能省下钱，人的一辈子，要吃七八万顿饭呢；第二，让你吃完每一餐饭都能充满精力和能量，提高了时间使用的效率，相当于延长了寿命；第三，健康饮食能大大降低你患慢性病和重大疾病的风险，相当于帮你节省下来一笔巨额的医疗费用。

你终将发现，比起"看起来好吃"和"很多人点赞"，食物吃得健康简单，让肠胃舒服，才是真正重要的。你开始发现真正重要的事情，就会只把钱用在重要的事情上了。重要的事情本身就少，钱自然就花得少。

"住"的建议：

年轻时，能住家里，就住家里，这能省下"吃"和"住"这两个比重最大的支出。如果不住家里，可以租房子住，比较合理的租金是月收入的 20%~30%。首选离公司近的住处，最远的话，最好也不要超过离公司半小时地铁的距离。除此之外，还有很多的短租公寓、房主出租的自己房子里的独立房间，通常 50~80 元/晚。还有，看看能不能在你工作的谈薪阶段，争取到包吃住的机会，至少可以争取一下吃和住的补贴。省下吃住的费用，不管是部分还是全部，也相当于是提薪了。

还有人说，我的房子要宽敞，因为我要招待朋友，或者我要在家办公。别闹了，你还在起步阶段，能有什么朋友呢？真要维系朋友关系，一个月安排吃一次"海底捞"不好吗？办公的话，可以找个咖啡厅，也可以选择在公司加一下班，还能顺便错过晚高峰节省时间呢！如果你要买房，本书的最后一章会教你另外的标准。

"行"的建议：

善用公共交通系统，能大幅降低你出行的费用。以广州地铁为例，坐三站以内，只需要 2 元；同样的距离，如果打车，却需要 20 元，是乘坐地铁的 10 倍。如果你需要在路上休息、工作，或是接待客人，可以选择乘坐专车。专车的服务和安全性等都会比一般的出租车好。另外，你可以善用在积分商城里隐藏的专车优惠券，为自己降低费用。

如果你需要买车，我的建议只会是二手车。当然如果不是绝对的"刚需"，30 岁乃至 35 岁前都不要考虑买车，因为购买之后，这台车在绝大部分时间里都是"闲置"的，你还要为它的闲置付额外的费用。比如你开车上下班一共 40 分钟，工作 8 小时。这一天车的使用时间是 40 分钟，闲置时间是约 15 小时，你还要支付 8 小时的停车费给停车场。另一个原因是，如果省下买车、养车的各项花费，你会有一笔更可观的存款。

"电子产品"的建议：

我一直戴着第一代的苹果手表，它是 2015 年的新款，但我是等到 2016 年出第二代时购买的，一直在使用，也没有坏，所以就一直戴到了现在。我想说，很少有全新的电子产品会真正"物超所值"。所以，真正重要的，不是电子产品是否"最新"，而是实际使用时是否"真的便利你"。追最新，事实上还是虚荣心在作祟。所以，对于电子产品，我自己的选择标准是：

1. 不坏就不换，坏了就修，修完还不行再换；

2. 如果出新的一代，有需求的话，我就可以买上一代，或者上两代，因为前两代通常会有大幅度降价；

3. 如果有值得信赖的平台和卖家，也可以选择购买二手的电子产品；

4. "以旧换新"不失为一个好策略，个人经验是，机器如果外观和功能相对完好，转卖时，卖给私人买家，要比卖给官方能换回更多现金。如果外观和功能欠佳，卖给官方则比较划算。

除了以上各个分项的建议，在真实的情况中，还要综合考虑"衣""食""住""行"之间的互相牵制。比如，你生活在广州，租房子住，是不是一定要住在公司楼下呢？不一定。以广州为例，如果要租的房子在地铁三站之内，平均每远一站，房租就会下降几百元。也就是说，如果能够在离公司三站的地铁站附近找到房子，租房就能省下 1000 多元；如果你出行的交通工具主要是地铁，三站内都是 2 元，这样就能在交通费和租房费间取得一个很好的平衡。比起住在公司楼下，一个月虽然多出了 80 ~ 100 元的交通费，却省下了 1000 多元的房租，总体还是省下了不少，一年就能多存 1 万元了。

按照以上"标准"及"建议"实践的同学，按年来实践，发现基本都能够省下他们日常总支出的30%～40%。当然，如果你目前收入甚微，那么你要考虑的就不仅仅是节流了，你还要关注一下如何开源。毕竟，省钱、存钱只是保底，要真正富有，还是得多赚钱。

请记住，让消费更理性，赚钱更理智，让自己更勤奋，外加一点耐心，是唯一的生财之道。

注意顺序，消费更理性，是第一步。

标准二：先不用钱

每次想要用钱之前，想一想，有没有办法不用钱就把目标达成？我知道有人告诉过你：能花钱的事情，就千万不要花时间。这句话对吗？我的答案是：看情况。

花钱还是花时间，不能一概而论，这得取决于，对你而言，哪个更多。对现阶段的你而言，肯定是花"多的"，省下"少的"。比如，刚开始工作的你钱比较少，却非常闲，这个时候，肯定是花时间啊，钱本来就少，再花就没了。等你工作几年，有了一点钱，却没那么多时间了，这个时候花时间还是花钱，就取决于效率，或是花哪个能把你的自身价值最大化。当然这个会有具体的算法，我们在后面的章节还会进一步展开。又过了几年，你有了成绩，工作机会增加，收入已不成问题，你却没有时间了，这时候当然就是"能花钱时，尽量别花时间"。

除了这些，我今天想给你一种全新的思路，就是：能不用钱，就先不用钱。在花钱之前，先问自己：

这个能不能送（免费）？

如果不能，能不能换？

如果不能，能不能借？

富人都不太喜欢用钱，他们更喜欢用脑。最起码，在用钱之前，他们会先选择使用智慧，寻求免费的渠道，寻求用资源来置换的可能性。他们的最后选择，才是用钱。脑用得越多，他们的自身价值就越高，于是他们就更有钱了。而没有钱的人，懒得动脑，奢望"钱就能解决问题"，就连消费冲动都无法抵挡，因为不动脑，所以钱更少。虽然残酷，但不得不说，这个世界，都是"动脑的人"在赚"不动脑的人"的钱。

更了不起的是，当一个人的自身价值越来越高的时候，他们除了会"越来越有钱"，他们自己的钱，还会"越来越难用出去"。你能想象这种生活是多么爽吗？一边在赚钱，另一边钱却用不出去，所以钱就多了。以我为例，逢年过节，就会收到很多合作商、品牌方的礼品，这些礼品通常能满足我的日常生活所需。家里的很多电器、电子产品也是合作方送的。出门的时候，会有五湖四海的朋友安排吃、安排住。记得有一次，我到我家楼下小店，想吃烤串，老板说："帅老师上次给了我建议之后，我们的营业额翻了3倍，以后你来咱们店里，随便吃、随便喝，都算我的。"

当你不断变强、价值提升、乐于助人，甚至你的时间的价值，远远超出了钱的价值的时候，这个世界对你的回馈，仿佛就只会有一个：怎么能让你破费呢？！所以，现在每每朋友来广州，我都尽力招待，所有费用我负责。一方面，是为了让他们尽兴；另一方面，我觉得太痛苦了，也好让他们体验体验钱花不出去的痛苦。有难同当嘛！

先不用钱，先用脑，结果，就真的不需要用钱了。

标准三：租借一切

在可支配金钱有限的时候，特别是我们还年轻的时候，我们必须建立一个观念：租借一切，就是用"租借"来代替"购买"。这有两个最大的好处：一是购买使用权，永远要比购买所有权便宜得多；二是先购买使用权，对目标物品进行试用，才能真正了解物品是否适合自己，以此来指导进一步购买，或是止损于对使用权的购买。**到底是"租借"合算，还是"购买"合算？我有三个标准：一是"持有成本"，二是"使用频率"（使用频率决定了"单次使用成本"），三是"对等价值"。**

有一次朋友小洁来问我："帅老师，我准备到三亚旅行，想玩一下航拍，感觉无人机好像有点贵，你觉得我该买吗？"

我没有直接告诉她答案，我问她："你想买的无人机多少钱呢？"

她说："8000元。"（持有成本，因为没有后续费用，持有成本即商品价格。）

我问："打算用几年？"

她说："5年。"

我继续问："那你买回来，一年内，大概会使用多少次呢？"

她说："估计10次左右吧。"（使用频率）

我说："那你每一次使用的成本就是160元，你觉得值吗？"（单次使用成本）

她连忙摇头："不值啊，太贵了！"

我又问："假设你用这个无人机，航拍一次，拍一段影片或素材，挂在网络上售卖，按你现在的技术和水平，会有人愿意花160元来购买吗？"（对等价值）

她摇了摇头。

我说："那我就不建议你买，一是使用频率低；二是你赚不回'使用一次'对等的钱。"

小洁在我推荐的租赁平台查了一下，很开心地说："同款无人机在租赁平台的租金是 22 元 / 天，比起原来的 160 元用一次，真的太值了！"

就这样，小洁租了无人机，踏上了去三亚的旅程。类似的例子，在日常生活中屡见不鲜。比如，打车出行，比买车便宜。在财富积累的早期，我们并不需要真正拥有一台车。当然，不是所有东西都得只租借不购买，比如我曾经买过一台定价 16000 元的手提电脑，单看定价肯定是不值的。但考虑到它的"使用频率"和"持有成本"，我就毫不犹豫地买下了。我是这么决策的：我打算用这台电脑 5 年，这 5 年里面我每天都要用，并且每天我得用至少 10 小时，也就是这台 16000 元的电脑，即将被我使用 18000 小时，每小时的"使用成本"或"持有成本"才不到 1 元，足够便宜啊。再考虑到"对等价值"，就是我每使用 1 小时电脑，能不能赚回来 1 元呢？肯定可以啊，而且远不止。最简单的例子是，如果我用 1 小时写一篇文章，发到公众号，通常能收到 200 ~ 500 元的打赏。我用电脑讲 1 小时的课，通常可以赚 3 万 ~ 5 万元，比起那 1 元不到的成本，真是物超所值。

如果无法通过空想来确定商品的"使用频率"，你打不定主意是该买还是该租，也可以灵活运用购物平台上 7 ~ 14 天内的退款政策来进行商品试用，试出自己的真实使用情况，再决定买还是租。

除了更省钱、更多的选择、更低的风险这些意义，对你自身成长而言，这是一种对物品占有欲的缩减。久而久之，你会惊喜地发现，你虽然没有拥有更多的物品，但你拥有了更强大的觉知：什么才是你想要的人生，而什么不是。所以，记住合理用钱的标准三：能用订阅解决的，绝不购买。如果非要购买，那一定是它带来了比订阅更高的真实价值。

标准四：厘清环节

一笔小钱缺乏议价空间，能节省的钱是有限的。之所以要省大钱，是因为省一笔大钱，就相当于省了非常多的小钱。更重要的是，只有大钱，才有可操作的空间，让我们省出钱来。所以在做大宗购买的时候，我们就必须厘清所有"需要付钱的环节"，并去了解每个环节里的每一笔钱的议价空间。还是拿普通人最大宗的购买——"买房"来举例。买房的流程，大致可以分为：买房前、买房中和买房后。我用列表的方式来告诉你，里面有哪些可能的议价机会和空间：

表格中的九个格子的情况不会同时存在，根据你选购的类型不同，能够议价的部分，也会略有不同。但请你去除心障，不要觉得谈价很丢脸，因为这里的每一分钱，都是你的辛苦钱。也不要看到在表格中我给你列出来的百分比都是个位数，觉得太少，就不屑于谈。事实上，房子不同于别的商品，它的价格基数大，哪怕是比较小的一个百分点，也可能是一个可观的数目。

买房前	买房中	买房后
房子不满2年（税收约10%）	与原房主谈判（通常可以把房价往下谈5%~10%）	提前收房入住/出租（一般交房3个月，装修3个月，只要能提早一个月，就相当于多赚一个月的钱）
房子满2年，但不满5年（税收约5%）	不要附送的精装修（可省10万~30万元，相当于省下房价的3%~8%）	装修人工（自己查看报价，匹配合适价格的工人，可省下装修公司报价的50%~70%）
房子"满五唯一"（税收约2.5%，相当于最高省75%）	与中介谈判（通常中介的佣金为3个点，可以谈到5折到2折，相当于佣金只要0.6%~1.5%）	装修材料（自己采购材料，可省下装修公司报价的30%~50%）

我们以一个市场价 500 万元的房子为例：根据表格，买房前，原来的房产税可能需要 50 万元，但如果它是"满五唯一"的房子，就只需要交 12.5 万元，能省下 37.5 万元；买房中，假设和房主把房价谈低了 5%，那就是 25 万元；和中介的佣金，谈到了一半，就是 1.5 个点，相当于省下了 7.5 万元；买房后，原房主提前交房，你也压缩了一下装修的周期，比原定计划早了 3 个月，你再把房子以 5000 元的月租租出去，就可以赚到 1.5 万元，相当于省下了 1.5 万元。

保守估计，一共可以节省 71.5 万元。放在二三线城市，可能是一套小房子的全款，至少也是首付了。如果你细心点，你还能发现"房产税""与房主谈判""中介佣金"这三项，是拥有最大议价空间的，这三项能省下的钱占了你所省下钱的 90% 以上。如果你买的是新房，没有所谓的原房主，那就专注在"不要精装修"上，这也可以省出大概差不多的钱。

同样的例子，你在网络购买或订阅的整个过程中，请在最终付费前，看看有没有一些默认的"自动勾选项"，取消这些勾选，也会省下一笔不小的费用。就像每次买机票，平台总爱自动勾选这趟航班的保险费用。只要厘清构成一笔大钱的所有环节，或者知道它有哪些构成部分，积极议价，就能省出一个足够大的部分。

所以，请记住，当一笔钱足够大，那么它的议价空间也会相应增大。**对财富的敏锐度，也在于你能不能时时刻刻注意到，钱到底在哪里，钱到底从哪里来，会到哪里去。**

牢记这条关于金钱的真理：这世界上，凡买卖，必有议价空间。

5. 存钱的最大化行动：

现金流视觉化，用眼睛下决定

主动存钱对大多数人而言，是一个难以养成的新习惯。而根据我多年的教学经验，存钱成败的关键，在于三个字：视觉化。视觉化通俗来讲，就是把一件事情做出来，并让自己看到，以方便自己清楚自己在干什么。

也许你会想，为什么是视觉？而不是听觉、触觉，或其他感觉？原因很简单。有一次，我在做讲座时，问了同学们一个问题："人有五感，我们就是利用这五感，形成对这个世界的综合感知的。我想问问大家，如果有一天，上帝跑过来，告诉你要收走你五感中的其中四个，只留下一个，这个感觉会伴随着你终老，你会选择哪一个？"

我还记得，当时在场 99% 的同学，都选择留下视觉。当然，还有 1% 的同学，选择留下味觉，因为他们说自己是个吃货。我相信权衡之下，你的选择也一样。因为，你会发现味觉、嗅觉只用于一日三餐，在一天中所占的时间有限，如果没有了，无非是失去了品尝不同美食的快乐，但对生活的影响有限；而听觉、触觉也只用于与人交流、听音乐等，如果没有了，确实会产生不便，但同样也是影响有限。人每天最多的就是自己跟自己在一起，如果失去了视觉，世界将失去光彩，生活也会产生巨大的不便。严格来讲，其他四感，是难以替代视觉的作用的。

所以，我们知道了，其实在日常生活中，我们主要是用眼睛来获取信息、感知世界的。这个"主要"的频率我还专门统计过，占了 70% ~ 80%。我可以一天不吃饭，可以一天不说话，也可以一天不听音乐，但我无法一天不使用眼睛去看点什么。视觉化是帮助我们建立新习惯的最快捷的方式，眼睛看到，大脑就能确认，新的反馈和回路就会形成。做得越多，看得越多，头脑中好的习惯，就会慢慢替代掉坏的习惯。

视觉化行动 1：亲手记账

每当我给朋友们、学员们提起记账，他们的第一反应总是："啊，我知道！记账软件（App）嘛！"然后大家就会跟我分享："老师，我有记账的习惯！"或者他们会兴高采烈地说："老师，我一直在用某某记账软件，真的非常好用，非常方便，我要把这款软件推荐给你。"

我总是冷静地反问："你们记账记了那么久，最大的收获是什么呢？"这个时候，大家开始变得支支吾吾的。可见，他们记账是记账了，但久而久之，这成为他们的一个机械化的动作，而这个行为对他们的启发和意义，他们都没有感知到。

甚至我问其中一部分人："你记账一年了，去年你一共用了多少钱呢？"

答案是："不知道啊！"

我接着问："不问去年了，上个月呢？一共用了多少钱？"

答案依然是："不知道啊！"

我继续问："那你昨天记账了吧？昨天一共花了多少钱呢？"

对方不好意思地低下了头。

这几个问题你不妨也问一下自己，你就会知道，这确实是大部分人都会遇到的情况。表面上是记账了，但实质上，账还是没记住。那到底是什么地方出现了问题呢？

用记账软件来记账，好处是方便，但坏处也是方便。没错，问题就在于，记账软件的使用，太容易、太轻松、太方便了。因为记账软件本来的设计就是要简单易用，这个输入的过程太快了，没有痛苦，也没有投入度，所以到了最后，你什么也没学会，你什么都没记住。

改变的秘诀是，返璞归真，用小本子手写记账。因为记账的目的，不是把账记下来，而是提醒你用钱、存钱的多少，提升你对金钱进出的觉知，从而形成反馈机制，来调整自己有关金钱的行动及行为。所以当你一笔一画写的时候，你的头脑就会确认：哦，原来今天用了这么多钱，明天可能得少用一点。或是：哦，今天存钱了，不错啊，终于开始了，明天得继续！

具体的做法很简单，拿一个普通的单行本，把一面分为四列，表头上分别写上：日期，存到的钱，用掉的钱，赚到的钱。然后每一天，把属于每个栏目归类的金额，记录下来。记录支出时，请同时在金额旁边，用两个字简单地记录支出的项目，比如，"30买书""25午饭"代表你用了30元来买书和用了25元吃午餐。并且，记录必须事无巨细，每一笔钱的进出，都要进行记录，哪怕是坐公交的2元。

刚开始进行记账的时候，你会发现，只有"日期"和"用掉的钱"这两栏能填满。而且你会越填越心虚，怎么自己一直在用掉钱，而"存到的钱"和"赚到的钱"两栏空空如也。然后你遇上了这本书，开始执行我告诉你的存钱方法，"存到的钱"这一栏，每天也能填上了，你心里开始变得踏实。

甚至你的思想也会开始转变，你会发现存到的钱才那么一点，用出去的钱却那么多，慢慢地你在用钱的时候就会更谨慎。你也会发现，每天都要用钱，但每个月才赚一次钱，只有发工资的时候，"赚到的钱"那一栏才会出现数字，你就会意识到，自己需要做一些改变了。

通过亲手记账，你会形成新的"脑回路"：花钱使我难受，存钱使我快乐。**帮助你降低消费欲，更理智地支配金钱，才是记账的真正目的。**当然，在你不断往后学，开始使用我教你的打造多渠道收入的方法时，不用等到发工资那天，你也能时不时在本子上填上赚到的钱了。

未来某一天，你的人生就会实现反转。从有收入的那天开始，到今天17年过去了，我还在用这个记账方法。反转的那天，你会发现，你每天都能在"赚到的钱"和"存到的钱"上面填写，而"用掉的钱"会时不时地空空如也。让我们共同期待，属于你的这一天，也很快会到来。

视觉化行动 2：出门只带 50 元

曾有一段时间，为了降低自己的购物欲望，也为了戒除自己会不知不觉用掉钱的习惯，我出门的时候，只会带50元的现金，并把支付宝、微信支付等电子支付工具关掉，也不带类似羊城通等消费卡出门。

你可能会反驳，支付宝和微信支付多方便啊！我想说，确实是方便。可你有没有想过，这些支付方式，到底是方便了什么？答案不言自明，方便支付，等于方便花钱，也就等于方便你更快地把钱花出去。听懂了吗？因为方便你更快地把钱花出去，所以原来付现金可能要30秒，刷信用卡可能要10秒，而二维码呢？只需要1秒。无论你买一条口香糖，还是买一部苹果手机，都只用1秒。

更本质地讲，为什么要停止使用微信支付和支付宝等在线支付工具呢？因为这些 App 的设计，就是要剥夺掉你"正在花钱"的感觉，简单说，就是它们会让你感觉不到你正在花钱。以前你信用卡一刷，完成支付，但起码要签账单，还得费点劲；现在更快，你打开手机，二维码一扫，东西到手了，根本没有知觉，也没有感觉自己在花钱。你头脑中的回路是：手机一扫——购买完成。在整个购买的过程中，钱完全没有被看到，你完全没有感觉参与到其中，对不对？直到一个月以后，花呗的账单出来，你才惊讶：为什么我花了那么多的钱？

你越没感觉你在花钱，钱就会花得越多。现在我们想要进一步的方法，就是退一步，回到以前使用现金支付的方式上来，并且限定额度：50 元。既然是要锻炼自己，养成习惯，就要严格要求，并狠下心来。这意味着，出去的这一天，我可以使用的额度一共是 50 元。当我确认这个事实的时候，我的头脑就开始帮我重新规划这一天了。

原本想坐专车来回，现在只有 50 元，那就坐地铁来回；原本想去一个咖啡厅写作，现在只有 50 元，那就去环境优美的图书馆；原本路过小食街想挑几样好吃的，现在只有 50 元，可吃可不吃的就不吃了，只吃正餐；吃午餐的时候，因为只有 50 元，所以选美味可口的健康餐。每次想要消费前，都克制一下，不然白天用完了这 50 元，晚上可能就得走路回家。

我之前消费的决策标准可能是"想不想要"，或是"需不需要"，甚至有的时候，我并没有什么所谓的决策标准，直接就是冲动购买。但经过一个多月的实验，我惊讶地发现，比起原来不知不觉地、无度地消费，设定额度的方法让我有了限制，用得更少，常常一天下来就用 30 多元，甚至 20 多元，根本用不完 50 元。

后来想想，这方法能奏效，是因为这种限制相当于给我多加了一个决策标准：比起"现在不喝那杯饮料"，可能"今晚得走路回家"更痛苦。在这种强有力的标准之下，我形成了更高的克制，可买可不买的，都选择了不买，也就基本排除了出于冲动的消费。当然，如果对你来说，限制在 50 元实在太难了，可以试试从 100 元做起。

视觉化行动 3："钱能"储蓄罐

钱除了是工具，从心灵的层面来讲，还是一种能量。所以，每次花钱的时候，你的总能量就会少一点；每次存钱的时候，你的总能量就会多一点。还有一种更常见的情况是，当你开始回归到使用现金的日常时，就会发生找零的情况。我见过不少人家里零钱乱放的状况——他们家里的现金，特别是零钱，都是七零八落地随手放置在各个角落，这时候，他们的钱的能量也是零碎和分散的。

"钱能"储蓄罐的目的就是"聚财"，就是把这些零钱的能量统一起来，变成整体的能量，从而吸引更多钱过来。当然这个储蓄罐，并不一定需要是那种正儿八经的、招财猫造型的存钱罐，因为它们通常只能放硬币，而且容积可能不够。我自己最喜欢用的，就是每年中秋过后剩下的月饼盒。那种铁盒子品质好，容积足够，有盖子，也方便摆放。

每次回到家，如果我口袋里还有剩余的钱，5 元、10 元或 20 元，我就往月饼盒里面放。有人可能会问：那需要一直放着吗？比如，放上一年，直到盒子里塞得满满的，再去使用里面的钱？

我的答案是：不必要。我自己的习惯是，每当凑够 50 元或 100 元的整数，就拿出来使用。比如下次出门前，我看到我的储蓄盒子里有 3 张 10 元、1 张 20 元，我就拿出这 50 元作为出门的备用金，其他的数张 1 元和 5 元，就让它们依然躺在盒子里。这个方法虽然简单，听起来也很容易，但我建议你还是试着做一下，坚持一段时间，如三周以上，你会对钱有全新的理解！

视觉化行动 4：把所有的钱数一数

如果想再进一步提高觉知，那就得让一个东西不仅看得见，而且摸得着，对钱来讲，也不例外。我问你，你有数过自己拥有的钱吗？如果没有，那钱对你而言，可能真的就是数字而已。你都没摸过、没数过，你怎么确切地知道，它们存在过呢？

说起来也不怕你们笑话。在我头一回存到 100 万元的时候，我做了件自己现在都觉得匪夷所思的事情。那时，我在新东方上课，课时费每小时 500 元，每天上 12 小时课，暑假连续上 60 天，暑假班在 8 月底结束。通常到了 9 月，就是招生的淡季，新东方的老师们百无聊赖，就会相约出游。记得某次暑假班后，我的存款达到了 100 万元，我就拎着一个最大号的行李箱，到银行里，把一箱钱拉回家。我还记得，当时银行的经理也非常尽责，他表情凝重，再三跟我确认，我是否被诈骗了，或是家人被绑架了，需不需要帮忙报警。他想得知我一次取那么大一笔钱的用途。我也耐心地告诉他，都没有，我只是想把钱提出来数一数，然后再存回来。

然后，我就在房间里边放着轻快的音乐，边一张一张地数起钱来。

我的老师朋友们给我打电话说："帅老师，要不要一起去旅游啊？"

我说："我忙着呢！"

他们说："你忙什么呢？"

我说："忙着数钱。"

这么说的目的，并不是炫富，有 100 万元也没有多富。

关键是，我想知道 100 万元是什么？它们加起来有多重、多厚，摸上去的手感怎么样？小时候也常听别人说百万富翁，但为什么等我存到 100

万元的时候，我没有据说的那种百万富翁应有的喜悦感？我想知道，我到底是没有"富翁"的感觉，还是没有"百万"的感觉？

所以，我得告诉我的大脑，100 万元，到底是一个什么概念，并让大脑产生深刻的印象。不然，结果就会像富人们所言，"钱只不过是个数字"。这句话其实有两层含义，表层的含义是：富豪们的钱很多，最终呈现出来就是个数字，因为钱太多，怎么用，这个数字的变动都不大，财产是12 位数的时候，用的钱都是 8 位数、9 位数，感觉就是数字，没有变化。

但深层的含义是，如果你不把钱拿出来数一数，不把它具象化、视觉化，那么，无论多少钱，对你来说，就只不过是个数字。这样的话，你可能就会不知不觉地把钱花掉，因为你没有意识、没有觉知，你没有认为你在花钱，你以为你只是数字在改变而已，直到这个数字变成三位数或两位数，你才发现原来你没有办法守住钱。

所以，无论你现在有多少钱，你都要在确保安全的情况下，把它们提出来，数一数，你对钱就会有全新的觉知。而我当初数这 100 万的感觉，现在还记忆犹新，两个字就可以总结：很少。因为当时边数，我边把每100 张 100 元，系成一捆，也就是 1 万元，最后发现 100 万元就只有 100 捆；这捆买台电脑，那捆买部手机，旁边的一捆再去趟，感觉好像一不小心，就能用完。后来，我还把厨房的秤拿过来，称了一下，1 捆大概是 115 克，100 捆就是 11.5 千克，我对钱再一次增强了认识，原来 100 万元才 20 多斤，果然很少。

100 万元，在我的头脑中，非常多，因为它是这么一串数字：1000000。但实际数一数，又非常少，于是我就形成了新的认识：这只是个起点，还是需要努力去赚钱，并尽力守好这一份钱。

我们曾经都以为，是先想到，再做到。但事实上，我们是先要看到，才能做到。请记住，看到可能性，是实现可能性的第一步。而越原始的方式，和钱的连接就越强，就越不容易用掉，越容易存下来。

如果要重新问一遍这个问题：为什么要视觉化？我想告诉你，人类最强大的本能，就是用眼睛下决定。

Chapter *3*

精明用钱篇

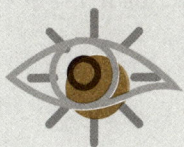

越用越有钱的金钱使用法

1. 一辈子不缺钱：

活用"4% 法则"，钱就会越用越多

每一次用钱，都是为你想要的生活投票。因为，每一次用钱，决定了你原来的钱变得更多，还是更少。这也同时决定了，你留下的钱变得更多，还是更少。而我们都知道，存钱不仅是为了存，还是为了给未来做准备。每一次存钱，都会增加你在未来生活中的选择权。

1）我们要用钱，而不是花钱

看到题目后，有同学觉得很奇怪："用钱"和"花钱"不是一样的吗？没错，它们看起来是一样的，但实际上，会有细微的区别。作为一个学心理学的人，我会特别注意对事物的命名和定义。而当我们去描述一个事物，给它命名的时候，那也代表着我们背后的思维。更重要的是，这个命名，除了代表了此刻我对事物的认知和理解，还代表了我下一步的行动，继而成为我根深蒂固的习惯。

命名的背后是思维，命名的前方是行为。比如，对于一件超越自己现有能力的事情，不同人可能会给予它不同的命名。有的人喜欢称之为"困难"，有的人喜欢称之为"麻烦"，有的人喜欢称之为"挑战"。从命名的那一刻起，我们也定义了这件事情。所以接下来，哪怕是面对同一件事情，每个人的反应也不尽相同。

命名为"困难"的人，很可能会望而生畏；命名为"麻烦"的人，很可能会手足无措；而命名为"挑战"的人，很可能会勇往直前。可见，所有改变的开始，都源于发掘命名的可能性。所以，对于金钱的支配，比起"花钱"，我更喜欢把其命名为"用钱"。

一是因为说到"花钱"的时候，你问花钱的人，为什么要花钱？他们会告诉你，我喜欢就花啊！确实，喜欢就花也不算有错，钱也的确是"只要你喜欢，就能花掉"，但问题是，在相对的一面，并不是"只要你喜欢，就能赚到"，这让你成了"穷光蛋"。所以，"花"还有一个说法，叫作"浪费"。

二是因为"用"意味着主动地思考和使用钱，而"花"代表你只是习惯性地花钱，在不知不觉的情况下，钱就不见了。"用"是主动选择，"花"是被动重复。

三是因为"用"同时也意味着，你开始计算和衡量钱该如何"使用"，而你也会发现金钱的"使用方式"不只有"购买"一种。这就代表着，你开始真正地支配你手上的钱，而不是让钱来支配你。"花钱"是买东西，"用钱"是换价值。

而这一章，我们就是来探讨，如何更合理地利用金钱、更正确地使用金钱，以及更聪明地运用金钱。

2）一条用钱的秘诀

哪怕我们还没学习衡量商品价值的方法，哪怕我们还没养成思考的习惯，哪怕我们还不知道合理用钱的标准，关于用钱，也依然有一条秘诀可以分享，那就是：**"若犹豫，就不买。"**

因为，"犹豫"是我们大脑中最天然的保护机制。遇到危险，我们的大脑会给我们发出信号，我们可能会迟疑；又或者，大脑甚至会创造另外一件事情让我们去处理，好让我们能躲过危险。如果你不确定自己要买还是不要买，那就不要买。同样的，如果你不确定自己快乐还是不快乐，那就是不快乐；如果你不确定自己听懂了还是听不懂，那就是没听懂；如果你不确定那个人爱你还是不爱你，那就是不爱你。所以不管你是因为什么犹豫，犹豫就是那个最大的原因。也许你觉得没有答案，但犹豫本身就是最终的答案，它意味着"不"。

以上的情况，叫作"模糊的犹豫"，就是你不明原因却迟疑了。那请你果断选择"不"这个答案，它能解决80%"犹豫"的情况。剩下的20%，几乎都是"清晰的犹豫"，跟模糊的犹豫不同，你有明确的理由，你清楚地知道你是因为什么而感到进退两难，甚至你能清晰地感受到内心的矛盾所在。

比如，我来举一个"清晰的犹豫"的例子。有一位女士，她看中了一个新款的名牌包，价格是她三个月的工资，她真的非常喜欢，也很想买，她可以用信用卡来买，但哪怕能分期付款，她也得省吃俭用。所以，她的犹豫是很清晰的，就是针对"现在买这个包"和"接下来的三个月得省吃俭用"这两个选项。

这种时候，如果你犹豫要不要去做一件事，或下一个决定，其实只需要考虑两点：

1. 最好的结果，值不值得你去争取？

2. 最坏的情况，你能不能承受？

当你仔细思考这两个问题的时候，"清晰的犹豫"就会变成"清晰的结论"。但如果你还是无法得出"清晰的结论"，那我的建议还是选"不"，因为留下更多的钱，在 99% 的情况下都不会有错，而且风险最小。万一你做错了决定，顶多是你稍后再买；但如果你糊里糊涂地购买了，然后又发现自己错了，这个钱你可是换不回来的。而留下来的可能就是做错决定的遗憾和一个没有用的东西。

我们常说一个词——"犹豫不决"，学习了今天这一课，你应该做到的是："犹豫"时，就"绝不"。

3）让钱一辈子够用的神奇的"4% 法则"

过去我们都认为，用多少钱，决定了你能存多少钱。但在存钱的章节里面，我们倡导执行"先存后用"的理念。所以在我们的金钱脑革新后，我们应该对"用"和"存"之间的关系有了新定义：我们存多少钱，决定了我们有多少钱可以用。过去"用"为主，"存"为次；如今"存"为主，"用"为次。改变的不仅仅是顺序和优先级，还有财富积累的效率。

过去我们总是关注"我们有多少钱可以用"，因为没有存钱的目标，所以答案就是我们的年收入，结果就是赚多少用多少，每年过去，都所剩无几。如今思维转变了，我们更该关注的是"我们应该只用多少钱"，这是为"存款"而服务的问法，也是更为克制的思考。从而我们就能有一个更大胆的假设：既然我们如此克制，那有没有一种方法，可以让我们的钱一辈子都用不完呢？

　　答案是：有的，那就是"4%法则"。简单来说，"4%法则"就是每一年，你只用目前总收入（目前总存款）的4%，你的钱就能一辈子用不完。根据实际统计，按照这个比例用钱，在FIRE运动（财务独立运动）盛行的美国、日本和韩国，持续30年或以上资金不枯竭的可能性达到了95%。

　　虽然听起来很简单，但要实现这个目标，还是要费点功夫，因为里面有一个隐含条件，那就是：为什么每年花4%，一辈子就会花不完？那是因为在这个算法里面，默认了你有一笔本金，且每一年，你的年回报能够达到7%~8%。如果用掉其中的4%，也就是只拿出了"每年投资收益"中的50%~60%作为日常支出使用，所以每一年总能剩下本金和一部分的投资回报，等到下一年，这些剩下的"本金和投资回报"又会成为新本金，如果继续保持7%~8%的回报率，以此类推，你的钱就一辈子都够用。

　　当然，哪怕一下子做不到回报率那么高，或者回报率真的只有4%，那在短期内，钱也是够用的，只不过每年就剩下原来的本金而已。但你还是要在前几年就学会投资和理财，并清楚以自己的资金量来讲，到底做何种投资最赚钱。因为考虑到通货膨胀率，钱会越来越不值钱，哪怕是100万元，放在今天和放在10年后，它的购买力都是不一样的。而投资理财的重要意义之一，就是平衡通胀，防止金钱贬值带来的风险。

　　所以，当我们知道每年要用多少钱，也知道了回报率，就相当于知道了，我们到底要存到多少钱，才能提前退休，做自己喜欢做的事，过自己想要过的生活了。公式就是：

你的提前退休金 = 你的年支出（用多少钱）÷ 4%

　　即：

你的提前退休金 = 你的年支出 ×25

比如，你的年支出是 10 万元，那你需要存到的钱就是 250 万元。但如果你省吃俭用，年支出只要 5 万元，那你就只需要存到 125 万元，就可以退休了。当然，上述的"存款、年支出和投资回报比例"，为了通俗易懂、说明原理，只用了最简单的模型来举例。在现实的情况中，这 125 万元的存款，指的不一定是放在银行的一笔款项，也有可能是一个"存款组合"，其中包含了"房产＋银行存款＋基金"。意思是，你有可能用房产的形式或基金的形式来存下这笔钱，而这笔钱的收入，只要达到我们刚才所说的条件，就能够养活你。

除此之外，我们还要未雨绸缪，为经济低迷或投资行情不好的时期准备一笔应急金。就按 5 年来准备吧，具体的算法很简单：

你要准备的应急金 = 你的年支出 ×5

也就是说，如果你的年支出是 10 万元，应急金就是 50 万元；年支出是 5 万元，应急金则需要 25 万元。所以：

你实际要存到的退休金额 = 你的提前退休金 + 你要准备的应急金

所以，如果你的年支出是 10 万元，你实际要存到 300 万元；年支出为 5 万元，你实际就要存到 150 万元，才可以提前退休。我很早就理解了这条公式的妙处——一方面当你支出的钱变少，其实就降低了提前退休的难度，相对而言，达到这个目标的速度就会更快；另一方面，它给了我一个相对合适的理财目标，我不需要盲目追求超级高的回报，因为那也意味着超级高的风险。所以，我从很早就克制自己，也对自己很严格，尽量少用钱。4% 法则让我们可以用 4%，而一般我就用 2%~3%，尽量多地把钱留下来，并研究出了回报可观的组合投资方式。除此之外，我还在自己喜欢和擅长的领域创造了一定的收入，形成稳定的现金流，到 25 岁的时候，我算了一下，这样来说，钱真的用不完。

大多数人之所以缺钱，无非是两大原因：要么就是缺乏目标，他花的所有钱都没有指向，没有办法做加法，辛苦赚来的钱就浪费掉了；要么就是目标不合理，如手头只有 50 万元，全用来交房子的首付了，后面的生活和还贷款变得相当吃力，并会在一种还钱的负循环当中，难以逃出生天。

我的建议是，年轻的时候，不妨对自己严格一点，因为严格的标准能让你未来的生活更有保障，过得更心安理得一点，也能让财务自由和提前退休更快地成为你的"可选项"。

2. 不为错误买单：

规避损失，用钱时该负好的责任

在漫漫人生路上，无论是考试、工作、情感、生活，还是财富等方面的短期胜利，决定性因素是——智力；而长期的胜利，决定性因素是——责任心。所以，那些认为自己是能力不够，或头脑不够好，以至于没法获得自己想要的成果的人，无非是太过急功近利。因为，只有"智力"，是真的不够；如果你想要一个足够丰厚的结果，智力根本无法在短时间内起到足够大的作用。

如果转换到长期的思维和视角，比智力更重要的是责任心。责任心的表现有两点：一是一直做好该做的事；二是持续做正确的事。前者向外，后者向内。所以，培养自己的责任心，培养起负责任的习惯，哪怕你自认为资质平平，还是有机会获得长期的胜利。

所以，想要获得财务上的自由，除了提高对钱的意识，树立正确的观念，在积累财富的过程中，我们还要负起该负的责任，以避免金钱上的损失。更直白地说，如果你想变有钱，首先负起所有的责任。根据过去 10 年的辅导经验，我总结了可能会让你有所损失的四大责任。

责任 1：自己的错误

如何对待自己犯的错误呢？我曾经听过一个课程，上面的讲师说：如果你想要更有钱，自己就要尽量不犯错。这句话听起来好像是对的，因为只要不犯错，就不会造成损失。但问题是，在现实的生活和工作中，根本不可能不犯错，更不可能做到所谓的"尽量"。

原因很简单：一是如果人要获得新价值，他必须进行新尝试，而由于是新尝试，毫无经验，错误将难以避免；二是如果要尽量做到不犯错，这个人的所有注意力都会放在小心翼翼上，他走每一步都如履薄冰，这将会影响他尝试的勇气以及事情完成的效率；三是总想着"不要犯错""不要犯错""千万不要犯错"的人，接受了自己给自己的心理暗示，将更容易出错；四是除非你有"未卜先知"的能力，不然这个"尽量"根本是无法操作的。

"尽量不犯错"也就是一句大家都明白的废话而已。而且，更重要的是，犯错意味着成长，通过发现错误来成长，总比一直坚持错误要强。年轻人就该不怕犯错，因为年轻时的每一次犯错，都是一笔收入。所以"自己尽量不犯错"虽然是积极的价值观，也是良好的工作态度，但放到实用层面上，这个观点的可操作性就稍嫌低。

真正有操作价值的观点是：如果你犯了错，请学会为你的错误买单。犯错不可怕，可怕的是同一个错误犯第二次；犯错不可怕，可怕的是由一个错误引起另外一个更大的错误，导致一错再错。所以，买单一方面指的是，在思想上你要深刻反思、吸取教训、分析原因，用最大的力量保证同样的错误不犯第二次；另一方面指的是，**在行动上，你要为这次**

的错误付出成本，直接一些说就是付出钱，避免错误的蝴蝶效应。

责任 2：别人可能犯的错

工作的原因，一年的 365 天里，可能其中 200 天我都在出差的路上。每次从飞机上下来，都要经过一小时的车程，才能到达市中心。每次坐在专车的后排，我总会习惯性地扣上安全带。看到我扣安全带如此熟练的动作，有的专车师傅就会忍不住说："大哥，你放心，我跑车有 10 年了，没出过什么意外，这安全带啊，扣不扣都可以。"我总是耐心地跟他们说："师傅，我对你很信任。但对外面的其他车，就未必了。这么说吧，你不撞别人，但不能保证别人也不撞你啊。"师傅听完我的话，总是表示赞同："你这话说得没毛病！"

其实，在我们的生活中，也有非常多"你不撞别人，但别人可能来撞你"的情况。比如，以后大家到外面的餐厅用餐，都可以养成一个习惯——结账时，反复核对清单。具体做法是：结账前让店员打印一张今天菜品的详细清单，付钱之前，从头到尾核算一遍，包括菜有没有上齐，该退掉的有没有退掉，答应赠送的有没有赠送，该打折的有没有打折。还包括清单上有没有你没点过的菜，有没有把半份算成一份，或一份算成了两份的情况等。最后还得检查总价有没有算对。

我每次都会亲自加一遍，算一遍，虽然会花上一点点的时间，但能帮我避免"因为别人的错误，而导致自己金钱上的损失"。我知道，平常你也没有这么做，通常二维码一扫就付了，至于是多少钱，都是商家说了算。但是，我保持这个习惯 10 年的经验告诉我，餐馆的出错概率能达到 20%，也就是你平均吃 5 家店，就会有 1 家是算错的。如果你吃的是火锅，特别是很多人一起吃的时候，出错的概率更是高达 50%。

　　倒不是说，商家故意骗我们的钱。而是餐厅的业务本来就非常繁忙，人手本来就很紧张，再加上现在都是服务员用 iPad（苹果平板电脑）帮你点单，餐厅高峰期网络拥堵，有延时，多点了几下可能没显示出来，但都记录到后台去了，有时候真的多点了几下，服务员自己都不知道。

　　当然，如果你是接待客人，就得注意体面，处理方法可以是：把详细清单先打了自己保存好，先结账，等把客人送走了，自己再核对，发现问题，可以再用电话跟店家沟通，寻求帮助。有时候三两好友吃饭，就没必要太讲究了，当场核对完成就好。虽然到了现在，我的一些朋友都不太习惯我的这种习惯，甚至有一小部分朋友觉得我这种行为看起来"比较小气"。但是，不能因为别人觉得如何，就不去做正确的事啊！而且这件正确的事情，做起来非常简单，只要自己多留一个心眼，就可以完全杜绝别人犯的错给你带来的损失。所以，我还是奉劝大家，要特别在意每一笔钱的进出，特别是每一笔钱的"出"，因为在你没有构建足够多的收入渠道的时候，钱"出去"的机会，总是比钱"进来"的机会多。

　　哪怕从时间来算，也是值得的，你多花几十秒，就能避免损失。假设你用 30 秒发现了一个他人的错误，自己少付了 30 元。别看只是 30 元，如果用 30 秒就能省下 30 元，你说多还是不多呢？你要学会这么算：1 秒能赚 1 元其实是很多的，相当于你 1 小时能赚 3600 元。你再想想自己现在 1 小时能赚多少钱，马上就懂了。换句话说，因为你的大意或疏忽而损失的钱，其实你自己目前是赚不回来的。所以避免损失，省下钱，就是赚到了。

　　同样的道理，不光是吃饭的情况，去便利店的时候，去医院开药的时候，是不是打单以后，也可以当场核对一下呢？另外，把这个理念发散开来，能不能帮我们防患于未然，把可能的错误遏制在一开始呢？比如，每次需要用手机下单，或者用手机进行点单前，在最后确认付款前，看一看总价有没有异常，特别核对一下每个购买项的数量，有没有点多了。我的经验是，只要是在触摸屏上的操作，就必定时不时会有手滑的情况，因此多点了数量。我从网上平台买书的时候，就出现过不小心同一本书买了 2 至 3 本的情况。

在这个世界上，系统是不会出错的，但人会。系统的漏洞，永远是人。只要是涉及人操作的步骤，就值得我们去检查，去认真对待。钱用在吃的上面，可以请客、自己吃饭，但是，**钱千万别用在别人的错误上，如果让这件事情发生了，这也是你的错误。**

责任 3：警惕"相对性"，坚决"守好财"

从我的角度来看，赚钱还真是一件非常简单的事情，最起码比起"守钱"，可是简单多了。因为要赚钱，只要踏踏实实做事，实实在在创造价值就可以了。而守钱呢，你需要抵御冲动、各种诱惑，还有商家为你设置的各种陷阱。这个冲动一方面是你自己引发的，就是我们常说的因为情绪而引发的购买；另一方面是外部引发的，就是商家针对你人性上或思维上的弱点而挖的"坑"。

"相对性"就是这么一个坑，它是我们的一个思维习惯，我们总爱用"相对性"来判断一个东西的价值，而不是考虑商品真实的价值，或实实在在值多少钱，自己需不需要购买。例如，在服装店里，有一件正价标 70 元的衣服，在它的不远处，挂着一件完全一样的标着原价 100 元现在打 7 折的衣服。如果你要买衣服，虽然无论选哪一件，你需要付出的金钱数目都是一样的，但是你就是更乐于买打折的那一件。

与之相似，你打开淘宝网想买一支电动牙刷，一支牙刷标价 150 元，不包邮，还需要另付 10 元的邮费，但另外一个卖同一款牙刷的店打出了大大的"包邮"字样，却要卖 169 元。还是后面的店家更能让你蠢蠢欲动，哪怕比前面的总价还要贵 9 元。又如，麦当劳超值套餐一份平均 30 元（配中薯条、中可乐），汉堡单买一个平均 22 元，大多数人会毫不犹豫地选择超值套餐。因为几乎所有人都是这样得出结论的——用单价 22 元一个的汉堡来做比较，发现套餐比单买只贵 8 元。更有甚者，会把汉堡、中薯条、中可乐三者单买的价格加起来，发现单买比套餐组合的价钱要贵十几元，再加上麦当劳的宣传也会打上"立省 18 元起"，这就会让你更坚定不移地相信，购买套餐是一个最实惠的选择。

可是，你忽略了三点，第一，每个产品的单价，到底是谁来制定的？肯定是商家，所以只有在麦当劳里，才会出现，薯条卖 11.5 元，中可乐卖 9.5 元，这个价格明显是虚高了，设置它们的目的，就是为了让你在做对比的时候，觉得套餐很实惠；第二点，你有没有想过，你到底是本来就需要吃那个薯条，喝那个可乐，才选择了套餐，还是说纯粹是"觉得便宜"才选择了套餐？也就是说，其实你可能本来没打算要可乐和薯条，只是看便宜才选择的；第三点，商家的宣传语"立省 18 元"要成立，也是得建立在"你本来要吃"的前提条件下的，商家这样的做法，不仅是假设你要吃，而且是暗示你要这么去吃。

如果你回归到自己实际的需要和商品的真实价值去考量，你会发现，如果你只需要吃汉堡，但在各种诱导下买了套餐，虽然套餐非常实惠，但对你而言，你还是多付了钱，对商家而言，就是多赚了钱。因为你可能不知道，可口可乐公司是麦当劳多年的全球合作伙伴，免费向麦当劳提供可乐。这就意味着，无论卖多少钱，只要能卖出去，麦当劳赚的都是净利，而由于薯条的大量生产，边际成本趋向于零，所以在商家角度，这两个产品几乎都是零成本的，搭在套餐里面是白送，只要你买套餐，这个"你多付的钱"就相当于商家白赚的。更关键的是，如果你要把中号套餐换成大号套餐，薯条、可乐得分别另外加钱。

"相对性"会让你付出非理性、不合理和没必要的钱。触发你用"相对性"做决策的例子更为普遍，就是"锚定效应"（Anchor Effect）。比如，星巴克为什么火遍全球？因为星巴克门店里的每一个细节，都是为了卖出更多杯咖啡而设计的。打个比方，你随便走进一家星巴克，迎面而来的是一个冰柜，冰柜里放着好些甜点、轻食，还有几瓶不在星巴克品牌下的饮料，最显眼的，就是那瓶排在最前头的依云水。和依云水一样吸引眼球的，是它的定价，22元。

如果你第一次看到这瓶水，可能会吓一跳，22元一瓶水，那么贵！然后你继续前进，走到收银台，抬头就看到了星巴克的饮品菜单，发现不管是咖啡还是茶，也不论是热饮还是冷饮，基本在35~40元，你会瞬间产生一个感觉：也不是很贵嘛！刚才的矿泉水都要22块一瓶了。这个，就是价格的锚定效应，22元就是一个价格锚点，是一个参照标准。我因为好奇，也采访过几家店的店员，他们跟我说，这瓶水的销量基本每个月都为零。由此你也应该能得出结论了，很多标价贵的东西，根本就不是用来销售的。它们的作用只有一个，就是让你"感觉"（"误以为"）其他产品很便宜。你先入为主地认为一瓶水要22元，所以35元一杯的咖啡会让你觉得像白捡的一样。这就是锚定效应，它总会为你创造出"相对而言很便宜"的幻觉。无论何时，作为消费者，都希望能占到便宜；但商家不会让顾客真的占到便宜，他们只会让你感觉占了便宜。

还有，苹果产品的定价策略，也充分利用了"锚定效应"和"相对性"。比如，苹果手机的定价总是有3个，苹果平板的定价总是有3个，苹果电脑的定价也总是有3个。最后你会发现，无论是手机、平板还是电脑，销量最好的，总是定价处于中间的那款。因为在购买时，你会发生两个心理作用，在"锚定效应"下，你觉得中价和低价都便宜；在"相对性"

下，你会觉得中价比低价更实惠。这两者会创造出你的结论：我好像没有必要买最贵的，更没必要买最差的，买中间这个就够了。你有没有发现，在两种心理的作用之下，你会把"最便宜的"理解为"最差的"。所以，你最终的购买决定，来自你的心理作用和想法，而不是苹果公司给你列出来的那张性能和参数列表，实际上你也无法把这些性能和参数与自己的实际使用需求进行匹配，很可能，你只需要最基础的一款。

如果你还是不相信，那么再假设你进入了一家茶饮店，你想要买的茶饮有小、中、大三个杯，分别卖22元、24元、32元，你可能会选中间的价格；而如果我把这三个杯价格设定为24元、28元、36元，你很可能还是会选中间那个，同样是中杯，你却多付出了4元，因为"相对性"正在阻碍你做出真实的、符合自己需求的判断。所以，**"相对性"会让你在无形中发生购买，也让你在无形中多付了钱。**

责任4：别偷，别懒，别偷懒

懒，偷懒，甚至是偷，都是人的本性，因为人都有侥幸心理，人都希望不劳而获。**但侥幸的心理，最伤害我们对钱的把控能力。**

开始的时候，侥幸之心在萌芽状态，我们可能只是贪图一些方便和蝇头小利。可能你觉得无伤大雅，但坏就坏在，这颗小小的心会被你一次又一次的"贪"给养大。当侥幸的心长大后，侥幸可能就变成鲁莽。这可能会让你在金钱的道路上，做出很多"赌博式"的行为，最后让你损失惨重。比如，跟风做大额投资，听信谗言买P2P产品，未经调查就购买了看起来"便宜"的公寓等，这都是"赌博"。你还会以为，自己"一夜暴富"的机会终于到了。

如果你想真正把握财富，守住财富，从今天开始，从你的日常生活中，就要开始把这些"侥幸"给清除掉。去年年初的时候，我带着我的助理一起到韩国考察项目。一天的会议结束，我们走进一个面包店，准备买第二天的早餐。我们拿了几个面包，助理用现金付了钱，拿上找零和面包，我们就转身离开了。

回酒店的路上，助理数着找的零钱，突然很高兴地跟我说："老板，我们赚到了！"

我说："怎么了？"

她说："刚才面包店的小姑娘，给我们多找零了！"

我说："多了多少呢？"

她说："刚才我们的面包，一共是 13500 韩元，我们付了 20000 韩元，应找 6500 韩元，但现在我手上居然有 15500 韩元，我们不仅面包免费了，还赚了 2000 韩元。我估计是那个服务员错把一张 10000 韩元，当作 1000 韩元给我们了。"

我说："走吧，我们一起把钱还回去。"

助理说："为啥啊，她犯了错，不应该长点教训吗？"

我说："那你有没有想过，她找错的这个钱要自己垫付，可能她在那儿站一整天就等于白干了，除了白干，你有想过她的心情吗？而且，你有想过他们对中国人的印象吗？"

助理有点羞愧："我确实没想到。"

我接着说："然而，这都不是重点，重点是，不是自己的钱就不能要！从数目上讲，好像是我们赚了；但实际上，我们得到这个钱，是以对方损失钱为代价的，这不是平等交换。你想，刚才你说，我们不仅是面包免费了，还赚了 2000 韩元，这不就相当于，我们从面包店里偷了面包，还从店员口袋里偷了 2000 韩元吗？！"

最后我们把钱送回到了小姑娘的手上，虽然语言不通，但我分明看到她的眼睛里，有一些晶莹的小东西在滚动。再次走出店门，我发现小姑娘一直目送着我们离开，直到我们消失在她的视线中。

金钱的游戏，更多情况下，是一个"双赢游戏"，即我赚了，你也赚了；它不是"零和游戏"，即我赚了，你却亏了，甚至我的赚是由你的亏直接导致的。永远不能因为想要你自己的利益最大化，而导致别人的利益受损。自己利益最大化的前提，一定是让对方的利益也有所保障，只要你明白了这点，你就可以开始真正赚大钱，也会真正变有钱。

就像 PDF 电子书，在我的社群里，是明令禁止分享的。为什么？因为你要看书却不去买，反而去问人要 PDF 的盗版，这就是"懒"和"偷"。我在群里分享一些平常看的书，每当这时，总会有人问，有同学有 PDF 吗？可以分享一下吗？你想想，为什么这位同学的第一反应是这个呢？说白了，打几个字就有收获了，去张口问人要，几乎零成本，就是"懒"；找免费盗版看，而不去买正版，那就是"偷"。有的同学还理所当然地说："老师，一本书也就几十块，有没有必要去买？"我通常用同样的问题来反问他："同学，一本书也就几十块钱，怎么省都能省出来了，有没有必要去偷？"关键是这还不是钱的问题，这里的重点：一是你没有前期的投入和付出，不利于后续的学习；二是你以投机取巧获得回报，不利于你对金钱正确认知的构建，也不利于你赚钱思维的形成。

别老是因为不劳而获就高兴，这不是好运，这是诅咒。因为你的每一次开心，都在训练自己成为一名更厉害的"小偷"，而不是一个更会赚钱的人。你得明白，今天所占的所有便宜，都是将来要吃的亏。眼下所有的投机取巧，都会变成将来的吃力不讨好。

"别懒"还有一层意思是，你明明知道一件事情是对的、现在做了就会更好，却安慰自己说，不做也没关系。你觉得也不会有什么差别，不会引起什么后果，也不过如此。这就是大多数人没有钱还混不出头的原因，得过且过是病症，而"懒"就是病根。那"别偷懒"呢？比如，之前还有同学上完我的课，来问我说："老师，我觉得你的课很好，如果你能帮我整理一份课堂笔记就更好了，老师你能发我一份笔记吗？"我问他："到底是我要学习还是你要学习呢？自己本该完成的任务，却要依赖他人去完成，这就是偷懒啊。"

类似的例子很多，就像最近有个同学想买房，直接在微信里问我："老师，我有200万元，你觉得北京机场附近的房子该不该入手呢？"这就是她来咨询时给我的全部信息，就一句话，甚至连这200万元是要用来交首付还是全款、她已经看过多少套房了都没有说，现在是想购买第几套房也没有描述，她就是想让我帮她做一个决定。但同样的问题：这是我要买房，还是她要买房呢？她准备为自己的偷懒付出多大的代价呢？在成长的路上，一步都不能少。有些功课就是得自己去修，有的"学费"就得自己去交，甚至有的痛楚也得自己去学会承受。没有人能够代替你，心里别存一丝侥幸，因为你的人生是你自己的。

还记得有一次，我手机被偷，到派出所报案录口供。那天，我在派出所和办案民警聊了聊，他们有一个观点挺有意思——小偷小摸这种犯罪，表面上是偷东西，但本质上是偷懒。人性本不恶，但人性本懒，因为懒，所以投机取巧，因为懒，所以铤而走险。我想，如此一来，懒就是恶。虽然懒是本性，但让懒最终变成一种犯罪，是因为没有人教过他们勤奋。这让我联想到，在我们这个行业中，大多数老师都在教人勤奋，这些老师都值得追随，可偏偏有些老师在教你偷懒，比如教你快速阅读，教你快速写作，再教你快速变现。表面看好像没什么，但仔细一想，这不就是在鼓吹偷懒吗？

你要想一想，你都快30岁，快40岁了，还真的快得起来吗？你目前成不了事，赚不了钱，真的只是因为不够快吗？去上这种课程，你会不会变快我不知道，我唯一确定的是，你积累财富的速度肯定会变慢，因为钱用来交"智商税"了。关键是，你本来没那么懒，他们却要让你学更懒。那次的被盗，让我重新思考了这种宣扬快、鼓励快的风气可能是个祸害，大家要警惕，要反思，要变得慎之又慎。为什么是祸害？因为，教人偷懒，就是教人犯罪。

在财富积累的路上，没有人会替你负责。避免小的损失，可能让你省下财富中 5%～10% 的钱；而避免大损失，可能让你省下财富的全部。别偷懒，守好财，负起所有该负的责任，让自己少犯错，也不让别人犯的错造成你的损失。你得永远记住，这个世界没有别人，只有你自己，所以只有你自己才能解放自己，只有你自己才能给自己真正的自由。

3. 转个念就能用好钱：

做预算，买刚需，给自己的生活做加法

以前，网络不发达，不出门几乎无法消费，要买东西就必须去商场，所以一个人在一天内，消费的场景和机会都很有限。现在，网络发达，购物平台林立，想要消费，根本不用出门，甚至简单到，点几个键，消费就能完成，在家里"守株待兔"，就会有人把货物送上门。

简言之，以前不出门，钱就必定用得少；现在不出门，不仅能用钱，甚至不出门用的钱，比出门用的钱还要更多。所以，当我们立下用钱规则的时候，要针对线下，更要针对线上来展开。而对金钱的支配，应该细致到每次用钱。

1）每次用钱，先做好预算

之所以每次用钱，都会不知不觉地多用了，是因为在用钱之前没有规划。日常的购买，主要可以分为两类，一类是小件物品的购买，另一类

是大件物品的购买。**针对两类不同的购买，做规划和预算的方法很简单，分别是：列购物清单和设定总价。**比如，今天去超市之前，你开始列清单。并且，你一定认为，购物清单，是这样的：

- 买苹果
- 买牛奶
- 买鸡蛋
- 买蔬菜
- 买调料

但这其实不是购物清单，这只是"别忘记"清单，就是为了提醒你，别忘了买这些东西。

它没有任何"做预算""管住钱"的作用。而有预算功能的购物清单，应该是这样的：

- 买苹果（3 斤）
- 买牛奶（12 盒）
- 买鸡蛋（2 盒，共 24 个）
- 买蔬菜（5 斤）
- 买橄榄油（1 瓶）
- 辣椒酱（1 瓶）
- 海鲜酱油（1 瓶）
- 约 170 元

比较一下两张清单，不难发现：小件物品的购买，一般是快消品，购买发生的时候，通常会涉及一定的量，可能是重量，也可能是数量。但平常大家列购物清单，最大的一个误区是：只列出需要购买的项目，却忽略了，除了要购买的项目，真正能对最后价格起作用的，就是你所购买的"量"。买一个苹果和买一斤苹果，完全是两码事。当然了，所需要的"量"因人而异，根据自己的实际所需选购即可。简单来说，**做小件物品的预算，就是事无巨细地罗列出要购买的"项目"，"量"甚至"单价"和"总价"**。这个方法适用于超市或网络购物，也适用于更日常的一日三餐。

如果是大件物品的购买，就做好总预算。比如，你要买一台手提电脑，首先应该想的，不是要买什么品牌、什么配置，而是该想，我最多要花多少钱来买这台电脑。比如，你的预算是 5000 元，你到店里购物，当你告诉销售员你的预算时，销售员知道你是一个有明确目标的人，就会帮你一起实现这个目标，为你推荐在这个价格里性价比最高的一款；而不是向你乱兜售，最后你花了一个更高的价格，用在一些自己不需要的配置和功能上，实属浪费。

如果你进行网购，有了明确预算后，你就可以利用购物平台的"筛选"功能，在 5000 元内，找到人气最高的电脑进行下单，而不是东看看西看看，最后犹豫不决。**做好预算，可以让你用钱更节制、更合理、更省时。因为，你是在预算的范围内选择最好的；而不是为了追求更好，毫无限制地付出更多的钱。**

当你手上可支配现金增加的时候，你的购买力也会加强。这时候用钱，还会涉及一些你不知道是"大件物品"还是"小件物品"的购买。如果你遇上这种情况，提前做预算时，只需要规划好"购买频率"和"量"就行。比如，就我自己而言，提升认知的线上课程，一季度买一次，每次买一门；自己感兴趣的书，一个月买一次，每次买 3 ~ 5 本；健身房买教练课，每周两次，每次 1.5 小时；等等。

在实际操作时，我的建议是，可以在头一天晚上，就预测一下第二天所有可能用钱的情况，做好明天的总支出预算，并把它们记录在你的记账本"用"的这一栏上。做好了预算，每天就彻底执行，尽全力只用预算内的钱。

看完上面做预算的方法，如果你觉得很简单，我就问你两个问题：

如果你觉得简单，你做过了吗？

如果你做过，你有持续做吗？

2）每次用钱，买你需要的

这是我一直和学员强调的一句话，请你自己重复三遍："买你需要的，而不是你想要的。"换言之，**要以你的"需要"为标准，而不是以"想要"为标准。**那"需要"和"想要"有什么区别呢？它们的区别在于：现在是否马上能用上。

比如，我见过很多女生，常常会买满一柜子的衣服，但是你有没有想过，一件衣服买回来只要不穿，它挂在你的衣橱里和挂在专卖店的架子上，是一个意思。但挂在店里和挂在你家最大的不同是，你掌控住了钱，而不是那件不穿的衣服。同样，一本书如果买回来不看，它放在你家书架上和书店的书架上，是没区别的。其他物品同理，如果现在不能马上用上，那放着也是放着。下次请你克制自己，让它们留在店里，把更多的钱掌控在自己的手里。

经过多次的克制训练，你的头脑就会形成用钱的新回路，每次用钱之前，你就会自动判断自己的真正所需，最后再下决定。这样用钱，至少有三个好处：一是你真的学会了用钱；二是你降低了钱的浪费，免花冤枉钱；三是你通过前两者实现了"断舍离"——你所在的空间不会被过多的闲置物品占据，心情也会更加舒畅。

当然，如果你想更进一步，还可以把这个标准使用得更细致。不仅仅是买你"需要"的物品，而且只购买你"需要"的功能（部分）。我用自己买手机的经历来举例。我的常用手机，它需要有各种功能，让我的生活更方便，所以我选购了一部性能不错的 iPhone，价格近万元。但因为讲课的关系，我还需要多一部手机，作为副手机，第二部手机确实也是我需要的，可是我要因此多买一部 iPhone 吗？于是，我罗列了一下第二部手机我所需要的功能。我发现，原来我只需要用这部手机来多开一个微信，以方便服务学员；还需要这部手机在咨询的时候，偶尔录一下音，或是帮我记录一下灵感。因此，只要这部手机系统稳定，内存和电量充足即可。最后，我选择了一部小米手机，花了 999 元，就完全满足了上面列出的功能和要求。

你想想，如果我又买了一部万元的苹果手机，作为我的副手机，除了我需要的，剩余的功能都是多余和浪费的，我也因此浪费了 9000 元。当然你可能会说，没准将来会用上呢？很多人都喜欢拿这句话给自己当借口，或把自己超越实际所需的购买合理化——一下买 10 套衣服，告诉自己未来肯定会穿到；买一台特别贵的电脑，告诉自己早晚有一天能用上所有的功能。听好了，我们的购买标准只有一条，就是：现在马上能用上。守住钱，留下更多现金是我们在理财中的首要任务，未来要用到的，那就未来再买。

"没准将来会用上"这句话是基于假设，而不是基于事实。什么是事实？事实就是你现在用不上，意味着买来也没用。再说了，同样的假设，也可以是"没准将来也用不上呢"。

"没准"不能作为标准，就是因为它"没准"啊！过一个真正"刚需型"的人生，现在没有刚性需求的，就不买；现在用不上的部分，就不浪费钱。

3）每次用钱，只做加法

大多数人，钱越用越少。但在这个世界上，还有一群人，钱越用越多。如果你已经能做好预算，合理用钱，并学会把钱都花在此刻的刚需上，接下来，我们就可以来学习更高端的用钱理念了。

把每次用钱的"消费"变为"投资"。同样是对钱的使用，把原来的"减号"变成"加号"，甚至是"乘号"，就是钱越用越多的关键。把"消费"变为"投资"的一个最显著的指标，就是"长期思维"。把你的用钱，用出投资的效果，意味着能把钱用在"长期以来做加号"的项目上。

如果你的年龄在 20 ~ 40 岁这个区间，"长期以来做加号"的项目就是让你做"自我价值的投资"，也就是把你 80% ~ 90% 的钱，都用在你"个人基本面的建设"上来。根据我的总结，"个人基本面的建设"可以分为四大板块：健康与风险、学习与成长、朋友与交情、办公与效率"。值得注意的是，不管你现在钱多还是钱少，你都可以在各个板块里，找到可以"自我投资"的好项目，没有必要一步到位，关键是从你能开始的地方，现在就开始。请记住，只要你想做，方法总比问题多。

这四个板块投资的重点，我也言简意赅地阐明一下：

"健康与风险"：

个人身体和心理健康是一切投资的前提和保障，如果人生是存折，那健康就是最前面的数字 1，其他的部分都是后面的 0，有了 1，后面 0 越多，人生越充实。没有了 1，后面有多少个 0 都是 0。所以你如果想为自己选购寿险、意外险、重疾险等商业保险钱又不够，那可以把钱和时间投资在健身房上。如果你说暂时不宽裕，你至少可以买双跑鞋，买根跳绳，就开始运动。你说老师我还是太穷了，你至少的至少通过瑜伽垫和一些免费 App 实现锻炼，也可以买一些 10～20 元的冥想音频，练习冥想，来维持心情的愉快。

"学习与成长"：

在学习成长上，投资的优先级依次为：天赋、擅长和兴趣。先把较多的时间精力，放在你的天赋培养上，其次才是你后天发现也很擅长的技能，如果前面两个暂时没找到，就放在兴趣上。把兴趣培养成技能，再把技能培养成专业，再用这个专业去赚取更多的钱。无论你投资在天赋、擅长，还是兴趣上，都能让你的人生得到长足进步，最起码能让你改变现状。关键是不要把时间、金钱浪费在那些"听人家说不错"和"最近很火"的项目上，因为只要这个不是你擅长的和兴趣所在，别人再觉得不错，项目在近段时间内再火，你最终也无法获得硕果，因为不管什么领域，在顶端的总是那些极具天赋又十足勤奋的人，你不该用自己的不足，去跟别人的天赋拼，你应该找找哪个领域自己有天赋，然后加大投入。

"朋友与交情"：

在你所有的金钱使用中，请给"交情"划一笔专项资金，爱情需要保鲜，朋友之间的感情也需要维系。具体的原则，如果对一位朋友，无非是投其所好。如果对一群朋友，无非是雨露均沾。所谓"不患寡而患不均"，不怕你没有，就怕不是人人都有。这笔专项资金的用处就是，如果对方喜欢热闹，就给对方安排饭局、派对；如果对方社交冷淡，就逢年过节寄礼物、送红包。当然只花钱是不够的，这只是前提，关键还是得用心。有人说，老师，我真的比较穷，难道还要跟一群人交朋友吗？

那是多大的支出啊！我的答案是：偏偏这样才要。当你没有那么多钱，就多花点心思、多运用你的智慧。就像读书时，我也穷，我每周末从家里回来，都会带几个苹果，但我发现，自己无法给宿舍里每个兄弟都准备几个苹果，每人只分一个好像也不太够意思，于是我灵机一动，就给大家分瓜子！每人一大把，大家都吃得不亦乐乎。

"办公与效率"：

钱不是万能的，但请记住，钱至少可以买来舒适和效率。如果你已经为以上的项目留下了投资款项，还有资金富余，请把这些钱都花在改善你的办公环境和办公设备上。这会让你拥有"生产力（Productivity）"和"巅峰表现（Peak Performance）"，而这两者，将最终决定你的成果和价值。当你有了价值，你就会有更多的选择权。

要有钱，不做赚钱的事，先做"值钱"的事。先做值钱的事，就是无论是在朋友眼中，还是在你自己所在的领域里，"让自己变得更值钱"。而你只要用好你的钱，把消费变成投资，自然能让自己变得更值钱。

4. 防剁手的独门秘方：

把钱用掉前，一定要问自己的 7 个问题

每年"双 11"和"双 12"刚过，"剁手"和"吃土"之声便不绝于耳。在各种电商平台的"诱惑"下，甚至有人戏言道："马云'爸爸'，我要和你断绝父女关系。"可是，人类从历史中唯一获取的教训，就是人类从来不吸取教训。

在知道用钱的原则后，为了帮助你最大限度地降低钱的使用，请你每次在用钱之前，好好思考以下 7 个问题。并且，这几个问题是分层次的，从前到后，前一个问题都是后一个问题的基础。

问题 1　购物车法则：这次购买可以再等等吗？

延迟欲望的满足，方法其实很简单，就是给自己建立一个缓冲带。在买和不买之间，给自己第三个选择：等等再做决定。你可以问自己：可以再等等吗？在我长年观察和分析下，我发现这三大类商品特别适用于

购物车法则，分别是衣服、电子设备和图书。

　　这个缓冲带就是每个平台都有的重要功能——购物车。在商家打折的时候，有些东西本来就是你需要的，那可以买，我也鼓励你买，反正要用到，也便宜，为什么不买呢？但是，商家的各类活动、各种宣传最容易激发起你的购物冲动和把物品据为己有的欲望。我的建议是，在你所选购的所有物品中，买下那件你最需要或最喜欢的，其他的就让它们都放在购物车里。一周后，再回到购物车，重新看看那些一周前让你激动不已的商品，看看里面有多少是让你"激情依旧"的。我相信，大部分都会让你感觉热情退却。现在就可以做两个动作了，**一是把已经没有激情和欲望的商品，从购物车中移除；二是把你还是想买，但不会马上用到，而是"未来可能会用"的，继续保留在购物车里。**

　　我自己有段时间很喜欢买书，且接近疯狂的程度。可是，以我购买的数量来讲，算都不用算，短期之内，是根本没办法看完的。有一天，看着桌面上堆积如山的书，我恍然大悟：既然都没有时间看那么多书，为什么要买回来呢？对了，你是不是也有很多买回来，但没有看的书呢？看到这里的时候，不妨抬头看看你的书架，有多少是很久以前买的，却从未拆封的书呢？或者是拆封了，只翻过一两页的书呢？这些书在你的书架上放了那么久，以前很长一段时间内没看，以后很长的一段时间里你可能也不会再看了。所以请记住，它们最该放置的位置是——购物车。

　　在日新月异的科技界，有一句名言，叫作：胜利永远属于"等等党"。"等等党"形容的是那些最近想换新手机或新电脑的人，他们一方面不是有"马上就得换掉"的那种迫切，另一方面又有"如果刚换又出新款了怎么办"的那种恐惧。所以在这个领域的顶尖评论员和分析师，都会建议：估计很快就有了，再等等看！同样，"再等等看"对你而言，未必是等来一个更新款的产品，但必能等来一个更好的决定。如果你真的很想要某个东西，等上 30 天、60 天，甚至 90 天，你很可能就不再想买了。你需要时刻提醒自己：财务自由的最大敌人，就是情绪；贫穷的最好朋友，就是冲动。

问题 2　面对现实：我用这个钱，到底买来了什么？

大多数人的钱花是花了，但是不知道花在了什么地方，也不知道是不是花得物超所值。所以，这个问题的目的是让你理智思考：你付出的钱，到底换来了什么价值？

一个商品的价值主要可以分为三类：情绪价值、功能价值、长期价值。简言之，情绪价值，就是给你带来了幸福、美好的感觉；功能价值，就是这个商品能发挥什么作用、达到什么目的，特别是如果这是一个工具类的商品，它能否发挥本来被期待的作用；长期价值，就是能够在未来比较长的一段时间里，对你的思想、行为，甚至习惯，产生积极正向的影响。

比如，酷热的天气，你喝一罐可乐，会觉得很爽，这就是实现了情绪价值。又比如，你买一个电吹风，它能在较短的时间内把头发吹干，并不伤头发，这就是实现了功能价值。再比如，你买来一本书，看书的时候，你回归了平静，获得了知识，并在未来的一段日子里有了充足的前进动力。所以表面上你是买了一本书，但实际上经由这次购买，你同时获得了书提供的情绪价值、功能价值和长期价值。

对自己要求更严格、想省下更多的钱的同学，在用钱这件事上，可以执行更高的标准，即投资的标准：注重投资回报率，利益最大化。简单来说，就是能够达到"一次付出，多项回报"。于是从这个思考出发，我得出了自己的购买标准是：一个商品只能满足情绪价值的，不买；功能性商品能实现功能的，比着买；能实现长期价值的，考虑买；能同时实现后两个价值的，或全部三个价值的，一定买。

比如，我出行总是选择专车，因为专车司机驾驶的车辆通常行驶得比较稳，且后座相对宽阔。我在上面可以工作，如果不工作也可以打个盹儿，闭目养神一会儿，到目的地再工作。不瞒你说，这本书有一部分就是在专车上写的草稿。表面上专车好像贵一点，会让我们多付出些钱，但是我交的不仅仅是车费和油费，我购买的实际上是一个临时的办公空间，这个空间还能移动，算起来真的非常便宜。这就是实现了功能价值和长期价值。而因为在车上我完成了工作任务，或有了更好的休息，我的心情也会愉快，这也顺便实现了情绪价值。所以，你不是不可以多付出钱，但你要非常清楚，多付出的这部分钱，到底给你多买来了些什么。

又比如，我给你出道题，今天你从广州飞北京，飞行全程约为 3.5 小时，经济舱 800 元，公务舱 1200 元，头等舱 3500 元，你会选择买哪个舱位的机票呢？一般而言，我会选择公务舱，因为往上比，公务舱享有和头等舱差不多的服务和座位空间，但价格只有头等舱的三分之一；往下比，公务舱比经济舱宽敞太多，也舒服，能够自如地打开电脑工作，或完全躺下来睡觉，而价格还不到经济舱的一倍。从功能价值上来讲，很划算。

长期价值呢？这就得分情况讨论了。比如，我自己算过一笔账，每年我平均在飞机上的时间，至少有 150 个小时。如果我每小时能写 1000 字，150 小时就能写 15 万字。也就是说，仅仅在飞机上的时间，如果我全部用于创作的话，我都能写出一本书来。所以，如果我要利用这段时间，就会毫不犹豫地选择公务舱，因为 1200 元相比我写出一本书的长期价值，是无足挂齿的。但我自己坐飞机还有另一种情况，就是时常会坐早班机，我知道那段时间我根本不会用来写作，只会用来睡觉，并且我的睡眠质量非常好。对我来说，睡哪里都是睡，这个时候我就会义无反顾地选择经济舱。因为这时候没有长期价值需要实现，只考虑功能价值的话，经济舱就能满足。

所以，既然要用钱，就好好想想，这个钱可以买来什么？带来哪些价值？除了这个价值，我是否能贪心一点，尽量一举多得呢？甚至再进一步思考，我需要被满足的这些价值，有没有一个更便宜的商品可以实现呢？

问题 3　提高敏感度：我要赚多少钱，才能买得起这个东西？

如今，花钱太容易了，很少有人会停下来思考每一次交易的真实花费。这带来的最大坏处就是：花钱越是容易，就容易花得越多。你要记住，**对数字的敏感度，就是对钱的敏感度。对钱的敏感度，在很大程度上，代表了你对钱的把握程度。**换句话说，如果你对数字不敏感，你很可能会不知不觉地损失掉你的钱，因为你不敏感，不会计算，就不会有明确的衡量。

等我说完以下的例子，你可能就会懂，平常自己对钱是多么不敏感了。这也是防乱花钱的秘诀之一：计算一下，买这个东西，需要多少钱？精准地讲，就是：为了买得起这个东西，我需要赚到多少钱？也许你会说，老师，这两个问题不是一样的吗？我再给你 2 秒思考一下。如果你足够仔细和敏感，你会发现，你买这个东西所需要付出的钱，和你需要赚到的钱是不一样的。因为，你赚到的每一分钱，都需要缴纳所得税。

假设你的平均税率是 20%，这意味着，如果你每周工作 5 天，其中 1 天的劳动所得就要用来缴税。这意味着，你需要赚到高于物品标价的钱，才能买得起这个东西。还是按 20% 税率计算，比如你要买一个标价为 120 元的充电宝，那实际上你就需要赚到 150 元。你可以用以下的公式来计算物品的"实际价格"：

你想买的东西的标价 ÷（1- 你的个人税率）= 该物品的实际价格

如果你要算得更加精准，你可能会发现，你需要赚到的钱就更多了，因为还得减去"五险一金"等。虽然多出的 30 元看起来是一笔小钱，但我们前面说过，一笔小钱按天算，算上一年，也不是小钱了。更重要的是，如果你今天买的不是充电宝，而是一台 30 万元的私家车，按照同样的税率，你必须赚到 37.5 万元的税前收入才可以，整整多出了 7.5 万元。简单来说，你缴了多少税，你就必须多赚多少钱，才能买得起一个东西。也就是说，标价是一回事，你要赚到的钱，实际上是更多的，即商品实际上比标价要更贵。

问题 4　机会成本：我要牺牲什么来换？

当你使用金钱进行购买时，不仅要看买到了什么，为自己带来了什么价值，还要计算一下，自己会因为这笔花费，损失什么。或者说，因为花了这笔钱，我失去了未来的什么机会？当你用"未来可能的损失"进行考量时，你就会有所选择、有所克制。由于每个人都厌恶损失，所以相较于未来的可能性，我们现在的答案就可能变成不买。这个就是防止"剁手"（乱花钱）的秘诀。

比如，我自己的计算方式是"一天财富自由的成本"。什么意思呢？比如，我一天的生活成本，往最多去算，是 300 元。这意味着，如果今天我有 300 元存款，那么今天我就不需要工作，并且有了"一天财富自由"的机会。这 300 元，就是我一天财富自由的机会成本。也就是说，如果今天我能多存一个 300 元，我就早一天达到财富自由。反之，如果我用掉这 300 元，我就相当于要晚一天才能财富自由。

所以，比如，6000 元的手机，值不值得买？以前没有衡量标准，现在你知道了，它相当于 20 天财富自由的机会。那我的选择可能就是不买。或者，在衡量后，我只愿意用 10 天来交换，于是我买手机的预算就改成了 3000 元。有了这样的换算机制，你就会知道，多存一次钱，你就会离财富自由更近；多花一次钱，你就会离财富自由更远。当钱用在了 A 处，就不能再用在 B 处，这是钱的机会成本。你做的每个选择，其实都有成本，你做不同的选择，意味着不同的牺牲。所以问题的关键是：你愿意牺牲现在换未来，还是牺牲未来换现在？

商家卖给你东西的时候，只会在意他们当下的收益。他们并不会考虑，20 年后你过得如何。但请你记住，你的未来，是你自己的。所以你要对自己负责，在财富和自由这两件事上，只有你，才能解放你自己。所以在每次用钱时，利用机会成本，为自己的未来好好想一想，进而做出合理的选择。

顺便一提，从长线投资的角度来讲，你今天用钱的同时，牺牲掉的，不仅仅是存钱的机会，还有更重要的，就是让钱在未来增值的机会。所以我们得常常自我发问：这些钱是在今天对我比较有价值，还是在未来对我更有价值呢？很明显，答案是后者，这就是延迟消费最大的意义。如果能用机会成本来评估每一项消费的价值，便能冷却很多不切实际的幻想，并让人开始变得理性和客观。

问题 5 时间成本：我该花时间，还是该花钱买时间？

金钱无限，时间有限，时间比钱更值钱，我们需要珍惜每分每秒，所以在使用金钱时，"时间"就是一个重要的衡量标准。为此，市面上还流行着一种观点：能花钱的，就千万不要花时间。你有想过真的是这样吗？或者，你有没有想过，什么时候该用钱，什么时候又该使用时间呢？

关于时间和金钱的管理，我收到过最多的问题是这几类：

1）老师，我到底要请一位阿姨来帮我做家务，还是自己做家务？

2）老师，我每天通勤时间来回 3 小时，要不要多花 2000 元，搬到公司附近的公寓住？

3）老师，公司同事在每天的下午茶时间都会去星巴克喝咖啡，我也该喝一杯吗？

4）老师，一本书 45 元，里面有关于个人成长的 10 年思考成果和行动经验，值得买吗？

一个东西该不该买、值不值得买？或者我该多花点时间，还是花钱让别人来帮我？事实上，这二者是同一个问题。要解答这些问题，首先得清楚：**每个人的时间，都是有成本的。说直白点，每个人的每小时，都是可以明码标价的。**

当你知道自己一小时的价值（成本）以后，就可以以此为出发点，来衡量该用时间还是用钱；或是衡量自己愿不愿意工作相应的时间，来换取那个物品。比如，你的月收入是税后 8000 元，去掉双休日，你每个月需要工作 22 天，每天需要工作 8 小时，那么你的时薪约等于 45.5 元（8000 元 ÷22 天 ÷8 小时）。所以你一小时的时间成本，是 45.5 元。知道了自己的时间成本，上面 4 个场景的问题，就有答案了。

1. 要请阿姨来做卫生吗？在"58 同城"网上，请阿姨来做卫生通常是 80 元 /2 小时，即 40 元 / 小时，你的时间成本是 45.5 元，明显请阿姨的时间成本更低，这个时候可以请阿姨，即"花钱买时间"合理。当然，如果你这个人热爱劳动，而且在家里"闲着也是闲着"，这种情况另当别论。

我们此处仅讨论，从自身的时间成本出发，是花钱更合理，还是花时间更合理。

2. 要不要搬到公司附近的公寓？这位同学的平均通勤时间，每天来回需要 3 小时，上班日 22 天，则共需要 66 小时，他的时间成本是 45.5 元 / 小时，把通勤时间换算成钱，相当于一个月的交通成本是 3003 元（45.5 元 / 小时 ×66 小时）。如果多花 2000 元，就可以节省 3003 元的时间成本，相当于用 2000 元，买价值 3000 元的东西，这时候，应该考虑搬家！顺便说说另外一个思考的角度，如果你的税后月薪是 8000 元，通勤却要每天来回 3 小时，这说明了虽然工资单上显示你的月薪是 8000 元，但实际上你是没有赚到那么多的；因为通勤的时间是不算钱的，可是为了去上班，这些时间你又是不得不付出的。来回的 3 小时被占用了，就意味着你不能做其他事，不能产生额外的价值。所以这部分时间也得核算在内，那你的总工作时间应该是原来的每天 8 小时，外加通勤的 3 小时，也就是你"真正在工作的时间"加上"额外为工作付出但不算薪资的时间"，一共是 11 小时 / 天，重新计算时薪，那就约为：33.1 元 / 小时（8000 元 ÷ 22 天 ÷ 11 小时）。这就说明了，通勤时间过长，实质上是自己少赚了钱。

3. 要不要喝星巴克？虽然我们前面说过，别小看一杯咖啡、一杯奶茶的钱，按一年来算，也是不小的数目，但如果你真的想偶尔喝一杯或两杯，该怎么衡量呢？假设你想喝一杯 33 元的拿铁，我们就用咖啡的价格 ÷ 你的时薪 =33 元 ÷45.5 元 / 小时 ≈0.7253 小时，大概为 43.5 分钟。所以关键就是，你愿意多工作 43.5 分钟，来换一杯咖啡吗？偶尔来一杯，好像还可以。

4. 要不要买这本书？这个问题乍看之下，好像跟上面一个问题一样（思考方式差不多）。但是还有一个不同，一杯咖啡喝完就没有了，也许它能附带一些瞬时的快感，给你一下午的专注；但一本书，除了可以看完再看，给你带来的还可能是长期认知的改变，从而影响到人生的最终结果。简而言之，书的影响会更加深远，如果要达到同样的影响，咖啡可能得天天喝才行。一本《优势成长》45 元，你大概多工作一小时就可以换回来，而且换来的可能是少走 10 年弯路和提高一倍时薪的结果。你愿意换吗？

但如果你的月薪只有 4000 元，以上 4 个场景的答案，也许就是截然相反的。时间成本，其实是一项很特别的"机会成本"。它考虑的重点在于，这个东西，值不值得我花这些时间去交换？就像我自己，现在的工作主要是写书和给企业做咨询服务，给企业做咨询的单价非常高，目前最高可以达到 50 万元 / 天。但写书算起来，包括构思、查资料、收集数据、动笔写和后期修改，如你现在看到的这本书，大概要花 1000 小时来完成，书在发行后还要自己投入时间宣传和线下跑签售会，也算成 1000 小时，一年卖出 10 万册算不错的销量，会带来 50 万元左右的版税收入，相当于企业高管的年收入。那 2000 小时赚 50 万，时薪就约为 250 元 / 小时。

虽然这个时薪看起来比很多行业都高，但要注意，能得到这个数字的，已经算行业里比较优秀的作家，大部分人做不到。现在很多人想通过写作致富，我想说，如果你不是极具天赋，基本没有可能。关键是 2000 小时，意味着按一年 365 天来算，平均每天也得工作 5.5 小时。

所以，写作只能算是我的兴趣，因为我喜欢分享，把知道的告诉不知道的人，这能给我带来很多的快乐，但根本算不上是副业。你看我的咨询工作，一年认认真真做 10 天就十分舒坦了，我基本上是用我的咨询，来养着写作这个兴趣，更何况我还有其他投资收益和被动收入。根据我对自己时间成本的核算，如果按每天只工作 1 小时来算，我的平均时薪大概是 3 万元 / 小时。这个也就是我的时间成本。所以我个人非常讨厌的事情就是闲聊，因为我觉得我在亏钱。

在上一本书中，我提到我平常的生活，我会请阿姨来帮我做家务，找发型师上门来帮我理发，还有健身教练上门辅导我锻炼，反正不是我的"主业"，我都交给别人来完成。有读者看了，觉得太奢侈了，但如果你了解了时间成本的概念，就大概明白了，这对我来说，不仅不奢侈，而且还是一种节约。哪怕到了现在，就连出门，我也从来不开车。比如，我从北京的家乘专车到机场，1小时180~200元，如果我自己开车，就算不算买车的钱、损耗折旧的钱，也不算油费，光是时间成本，得有多贵啊。

我相信你也终于明白了，你每一次消费，无论是用钱还是用时间，本质上都是一种交换。当你学会了计算时间成本，就能更理智地使用手中的钱。我们需要判断一件事情是"自己亲自做"（用时间）划算还是"请人帮我做"（用钱）划算，进一步做出合理的决策，让每一分钱都用在点上。一般而言，年轻时，时间多钱少，在大多数情况下，我们优先用时间。随着年龄的增长，时间越来越少，钱变多了，在大多数情况下，我们优先用钱。但里面有一个最大的思维陷阱：并不是每个人在年纪渐长的时候，钱也会随着年龄而增多。

所以，在我们较年轻时，还有一个重要任务，就是多花时间来赚钱，多存钱，到我们老了，或时间越来越少的时候，又用这些钱给我们买回来更多的时间，让我们有更多的选择。所以，这下你终于懂了吗？这是一个交换游戏，正如你现在花掉了钱，换来了快乐；但你没想到，你现在花掉了钱，当你未来时间越来越少的时候，就无法花钱买时间了。于是，你换来了眼下的快乐，同时也可能换来了一个几十年后悲凉的晚景。

问题6　后续支出：这一次付款后，后面还有其他的支出吗？

后续支出，指的不是分期付款的消费，而是很多的消费，除了在购买的那一次需要付出足够的费用，在之后比较长的一段时间里，还有连带支出，第一次购买和后续费用加起来，才是这个东西真正的总费用。在计算完总费用之后，你就需要考虑：第一，是否负担得起；第二，长线来看，这笔钱如果省下来，还能做什么更好的选择？

比如，你想养一条小狗，如果你把这条小狗买回家，需要 3000 元，同时，需要购置一些小狗的日常用品（如笼子、盘子、玩具、尿布等），需要 1000 元。一次性费用共 4000 元。那后续费用呢？小狗生病，平均看一次病需要 1500 元；每个月的生活费（包括购置狗粮和营养品，带小狗洗澡，外加偶尔寄养等），需要 1500 元。假设小狗平均每年生病两次（共 3000 元），平均每年做一次日用品的更新（共 1000 元），外加 12 个月的生活费（共 18000 元），小狗每年的总费用就是 22000 元。假设小狗平均能活十年，不算通胀，小狗的后续费用就是 220000 元，而且这还是保守估计。加起来这条狗的实际总成本，就是 224000 元。

虽然买一条小狗的钱才 4000 元，但考虑到后来将近 20 万元的支出，是不是也能让你稍微停下来思考一下，是否有其他选择？不知道 20 万元对你来说意味着什么，但我确实见过不少人奋斗了十年，到了要买房的时候，就差一二十万交不齐首付的。

我还有一个好玩的想法：你购买一些东西后，其实还需要为之付出"空间成本"。假设今天你要在北京三环内养一条狗，你对狗特别好，还在家里给它划出一平方米的地来安置它的狗笼子。所以，除了上述费用，按照三环内平均房价，你现在花 840 万元，买了 100 平方米的实用面积，那养这个狗的"空间成本"就是 8.4 万元。先不管房价涨不涨，现在狗占了 1 平方米，你就相当于用 840 万元只买了 99 平方米，这时每平方米就变成了 8.48 万元，相当于买贵了。

同样的，买车、买房、买单反相机等，也可能会涉及这些后续费用，这时候，你就得好好地算一笔账了。再借用上面的"时间成本"或"机会成本"的标准，来衡量一下，自己愿不愿意拿出额外的工作时间，或未来的数天自由来换取？除了连带的后续费用，以上的例子还让我们知道了"累积的力量"，任何的小数目，放在 10 年的维度去计算，都是大数目。

正如刚才说的 33 元一杯的咖啡，你连着喝 10 年，至少得花 120450 元。之所以说至少，是因为价格会涨。12 万啊，想想还可以买什么？还有以前我有去健身房的习惯，健身房的年费大概是 5500 元，10 年算下来就是 55000 元，但后来我想明白了一件事情，就不再去了。因为我发现，我没有天天去健身房，而且我每次去只是在划船机上锻炼一下。那我为何不花 2000 元，在家里放一台划船机呢？至少也能用 5 年。假设 10 年内要再换一台新的，买划船机的钱前后加起来也不超过 5000 元。相当于我用一年健身房的钱，省下了后面 9 年健身房的续费，这就是思考后续费用的另一个作用。

另外，还要特别提醒一下，如果你的手机或某些 App 打开了"自动续费"和"自动订阅"的功能，就需要警惕了！因为这是一笔隐形的"后续费用"。请你打开手机里"自动续费/订阅"的页面，看看上面有哪个 App，是最近 1~3 个月你再也没有用过却依然还在每月自动地续费的。现在你就可以把续费手动关掉了。还有一个要特别警惕的情况是，现在有很多 App 下载是免费的，但当你打开时，它就会跳出一个弹窗，上面通常显示"试用前 7 天免费，之后自动续费"，然后问你是否"同意"。大多人都会同意，然而 7 天之后就忘了，他们忘了 7 天后 App 会自动开始扣钱。还有人会在前面试用的时候，发现 App 不太合适，然后顺手把 App 给删了，却忘了同时要把"自动续费"取消掉。所以，如果你在试用某款 App，请记得，在你发现不适用的时候，首要的事是把自动续费关闭，然后才是删除 App。

当然，"后续支出"还有更深层的含义，这个含义适合对自己要求更严格的同学使用。前面我们说过，我们的时间都是有成本的，也就是说，用掉的时间，也可以换算成钱。所以，后续支出不仅要从"钱"的层面去考虑，还要从后续要为这个购买付出多少时间来考虑。

一方面，这种情况会发生在"假冒伪劣产品"上。你因为贪便宜买了三无产品，特别是质量差的电子产品，后续要花大量的时间去维修、去维权、去争取售后服务。最严重的一种情况是——时间和金钱的双重浪费。因为你买这个电子产品的目的，就是节省时间，结果产品质量不过关，一是浪费了本来要省的时间，二是还多浪费了处理产品的质量问题的时间。当然如果你是不小心被骗，吸取教训，避免下次重蹈覆辙即可，这是止损，也就是把损失降到最低。

另一方面，这种情况会出现在"个人的放纵"上。比如，有人喜欢放纵自己，暴饮暴食，在吃的时候花了钱，也花了时间，后来还得继续花钱、花时间把吃上去的重量给减掉。还有人会放任情绪，导致做出过激行为，我见过有人因为分手而冲出马路，要挟对方，最后在医院躺了半年，正值大好年华，却耽误了发挥自己才能的时间和机会。这就是前面所说的放纵行为，导致了本不必要的后续支出，错过的时间是追不回来的，而且冲出马路躺半年医院算是万幸了。请珍惜你每天活着的这种幸运，切忌冲动，只要你足够珍惜，"后续支出"也会变成"后续回报"。

还有一种情况，这种情况会出现在"自我投资"上。拿课程来举例，很多人都是买了课程，就觉得自己已经拥有了这个课程，后来就不看了。你想想，你有没有买了很久，却迟迟未开始看，或只看过一两节的课呢？殊不知在"自我投资"这件事上，付完钱，一切才刚开始，你还得投入时间精力，去学习、去消化、去复盘、去运用，直到有一天熟能生巧，"别人的知识"才会变成"你的认知"。所以下次买课前，除了要考虑这个课你付不付得起，还得考虑后续你是否能投入足够的时间和精力来帮自己更进一步。光是买课，不会让你成为高手，最多你只会成为"买课的高手"，但这又有什么用呢？存那么多课，还不如多存点钱。

所以，看似轻巧的一次购买，背后会不会潜藏着更多的后续支出——包括金钱、时间、精力，你又能不能支付得起、承担得起，这些都需要你用脑去计算、用心去选择。

问题 7　懒的代价：你因为"图方便"，多花了多少钱？

"贪便宜"的一个重要表现，就是"图方便"。"图方便"还有另外一个名字，叫作"省得麻烦"，也就是"懒"。在日常生活中，我们会不知不觉为我们的"懒"付出代价。每次到超市购物，买购物袋需要 2~5 毛钱，你要不图这个方便，其实只需要每次出门顺手拿个环保袋。本来是零成本，现在偏偏要多花钱。而且你还会用"相对性"来安慰自己，比起我在超市里买东西花的钱，这几毛钱不算什么。

关键永远不是"这几毛"的问题，而是你的头脑是一个用钱的系统，只要你习惯了"这几毛"没关系，"那几块"无所谓，最终必定存不下一分钱。今天你要去看朋友，出门不赶时间，走到地铁站 10 分钟，坐地铁需要 30 分钟，出站后又要走 10 分钟，只需要 5 元，但你省得麻烦，就打车去了。路上用了 25 分钟，却花了 40 元。时间少用一半，钱用了 8 倍，只是为了购买"方便"。

类似的例子不胜枚举。比如，我们享受点餐外送服务的时候，明明楼下有个快餐店，你懒得下去了，点外卖送上来，多付几元的外送费，有的外送费甚至达到 9 元，你点一份餐 30 元，外送费接近 10 元，差不多是 30%，你图方便，多付了 30%。而且，不知道你有没有注意到，不算外送费，现在很多餐厅在外卖平台上的价格，都要比堂食贵 20% ~ 30%。也就是说，光是点外卖，哪怕没有外送费，都要比你走去吃贵 20% ~ 30%。走一走，5 分钟，就能省下这些钱。

一般而言，**一项服务你使用起来越便捷，路径越短，它就会相应地越贵**。很早我就发现，在几个大的出行平台订机票和订酒店，有时候会出现买往返机票，比分开买要贵，订酒店订几天连住，比分开一天一天订要贵。在我们的认知中，买往返的机票、预订几天的酒店，理应更便宜啊，但事实并非如此。因为大家的习惯都是"图方便"，有一次我也是好奇，想着分开订会不会更便宜，一试结果有了惊人的发现。分开预订，确实更麻烦一点，可是会更便宜。我还算过，一般机票会贵 5% ~ 10%，酒店会贵 2% ~ 4%。

以预订酒店为例，为什么一次预订几天反而比较贵？我个人的猜测是，因为酒店为了不亏，在你预订连续入住时，就给出近期的均价来乘以你需要住的天数，从而得出你需要付费的总价。比如，近期均价 800 元 × 入住 3 天 =2400 元。但实际上，酒店的价格，每天都会根据当天的入住率来动态调整。如果当天入住率低，酒店在当天的价格也会相应地降低，如我订第一天时，当晚价格是 800 元，到了第二天是 750 元，第三天 720 元，如果分开订，实际上只需要 2270 元。你可能会说，那如果后几天入住率提高呢？房价不就会升高了，连续订不就便宜了吗？答案是，不一定。因为这个情况酒店也想到了，如果后来房价高了，酒店不就亏了？酒店不可能让自己亏的，所以在一开始给你设定均价的时候，这个均价就已经是"高估"了的，甚至，你可能已经是按"最高价格"入住了，之后的价格只会降、不会升。

当然，有"连住优惠"的酒店，会成为我的首选。因为除了价格更实惠，根据上面的分析，它还给我们提供了另一个信息：这个优惠正好是它前段时间入住率不高的体现，所以才要用连住优惠，来刺激入住率。按经验，中、高端酒店的消费不会只有价格导向，所以他们的低入住率还会保持一段时间，因为酒店的人手和公共设施配比是基本固定的，对我个人而言，入住率低，就意味着，能享受更好的服务和不用等很久的电梯。因为，再说一遍，时间是有成本的，我的时间是很贵的，等 10 分钟电梯已经相当于我多花了 5000 元来住这个酒店了，怎么能花时间来等电梯呢？

所以下次订机票、订房间时你可以看看，起码多个心眼，比比价。（上述情况，不包括打包售卖的来回便宜机票和酒店在活动期推出的连住优惠，"打包机票"和"连住优惠"当然很便宜，但通常不能随意退改，需要特别注意确认行程。）

还有一种情况，叫作"大数据杀熟"，各位也可以留意。就是一些网络平台利用大数据，给熟客推荐更贵的产品，以及定出更高的购买价格。有一次我无意中发现，在一个旅游平台上用新注册的账户订酒店，就比原账号便宜 200 元，现价变成 800 元。用新账号比旧账号足足便宜了 20%，不能说不夸张。但我估计平台这种乱象很快就会被相关部门制定政策消除，因为这样的做法，在法律上已经涉嫌"价格欺诈"。也许你还是觉得，这点钱没什么，可在我看来，花不到几秒，动动指头，就能把这笔钱省下来，非常划算，虽然看起来好像没有那么"方便"。但是，你记得我说过的吗？如果按赚钱的速度来算，同样的时间，这些钱很可能你是赚不回来的。

从上面的例子中我们还能得到一个启示，购物时的货比三家——特别是网络购物时，也是不能省的"麻烦"和不能偷的"懒"。确实在有的情况下，我们得付钱购买方便，但大多我们图方便的场景，只是因为我们懒，我们很多时候说的不方便，其实稍微动一下，也没那么不方便，却能为我们省下不少的钱。反正，总不能你只有 20 元的时薪，就请一个时薪 40 元的阿姨给你做家务吧？难道你工作 2 小时，就是为了让她给你工作 1 小时？

关键还是，要认清，你用的钱，到底用在了什么上面，其中有多少又是"便利成本"。每次用钱之前，都可以检视一下自己的钱，有没有多花在了一些"图方便"的想法上。

以上 7 个问题，从我多年前开始设计就一直在改良，直到你今天见到的这个模样。这 7 个问题，也让我受用至今，基本让我的每一分钱，都用到了实处。这应该就是用钱的最高标准了吧——在我的生命里，没有一分钱是浪费的。一起开始试试吧！

5. 聪明用钱的秘密：

利益最大化，提升幸福感

英语里有句俗语，叫作：Work smarter, not harder. 翻译过来的意思就是：要更聪明地工作，而不是更努力。这句话告诉我们，不是说不要去努力，而是说大多数人都只会努力，而你自己也一直在努力，努力已经不是取胜的关键了，所以你不需要"更努力"。光努力是不够的，反而你要从另外一个维度进行超越和突破，那就是"聪明"。

对钱的支配也一样，我们不光是要努力，不光是要努力地克制自己，不光是要煞费苦心地计算每一笔钱是否用到了实处，更重要的是，我们需要更"聪明"，更有"灵活性"。让我来告诉你，聪明用钱的秘密。

聪明用钱的秘密 1：用在哪里，可以最大化

"最大化思维"是促使人生蜕变最重要的思维，事实上它是一种"投资思维"。因为，我只要活着，就得"用"某些资源，包括我们的时间、

精力、金钱、机会等。虽然我们此刻的重点在于如何更聪明地使用钱，但当你掌握了这种"最大化思维"后，也可以灵活地迁移到人生的其他领域中，只要涉及某个东西、某项资源的"使用"，就能行得通。

但是，你有没有想过，这些对每个人来讲，都是极为宝贵的资源，该用在哪里，该怎么用，才能最大化呢？而我们常说的"钱"，从狭义上讲，它当然代表的是"金钱"，但从广义上讲，"钱"还可以是"时间""精力""人脉"。所以，当我们讨论结果最大化的时候，不能光谈狭义的钱，我们还得看在整个广义的"钱"的系统中，"钱""时间""精力""人脉"这四者，是如何相互影响，从而达到一种动态平衡的。

而更重要的是，当我们忽视其他三者的存在时，我们很可能就会把"钱"错用在了本该用其他资源的地方，这时候，钱的使用，就无法最大化了。

这时候，如果以下各项资源，只能用在一处，请问：

金钱用在什么地方？

精力用在什么地方？

人脉用在什么地方？

时间用在什么地方？

这四个问题里，蕴含着人生资源的运用秘诀。请你先思考一分钟的时间，把你想到的答案用铅笔写在问题的旁边，然后再往下看。请记住，每一次用钱，都是在做选择；每一次用钱，都是给你想要的人生投票。所以当你学会了用钱，你就学会了用一切。

如果你想更聪明地为你的人生投票，以上 4 个问题的答案是：

金钱用在"优先"上。

精力用在"天赋"上。

人脉用在"交换"上。

时间用在"前三者"上。

简单解释一下：金钱用在"优先"上，意思就是，钱是用来买优先级的，简单来讲，就是合理地"插队"，节省时间。精力用在"天赋"上，就是你所有的注意力和焦点，都放在自己擅长的、有优势的事情上；人脉用在"交换"上，意思是人与人之间的关系是给予和接受，给予的能力需要练习，接受的能力也需要练习，一般来讲，人际交往中，我主张多给出去一点，合作时，让朋友能多赚一点；而你所有的"时间"，都应该用来放大上面三者，也就是金钱、精力、人脉。

什么是"优先级"呢？我举几个身边的例子吧，如逢年过节，或者是生日等重大日子，要记得给好朋友和合作伙伴寄礼物、发红包，至少也要真诚问候，这样你会获得一种关系上的优先级，也就是对方有什么事情，或者有什么机会，会第一个想起你，你有什么事情需要帮忙，对方也会首先安排。当然，一切都是以真诚为前提，你做这些事情，必须是真心为对方好。

第一个例子，平常出差入住各大酒店，我都会特别关照一下各个酒店的经理，如有好吃的、好喝的给他们多带一份，附近有什么好玩的、好用的，在合情合理的范围内，也帮他们准备一份，平常没事也会到大堂，和他们聊聊工作、聊聊人生。因为他们每天要接待大量的客人，实在太辛苦了，一来二去，大家就熟络了。这样做一方面是我真心拿他们当朋友，另一方面，在他们的眼中，这位客人"有点不一样"。所以很多时候，我会意外地获得很多"优先级"。比如，当酒店客房比较满，甚至是超订的时候，我能够率先被安排房间和入住；而在酒店入住不太满的时候，经理也会帮我从最基础的房型升级到最好的套房。

我们的生活环境，就是人情社会。在表面上，大家都会最大限度根据规则来做事，但只要事情涉及人，涉及人的交接，那在交接人的意愿和主观能动性上，就会有"优先级"的选择。没有交情，面对同样优秀的选项，为何优先选择你？说简单点，如果别人不喜欢你，为什么他要帮你？世界上那些成功的人，都会得到很多"暗地里"的帮忙，这些帮忙是看不见的，你要知道，可观测因素，从来都不是核心要素。而在合情合理合法的情况下，获得优先级和暗中帮忙的最有效工具，就是金钱。

其他生活中的例子还有很多。比如，平常出行，如果你不赶时间，可以选择坐地铁、坐公交、打车，或打专车。但你有没有想过，你如果恰好要在高峰期出行，但又打不到车怎么办呢？以我个人的经验，每年都会出现 5 ~ 10 次这样的情况，这个时候，平常我坚持坐专车的好处就体现出来了，因为平常坐车我累积到了"钻石会员"的等级，这个等级里有一个特权，叫作"快速应答"，每个月最多可以使用 3 次，呼叫的时候会优先被司机接单，最大限度缩短叫车等待时间。相当于每次路面车不够的时候，我能把别人的车"抢过来"优先使用。顺便一提，"快速应答"会员等级里的初阶，也就是白金会员，每月有 1 次的使用机会，比钻石会员高的黑金会员和黑金 Plus 会员，每月分别有 30 次和无限次的使用机会。到了黑金 Plus 会员，每月还有"快速应答"无限次的权限。但对我而言，每月 3 次就完全够用了，而累积到"钻石会员"也相对没有那么难。

第二个例子，从大约 7 年前，我就喜欢使用支付宝，把大单的消费，都集中在支付宝进行支付。因为支付宝也有会员等级制度，目前我是最高等级的"钻石会员"，里面就包含了非常多的"优先特权"，包括美食特权、购物特权、酒店特权、出行特权、文娱特权等。其中，我最喜欢的就是"快捷登机"的特权，每月有 3 次可以使用机场的特殊安检通道登机，不用在安检口排队，节省了非常宝贵的时间。

第三个例子，我爱请朋友喝喜茶，但我自己则比较少喝。喜茶不愧是最懂营销的品牌之一，我第一次注意到它时，就是在研究它的会员权益，我看到它的会员权益里，居然含有"优先券"，到了"黑钻会员"时，每月有 3 张。那时候，我就开始请朋友喝喜茶，包括刚才我提到的酒店经理们，因为在请他们喝的时候，我能够刷高在喜茶系统里的经验值（积分），从而让自己的会员等级变高，获得更多的优先权。每次朋友来广州，经过一家喜茶，他们总想说试试，但一到店门前，就马上想放弃了，前面排着 80 人，走到下一家店，结果更崩溃，前面人更多，排到了 100 人。这个时候，我总会静静地拿出优先券，告诉他们，想喝什么，随便点，我有优先券，用了这个券，会先做我们的，于是我们就会从第 101 杯，变成了第 1 杯。

你有没有想过，我边请各个行业的朋友、经理喝喜茶，然后边积累到更高的会员等级获得更多优先权的过程，就是个小规模的"资源整合"。因为我在双向累积"优先级"——在经理、朋友的层面，他们会给我一些特权；在喜茶系统的层面，我也会得到一些优先权。

所以，可能表面上我在喝喜茶，但我真的在喝喜茶吗？我是在用我的钱买优先级呢！因为时间是一去不复返、不可再生的资源，所以"优先权"是稀缺的。**物以稀为贵，钱的最聪明的用法，就是用来买最有价值的东西，而不是没有价值的东西。**

为了让大家更好地理解，上面举出的只是刚及皮毛的例子。有时候我们投资股票或房产，需要在最好的时机入手，要提前获取情报，那时候，我们还得拥有最为重要的"信息优先权"！

所以，下次你看到我在"奢侈浪费"的时候，你觉得为什么好像我做的跟我说的不一样的时候，又或者你觉得老师你是不是在自相矛盾的时候，请顺便想一想，里面是否同时也包含了你看不见的合理性。

　　你要知道，我在意每一分钱的进出，对用出去的每一分钱，我都是深思熟虑的。你以为我在请客吃饭，你以为我在食物上花费过多的钱，但你没看到的可能是，我正在聪明地用钱累积着最为宝贵的"优先级"！

聪明用钱的秘密 2：100～200 元买什么，能提高幸福感

　　结合我多年对用钱的思考和实际购物的经验，我发现，在日常生活中，一次 100 元或 200 元的购买，是非常高频的，大多数商品的定价也落在这个区间。而且，不论我们的财富水平如何，我们都是能比较轻松地进行 100 元或 200 元这个范围内的购买的。如果你的收入水平目前有限，最多会降低购买的频率，但还是无法完全阻挡你对这个价格区间物品的渴望。

　　所以，这 100～200 元，按照"最大化"的思想，如何买到让你幸福感最高的物品，就成了关键。当然，我这里指的，并不是说你用 200 元买了 10 本书这种类型的购买。我的意思是，你用 100 元或 200 元，能买的"一整件"东西。为了降低你的试错成本，也让付出的这个钱物超所值，我来跟你分享在这个价格区间内，最幸福的购买清单。如果下次你真的手痒痒，想要买点什么，可以优先考虑一下这个清单里的物品。

　　我所推荐的这些让你提高幸福感的小东西，都比较全面地考虑了以下几个标准：是否常用？是否易用？是否高效？是否便携？是否能给肉体或灵魂中的至少一个带来新体验？废话少说，直接列清单。我个人这 15 年来，买过的最厉害的 100～200 元物品：

　　电动牙刷（128 元）

　　有语音输入功能的鼠标（199 元）

　　带语音转文字功能的录音笔（199 元）

懒人眼镜（78元）

专注计时器（60元）

恒温的杯子（100元）

便携超轻剃须刀（99元）

护腰支撑坐垫（150元）

领夹麦克风（88元）

蒸蛋器（48元）

香薰灯（179元）

智能音箱（99元）

地震逃生包（199元）

知识付费专栏（199元）

一次"在行"见面（188元）

还有稍微贵一点，价格接近300元的，我也顺手写几个：词典扫描笔（看原著时，一扫不认识的单词，就能显示词义）、颈部按摩仪（微电流按摩颈部）、手持吸尘器（可吸走落在手提电脑键盘缝隙里的细屑）等。

以上商品，能使用一年或影响你一年以上，就算物超所值。事实上，它们的使用寿命，平均都达到了3~5年。要是你比较细心，还能发现，这些商品大都是一次性购买，没有任何后续费用的。如果你在网购平台选购以上商品，就没必要太在意是什么品牌，更没必要在意是否和我是同款，因为在同样的价格区间内，成本比较透明，同价位的产品，在功能和体验感上，不会有太大区别。而且技术含量不是特别高的东西，工艺也比较成熟，只要不是假冒伪劣产品，质量也不会差太远。你只需要找到购买量大，或好评最多的品牌进行选购即可。

聪明用钱的秘密 3：积分是一份隐形的财富

首先问一个问题，假设你平时的工作涉及出差，一般而言，出差会有两种报销方案：

方案 A：公司的专员，问你要相关的身份信息，跟你确认行程，提前帮你买好机票、订好酒店。

方案 B：你自己买机票、订酒店，行程结束时开好发票，回到公司后找相关部门报销。

你会选择哪种方案呢？

我相信，绝大部分人会毫不犹豫地选择方案 A。原因很简单，就是方便啊，有人买好票，你只管去就好了。甚至你被外派工作，有人来帮你订票，还让你产生了一种被服务的尊贵感。而且，你可能觉得还有一个好处，就是你不用先行垫付这部分差旅费用，也不用在之后等待相对较长时间的报销周期。但是，你有没有错过些什么呢？或者，选择方案 B 真的没有好处吗？如果你觉得是，那是因为你没有"积分意识"。

简单来说，如果自己订票，最大的好处是，在第三方平台订酒店和机票，会有积分，积分在未来可以变成现金抵扣消费；而且有的酒店自身有积分系统，你自己订一次酒店并入住，除了在第三方平台上有积分，在酒店系统里也会有积分，而酒店的积分未来也可以用来兑换成免费的房间使用。当然，飞机的里程，也会累积到你的名字上，里程在未来也可以换免费的飞机票使用。[1]

所以你有没有发现，积分其实是可以当钱用的。这就是 B 方案的

---

① 1. 里程是积分的一种形式，叫法不同而已，下面我们统一都叫积分；2. 别人用你的名字订票，如果订票渠道用的是航空公司官网或 App，积分就未必算在你头上了。

好处，相当于利用"公费出差"这个杠杆，撬动了一笔"未来可使用的资金"。请记住，积分是你的一份隐形财富。哪怕你不用常出差，在你自己平常的旅行消费中，有意识地在某些平台上，把消费积分慢慢地积攒起来，不出几次，就能换来一次免费的行程，相当于买了就送，何乐而不为呢？

积分虽说是平台鼓励用户消费的一种手段和机制，但只要合理把握，为我所用，也能创造不一样的价值。一般而言，据我的统计，兑换的比例差不多是：你乘坐 10 趟飞机的里程累积，可以换一次免费的机票，也就是 10：1；你入住 8 晚左右的五星级酒店，就可以换一晚免费的住宿，也就是 8：1。当然，如果你能像我一样，会动脑筋，想办法，增加积分的效率，可以把上述两个比率，变为 6：1 和 4：1。

因为我去年出差太多了，所以今年疫情当前，我流连于各地星级酒店，基本都没有花过钱，全部是用积分兑换的免费房间，而这些积分对应的曾经的消费，也是由合作的公司或找我咨询的公司报销的。今年的飞行也是，都是去年累积下来的里程，我用里程直接购买的头等舱机票，除了每次要付 50 元的燃油费，再无别的费用。

那怎么动脑筋，提高积分的效率呢？我管这个叫作"三重积分法"，简单来说，就是虽然消费了一次，付了一次钱，却能在至少三个渠道获得积分。我举出自己的例子，抛砖引玉，为的是提供一种思路，你可以根据自己的实际情况，来制定自己的积分方法。比如，住酒店，我爱住万豪旗下的酒店，我通常会用飞猪（第三方订票平台）预订，选择当中的万豪旗舰店进行购买，然后扣款渠道选择信用卡。这时候，三重积分的链条其实已经形成，假设我的房费是 1000 元，那么我在飞猪平台上会获得 1000 分的消费积分和里程，在万豪官方平台我也可以获得至少 1000 积分，另外我在信用卡的官方平台又可以获得另外的 1000 积分。

　　有什么用呢？飞猪上的积分和里程，累积到一定数量，可以兑换为现金使用，下次订机票、酒店、出行用车的时候，都可以减免费用；万豪官方平台上的积分，累积到某个程度（具体比例参照上方），可以兑换免费房间，并且万豪的会员也分等级，你的积分不断增加，会员等级每一次的增加也会有额外的等级积分，也就是说你住了 1000 元一晚的房间，会获得远不止 1000 分的积分；信用卡官方平台上的积分呢？是兑换信用卡中心积分商城里的小礼品吗？那就太浪费了，我专门开了一张南航明珠卡，也就是银行和航空公司的合作卡，意思是平常的消费积分，也可以算作飞行里程，累积到规定的数目（具体比例参照上方数据），就又可以兑换机票了。

　　你看同样是消费 1000 元，我却能创造出三个可能性，第三方平台、酒店官方平台和信用卡官方平台，都有积分，这些积分在不久的将来就可以换来免费的机会。平常你使用一次钱，只积一次分，而我能积三次分，这就是提高了效率。而且不得不提的是，之所以选择万豪集团的酒店入住，一方面是酒店的硬件和功能完全符合商务人士或度假的需求，另一方面就是官方平台时不时就有送积分的活动，有时候会送 3 倍的积分，这样的规则下，消费 1000 元，一共能积 8000～10000 分，兑换比例能达到 3：1 甚至是 2：1。住两晚送一晚，几乎等同于是送钱的意思。如果你刚好要出行，又碰见了这些积分活动，我建议是让它们成为你的首选。不仅会让你省下钱，还让你多了出行的机会，更重要的是，这帮你培养了一种"善于观察，善用机制"的习惯和能力。

　　与之类似的积分形式，在各种购物平台上也有，如"饿了么"，可以写评价换积分，在淘宝上可以收淘金币，支付宝的每笔消费，也可以去收取积分，当然你不能花过多的时间，或专门花时间在这上面，这样得不偿失。但是，按我自己的经验，排队的时候，最适合去收积分，每逢遇上零碎的排队时间，我总会点开这些软件，快速地把积分收集起来，这些积分虽小，却能为你每一次的日常消费做一些减免。我说过了，小数目日常积累起来，也是一个巨大的数目。

而且，你有没有想过，研究怎么能更聪明地用钱，其实就是研究别人是怎么赚你的钱的，反过来理解，就变成了赚钱的能力，也就是你会知道，你该怎么去赚别人的钱。活用积分这笔财富，你会更了解钱，用钱会用得更幸福。同时你会更理智，更有主动性，因此，你就会更有钱。

聪明用钱的秘密 4：售出闲置，再次换回现金

"闲置"物品，指的是"你已经决定不再使用"或"放在家里好久不曾用"的物品。前者是你的主观愿望，后者是客观事实，反映出你的主观愿望。事实上，在这种情况下，你更经常把"决定不再使用"的物品称为"无用"的，而一直"放在家里不用"却"舍不得扔"的物品称为"鸡肋"。但你可能忽略了，除了把它"闲置"或"弃用"这两种选择，我们其实还有第三个选择："转售"。

这个物品，只要不是完全损毁，它就肯定有一定的"剩余价值"，只要有价值，就有再次出售的可能。比如，最近我出售了一台放在抽屉很久的 iPhone 6，这台机器屏幕裂了，还凹了一个角，甚至还不能开机，即便如此，我还是在一个二手转卖平台上，卖出了 300 元。我自己的预期是收回 100 元左右，没想到结果却大大超出所料。于是带着好奇，我顺便采访了一下买家："这个手机已经不能用了，你这么高的价格收回去，怎么赚钱呢？"买家没有说得特别明确，却指出了一个方向："我们把手机拆开，里面的每一个完好的零部件，都是可以卖钱的！"我接着问："卖给谁呢？"店家说："比如卖给一些手机维修店之类的。"

我恍然大悟，没错，一个东西在我们眼中没有价值，不等于在其他人眼中没有价值。

简单说，我们主观认为没有价值的东西，并不代表它客观上也失去了价值。关键是，只要还有需求在，不管这个需求是什么，我们都可以为这个需求定价，这个就是"客观价值"——由需求本身带来的价值。一切生意的本质，都是供求关系。所以，请你多留个心眼，下一回，当你有闲置的物品要处理的时候，在送人或扔掉之前，请尝试一下，尽可能把它先卖掉。

重新出售的好处一是你重新规划了家里的空间，减轻了对物品的依赖，重新梳理了你和外部世界的关系；二是换回现金流，把现金流重新投入使用，或进行投资，创造新可能；三是更了解买卖关系，更懂得如何做生意，进一步加强了赚钱能力。从这个角度讲，我们的一部分现金或者说财富，是被大量的"闲置物品"封印住了。而你现在就可以下一个决定，把它们解放出来，这也会给你的财富带来新的生命力。

一个很简单的例子，我曾经有一位学员，发现了一个商机，她需要一次性投入 5000 元作为启动资金，但她没那么多钱，于是来问我借。我告诉她，我不借钱，但我给了她一个建议，把她家里不用的东西卖掉，没准就能凑到这笔钱了。结果她听话照做，陆续卖掉了家里的数十件用不上的物品，包括一双买来很久却从来没有穿过的丝袜，一个月不到，她就赚到了这笔钱，开启了她的新生意。

根据我的调查，一般一个三口之家，在大刀阔斧进行闲置物品转售之后，能够换回来 3000 ~ 30000 元的现金。这笔资金，可能会给你一个新的契机，也可能帮你解决燃眉之急。而且根据我的经验，只要一个物品还能卖钱，卖出去肯定是不亏的。虽然它再次出售的价格，和当初买入的价格之间通常有巨大的落差，但只要你使用了一定的年月或频率，买入价和售出价之间的差价，你就视作"租金"吧。况且，你已经投入过的部分，应该视作"沉没成本"；而依然有剩余价值"可以再次卖出"，那之前投入的部分可视作"边际成本"。简单来说，这个东西本来已经对你没有任何价值了，但是你再努力一下（卖出），那它突然又可以给你带来收获了。这也符合我们前面说的"最大化思维"：留着没有用，但卖出可以换钱，哪个才是最大化的选项？答案是显而易见的。

所以你有没有发现，当你把这个东西再次卖出去时，你已经改变了你和这个物品之间的所属关系，从而你可以重新定义并认识，到底什么是"闲置物品"了。那就是：闲置物品，其实是一笔就在你眼前，你却视而不见的财富，它是一笔被冻结的存款。换句话说，是你用"物品"的形式把钱存下来了，可惜的是，它们被闲置了。所以，从投资的角度来讲，闲置，其实就是一种浪费，浪费了未来的可能性。不过这很正常，因为你不想为了未来的"不确定性"，而牺牲现在的"确定性"。

但如果追求"确定性"，未来就没有什么可期待的了，因为未来也是确定的，即跟现在一样。难道我们要追求的，是那种能一眼看到底的生活吗？如果不是，把用不上的东西，都重新换回钱，再让这些钱流动起来，重新投入使用，给你自己创造更大的价值和未来。

不得不提醒的是，有些转卖不一定有"现钱"，它换来的可能是"现金券"，如你可以拿旧的衣服去 H&M 或是 Zara 等服装店，兑换买新衣服的折扣券。另外我也试过，一些旧得没有人要的书，还有尘封已久失去使用价值的物品等，都可以在闲鱼上联系专人上门免费回收；回收后，闲鱼在平台上会给你换成对应的积分，利用这些积分你可以购买平台上其他的二手物品。上述的两种方式，也算是变相换回现金，重新换回价值了。另外，没有扔掉这些东西，增加垃圾，也算是为环保做贡献了。

把握这 4 个秘密，你就能学会更聪明地使用金钱。诚然，聪明地用钱，能让人更会用钱，也能让人更聪明。

Chapter *4*
优势赚钱篇

个人商业时代，用自己的优
势赚足够的钱

1. 正确的赚钱观念：

大道至简，提升赚钱效率

　　学了前面的如何存钱、如何用钱以后，你有什么收获呢？我们不能止步于存和用，还要学习如何赚。但别忘了，你的整个金钱观念，是这三者综合作用下的结果。

　　也就是说，当学习"存"和"用"的时候，换一个角度来看，我们可以观察到商家是用的什么方法引发我们的购买，我们能从中窥见做生意的门道，我们也能学到"如何赚"。当学习"赚"的时候，我们反过来也能更了解商人，更了解供求关系，从而也能促进我们更有效地"存"和"用"。简言之，真正懂了如何存钱和用钱，我们也能理解如何赚钱；而真正明白了该如何赚钱，我们也能加强自己存钱和用钱的能力。

　　说到赚钱，很多人认为自己赚不了钱，是因为缺乏赚钱的能力。但事实上，每一个人身上，或多或少，都有赚钱的能力，至少你都会有能够用来赚钱的劳动能力。可是，为什么还是会有那么多人感觉自己赚不到钱？那是因为他们缺乏的其实是赚钱的逻辑，所以他们没有拥抱正确的赚钱观念，没有发现自己赚钱的优势。关键是他们从来没有去探究，钱到底是从哪个环节"长出来"的。

拥有正确的观念，是你利用个人力量赚钱的第一个优势。因为观念决定了认知，认知决定了行动，行动决定了习惯，习惯又决定了结果。正如我常说的，很多人的过程没有错，甚至是每一步都走对了，但是因为他们一开始就错了，所以结果也是不对的。

与其说这一章是教你如何赚钱的，不如说是教你如何正确开始的。如果你能找准你的赚钱优势，并在优势上用力，当别人还在研究"在过程中该怎么胜出"时，你在"开始"就已经赢了。那什么是正确的赚钱观念呢？其实，就是让我们再一次来认识赚钱这件事情。

正确的赚钱观念 1：赚钱并不是不够多

我头一回意识到自己的赚钱观念出现了问题，还是在 2014 年年底。在那之前，我是一个不折不扣的工薪族，虽然在新东方教英语收入比较可观，但赚的也都是血汗钱，讲 1 小时课，时薪大概 200 元。一年累死累活，才得到不足 20 万元的收入。直到 2014 年，我抓住了当时的机遇，开了网课，才真正认识到互联网的力量，也刷新了自己的赚钱观念。

还记得我开第一门英语直播课的时候，由于是初尝试，信心也不是特别足，于是定价为 19 元，讲 1 小时。结果 1 天后，课程就报满了 1000 人。那 1 小时，我的税前收入是 19000 元，是当时时薪的近 100 倍。课程结束后，我看到大家反应不错，强烈要求我开接下来的课。所以我乘胜追击，又直接挂上了 29 元和 39 元的英语直播课，同样都是只讲 1 小时，结果不到两天，两门课程又相继报满了 1000 人。这是我目前生命里最神奇的一周，因为在这短短的一周时间里，我 1 小时能赚到的钱，从 200 元变成了 19000 元，又变成了 29000 元，最后还变成了 39000 元。当时连新东方的领导都看傻了眼，他们认为这样的招生效率不仅神奇，而且疯狂，他们在过去的岁月里，从来没有见过一个老师能这样赚钱，所以那一年，我突然在公司内部变得小有名气。

之所以称之为"神奇"，是因为我在反思时发现，这一周我身上什么变化都没有发生。一直利用讲课能力赚钱的我，讲课没有变得更好，付出的劳动也没有变多，提供的就是讲 1 小时英语课的服务。当然，课程质量还是过硬的。唯一不同的，就是换了个讲课的"场所"。我自己的感觉是，互联网的力量太神奇了。然而，故事还没有结束，2014 年很快过去，我的网络直播课程仍在发展，我不断开课，不断地摸索和总结规律，在过年之前，我决定开一门售价 9.9 元的课，同样还是讲 1 小时。我的预期是，这门课的价格是我头一门课的一半，人数能招到一倍，我就很满意了。结果却出乎意料。由于前面几个月有了学员基础，也通过课程口碑积累了不少新学员，所以这次课程在发布的 6 小时内，就报满了 1 万人。我根本不敢想象，那 1 小时的收入，达到了 9.9 万元。10 万元在当时，相当于很多新东方老师一年的工资了啊！

也是同一年回家过年，在亲友聚会的饭局上，我也终究能"吐气扬眉"一次了。当饭局上七大姑八大姨一如既往地谈论自己孩子的工作和收入时，总爱一次又一次不厌其烦地说着类似的话语："你们看我这个不肖子，在机关工作，每年就那 30 万元的收入，哪够用啊！""你那个算不错了，我们家女儿，非要去什么创业公司做合伙人，结果辛苦得要命，月薪才 5 万元。""我那儿子今天没来，他得替家里收房租，每天收入也就一两千吧。"亲戚们虽然表面上是在抱怨，但实质上是在炫耀，欲盖弥彰地要说明自己的孩子"有出息"。

然而每次到了最后，也都总是不厌其烦地把话锋转向我，因为我是家里面最小的。他们总是关切地问："小帅，人民教师！多么光荣的职业，今年收入怎么样？"要换作平时，我肯定支支吾吾不作声，并起来给大家倒茶，顺便说要向表哥表姐学习。但这次不一样了，我决定逗逗他们，于是我接过话，冷冷地说："最近互联网不是发展得挺猛吗，所以我们这一行都不算年薪和月薪了，当然，也不算日薪。"大姑大姨都很好奇："那算什么呢？时薪吗？"我故作神秘地说："不对，我们算的是'秒薪'。"亲戚们没反应过来，我接着说："就以我刚结束的课程为例吧，按 1 小时课的收入来算，我的秒薪是 30 元左右。"

这时候，我的一位表姐好像突然明白了些什么，一下拿起水壶，给我满上茶，边倒边说："太厉害了，长江后浪推前浪啊，我们得向表弟学习。你快点和姐说说，这钱是怎么赚的？"我心想，别闹了，说了你也不懂啊，于是边喝着茶边回应："嘿！都是运气！我不厉害，只是赶上了好时候。"果然，自己越强大，世界越公平。如果你有时间抱怨世界对自己的不公，还不如用同样的时间来让自己变强大。

话说回来，平常我们爱谈论钱的多少，是因为我们总是以为自己赚钱赚得不够多，但你是否曾有一秒想过：我们不是赚钱不够多，而是不够快！就好像你知道你的一辈子一定能赚到 500 万元，但是，有的人赚到 500 万元，就只需要 1 年，甚至是更短的时间，我也见过有能一天赚到的。就像开网课前，我 1 小时只能赚 200 元，开了网课之后，赚到同样的钱，我只需要不到 7 秒。这样的赚钱效率，是完全不同的，最大的不同是，不管是钱的使用、存放，还是投资，它能"提前"给你更多的可能性。

如果今天可以选择，你是希望用 10 ~ 15 年赚到一辈子够用的钱呢，还是希望用一辈子来赚一辈子刚好够用的钱？我相信，没有人的答案会是后者。因为要是你需要用一辈子时间去赚钱，最后哪怕赚到一个亿，又有什么意义呢？你都没有机会去享用这笔钱了，你也没机会用这笔钱把自己的生活变得更好了。难道你的目标是成为老人院里，或者是医院里那个最富有的人吗？诚然，想是一回事，做是另外一回事，绝大多数人依旧是打算用一辈子来赚钱的。

改变的关键，是把注意力从"赚钱的数目"转移到"赚钱的效率"上，这是赚大钱的第一步。你的思考就应该开始从"怎么赚更多的钱"变为"怎么更有效率地赚钱"。所以，你也能理解了，为什么上班族总是焦虑因为上班只能给你一份稳定的收入，所谓稳定，就是按照某一个特定的周期发钱，比如，一个月一次，或一周一次。频率保持不变，也就是你的钱不会赚得更快，故赚大钱是不能靠上班的。而你再想想，平常你为何会痛苦、会难受，那是因为公司给你发工资是一个月一次，但花钱不是。只要你活着，哪怕是买根葱、坐次地铁，每天都是要花钱的。钱每个月只进来一次，每天却要花出去几次，这样能不痛苦、难受吗？

换句话说，你之所以痛苦，是因为你的"花钱效率"，是远高于你的"赚钱效率"的。所以，要考虑赚钱，就得先考虑如何提高"赚钱效率"。而按照赚钱的效率，赚钱方式可以分为以下四个类型：

1. 用自己的时间赚钱。

2. 用自己的钱赚钱。

3. 用别人的时间赚钱。

4. 用别人的钱赚钱。

这四个类型看下来，你已经意识到了——"用自己的钱赚钱"和"用别人的时间赚钱"，是需要资本的，也就是你需要有前期钱的积累，因为前者就是我们常说的钱生钱，你得有本金；后者就是买别人的时间，让别人替你工作，你也得有本钱。而第四种"用别人的钱赚钱"就更难了，或许你不需要钱的积累，但你得有人脉和信用的积累，这个往往要比钱的积累更难。

如此分析下来，在一开始，我们就还是只有一条路——"用自己的时间赚钱"。所以，我们就得在"用自己的时间赚钱"的语境下，来讨论如何进一步提高自己的赚钱效率了。

正确的赚钱观念 2：提高赚钱的效率

那该如何提高自己赚钱的效率呢？首先我们得分清楚，"提高赚钱的效率"，不等同于"快速赚钱"，也不等同于"赚快钱"，因为后两者通常意味着投机取巧地进行"短线交易"或"一锤子买卖"。提高赚钱的效率，目的是为你自己找到一种模式，能在长时间内，在投入同样多时间的前提下，让收入翻倍。

为了搞清如何提高效率，我们就得先明白：是什么导致了我们没有效率？还是从大家最熟悉的场景开始，你是否想过，为什么平常上班，总是不能够让我们很有效率地赚到钱呢？因为在上班的时候，对个体而言，赚钱的效率是有损耗的。特别是在分工明确的公司或行业里，组织对你个人的所有诉求，就是发挥好某一份能力。是的，在公司，你的确得用上所有的时间来工作，假设你自身拥有 5～10 份能力，却只用了其中的一份来赚钱，这就是一种损耗。如果这一份能力又不是你的优势能力的时候，损耗就更大了！你的价值不仅严重被低估，而且根本没在应有的位置上，发挥出该发挥的价值，从而再用这个最大的价值换回应得的钱。

当你有一定积累之后，我认为最有效率的赚钱形式是：只工作，不上班。我既不喜欢上班这种工作形式，又不喜欢上班的这种表达，因为上班总意味着：压力、焦虑、得不偿失等。上班的好处是，能给你提供一种确定感，能给你一份"稳定的工资"，但如果你面对现实，你会发现，更准确地讲，上班给你提供的，是一份"稳定低的工资"。而不用上班唯一的坏处是，再没有人给你布置任务，再没有人监督你的项目进度，再没有人硬性规定你要做什么不要做什么。看上去这好像要让你经历一些"不确定"，不过这同时也是好处。好处就是：如果你的时间可以由你自主安排，你就可以自己来决定用哪两份或哪三份能力来赚钱，那你的效率就可能是原来的 2 ~ 3 倍，以付出同样多时间来算，你的收入就会变成原来的 2 ~ 3 倍。

如果你暂时无法离开你的工作，就在本职以外，发展一个并行的赚钱渠道，这也会提高效率。赚钱的效率简单来算，就是原来的两倍。但我一般不会把它叫作"副业"，因为有副业，就有对应的主业，言下之意，就是有了"主次之分"，这会让你的大脑认知失调，甚至为了赚钱而赚钱，或为了赚短期的快钱，而牺牲掉长期的信用。你要发展的另外一个赚钱渠道，应该是和你的本职工作旗鼓相当、并驾齐驱的。当然如果你目前还在积累经验的阶段，还在自我探索却没有明确答案的阶段，甚至还在有一定迷茫的阶段，做好手头上的工作是最重要的，这也是让你目前赚钱效率提升的最好方式。原因我在之后会提到。

所以，总结一下，如果你在用自己的时间赚钱，提高赚钱效率的路径有三个：

1）提高你时间的单价：让你的一份时间卖得更贵

① 对上班族而言，这个就是提高时薪，往深一点儿说，就是在自己的工作岗位上多创造成果和价值，本质就是发展自己在本职工作上的不可替代性。你能创造业绩又不可替代，老板想不给你加薪都不行。另外，还要维系好与同事、上级的关系。要加薪，有两条线：业绩是明线，关系是暗线。

② 于非上班族而言，这个就是提高身价，提高你在公众中的认知度，

提高你在行业内的认可度，发展出自己的品牌，用好产品不断提高品牌的口碑，然后提高售价。增强自己的业务能力，争取和最有口碑的平台合作，这会让你的赚钱效率如虎添翼。同时也要尊重行业的发展规律，尊重行业里的前辈，争取获得一些前辈的推荐。你跳的是什么舞重要，有什么样的舞台重要，而跟谁在同一个舞台上、谁说你的舞跳得好，也同样重要。

请记住，你的价值，决定了你的定价。收入，是你的业务能力的最好证明。

2）增加你的时间的卖出次数：让一次时间投入，卖出的次数增多

策略一：生产一个产品，让很多人来买，或让产品可被反复购买。比如，你可以做手工曲奇，卖给 1000 人；你也可以开一门录播的课程，卖给 1 万人；你可以写一本书，卖给 10 万人。

策略二：投入一次时间，生产一个内容，变成多个产品形态，即"一鸡多吃"策略。用英语老师来举例，如你备了一节 20 小时的英语课，可以开线下课招生；同时线上直播，付费收听；课程完成后，剪辑成录制的音频或视频课程，放在平台上售卖；最后再把音视频的文字稿导出，由出版社出版，在全国各地书城上架。顺便再针对书出一本对应的练习册。同一个内容，变成了线下课、线上课、直播课、录播课、一本书、一本练习册。你就想一想，这和备完一门课就只在教室里讲课的英语老师，赚钱效率能一样吗？

策略三：学习一门手艺，被更多人需要。个体户和手艺人，要借助平台的力量，扩大自己的客户群。例如，每个月来我家替我理发的"御用"发型师，在"河狸家"接单接到手软，每个月可以赚 5 万至 6 万元。来我家帮忙打扫卫生的"58 同城"阿姨，每个月有 2 万元的税后收入。我的一位朋友学了一年摄影，一幅作品的版权在"视觉中国"网站售出近万次。

包括我自己在"在行"平台上接单咨询，每周也能收入几千元。

策略四：升级"一鸡多吃"的策略，给你的同一份能力，延展出不同的 2~3 个项目。比如，我有不错的分析问题和解决问题的能力，我可以用这份能力来写书、讲课和做咨询。这里的每一个项目都是用的我的同一个能力，每一个都赚钱，且每一个都比前一个更赚钱。

策略五：复制自己，即策略一 + 策略二 + 策略三 + 策略四。即你有一项能力，能复制成多种产品和多种服务，被平台推广，被很多人需要和购买。

从而你就会发现，之前你赚钱不够快，原来是一份能力没有被完全运用，或是一份时间没有被充分利用的缘故。

3）增加你的被动收入渠道：弯道超车的方法

组合一：本职工作 + 个人商业。你在做本职工作的同时，还有一个能自动运作的商业系统，甚至直白点，有一个收钱的系统，这时候你在同一个时间里赚到的，将是双份或多份的钱。而这整整一章内容，都是教你如何发展自己的个人商业优势，打造出一个能自动变现、一劳永逸的系统。

组合二：本职工作 + 钱生钱。你在做本职工作的时候，同一时间内你之前存下来的钱也在自动帮你赚钱，你通过时间省出钱来，你过去的钱也继续帮你生出新的钱来。这也是同一份时间，赚双份的钱。

组合三：本职工作 + 中间商。你在做本职工作的时候，可以同时用零碎的时间做中介或代理商的生意。比如，你可以把你亲戚的小孩，介绍给一位你的老师朋友做学生，收取一定的介绍费；又比如，你可以推荐一个你认为不错的课程，赚取提成。这个事情只花非常少的时间，甚至不花时间，也可以算作被动收入。

组合四：本职工作 + 闲置共享。在拥有本职工作的同时，如果你有任何闲置的物品、空间，甚至是时间和产能，都可以出售和出租，使其变为钱。例如，你每天要开半小时车上班，这个上班的路也是你的必经之路，但你的车上还有 3 个座位是闲置的，这个时候就可以出租这些闲置的空间，这相当于顺风车生意。又比如，你每天都有晨跑一小时的习惯，那你就可以到跑腿平台接单，看看在同一小区内，有没有人需要帮忙遛狗，你也可以因此而得到费用——反正这段路本来你就是要走的，反正这件事情你本来就是要做的，顺便赚点钱，何乐而不为。不住的房子，就用来出租吧，哪怕你有一台不用的电脑，也能出租给有需要的人。

弯道超车的关键就在于，你有一份工作，是主动投入时间和力量的；而与此同时，你又有一份事业是能够自动运作，不需要你投入时间和力量，或者只需要你投入一点儿时间和力量的。这时候，同一时间内，你赚到的钱就更多了。

上面的分类和可能性，或许会有所重叠，因为是从不同的角度和侧面去看同一件事，重叠的情况难以避免。然而这并不是重点，重点是我希望你能看到这些可能，也开始考虑这些可能。并且你要知道，如果把以上的可能性变成你的思维或习惯，长年累月，这个钱会来得越快，来得越多。

因为只能用时间和能力换钱的你，已经把时间和能力用到了极致。说实在的，在 30 岁前让资产翻倍最快的方法，无非是两个：一是能力的大幅度提升；二是执行力的最大限度发挥。若你做不到，要么是你能力不够，要么就是你有能力但发挥得不够好。

这个社会就是这样的，每个人都在用力，多数人都在努力，但只有少

数人，才会尽全力，所以他们才成为了少数成功的人。

正确的赚钱观念 3：要赚大钱，首先要知道自己值多少钱

我们来做一个思想实验：如果你的生命，就在今天戛然而止，你觉得你的命值多少钱呢？按照人性的角度，生命肯定是无价的。每个人从生下来那天，就是独一无二的，所以每个生命都有自己的价值，无法用统一的标准来衡量。但事实上，由于后天的选择和努力不同，际遇不同，人的价值发挥会有所不同。

你有没有想过，如果从纯功利的角度出发，你生命的价值，或工作的价值其实是可以被计算的？从功利的角度出发，每一个人的时间和劳动力，都是一份资产，这份资产的价值是可以被计算的。当然，我们也要意识到，我们自己的时间和劳动合起来，就是我们身上第一份也是最重要的资产，在企业 HR 的定义里，把它们叫作"人力资源"，作为独立的个体，我把其称为"人力资产"。

我们自己，或者说我们能提供的劳动力，本身就是一项资产，这项资产的价值也是可以被评估的。举几个较为极端的情况作为例子。

例 1：时间资产

一位普通成年人，今天在广州，因遇上交通意外，不幸离世了。

根据《最高人民法院关于审理人身损害赔偿案件适用法律若干问题的解释》第二十九条：死亡赔偿金 = 受诉法院所在地上一年度城镇居民人均可支配收入 ×20。

以 2020 年的广州为例，2019 年广州市居民人均可支配收入为 65052

元①，即死亡赔偿金为 65052 元 ×20=1301040 元，约为 130 万元。这位生命因交通意外戛然而止的成年人，所能得到的赔偿就是按照上面的公式得来的。

启示和思考

如果你对股票比较熟悉，就会觉得刚才算法中 20 这个数字比较有意思了，因为 20 代表了市盈率。也就是说，如果有个人的年收入是 3 万元，那这个人的"市值"就是 3 万元 ×20=60 万元。国家会认为，一个人的市盈率应按照大概 20 倍来算，这个数值还是蛮有指导意义的。所以，如果你想估算自己工作的价值，大概可以用你的年薪，乘以 20。精准的算法，可用过去 3 年平均的年薪，来乘以 20，假设平均年薪是 12 万元，那你这份工作的价值，就约等于 240 万元。

例 2：劳动资产

一位普通成年人，被误判了杀人，坐牢 20 年后被翻案，最后被无罪释放。那他损失的这 20 年，该怎样赔偿呢？

根据《中华人民共和国国家赔偿法》，被误判有期徒刑 20 年，无罪释放，国家赔偿金包括自由赔偿金、精神抚慰金等。自由赔偿金 = 国家上年度职工日平均工资 × 天数。

以 2020 年为例，2019 年全国城镇非私营单位就业人员日平均工资为 346.75 元，自由赔偿金 =346.75 元 / 天 ×365 天 ×20=2531275 元，精神抚慰金 = 自由赔偿金 ×75%，20 年国家赔偿金 =4429731.25 元，约 443 万元。

---

① 其他参考数据：2019 年北京市居民人均可支配收入为 67756 元，上海市为 69442 元，深圳市为 62522 元。

启示和思考

这里的几个数字挺有意思，第一个是日平均工资的数字，约为 350 元，你就能对比一下，看一看自己的劳动能力有没有拖后腿。甚至可以把它设置为你每日赚钱的最低标准，因为如果你赚不到这个钱，就好像被"判刑"了一样。

第二个数字是 75%，为什么精神抚慰金要按自由赔偿金的 75% 来计算？我的猜想是，如果我失去一天的自由，就有两个层面需要被赔偿，第一是我这一天本来通过劳动可能产生的价值，这个就按刚才第一个数字算，这个数字也定义了我"一天自由的价值"；第二是我被关着，精神上受到伤害。那为什么我一天的精神抚慰金，约等于我一天自由价值的 75% 呢？因为睡着的时间占一天的 25%，你睡着的时候，不计算精神损害，只有醒着的时间才算。

所以总赔偿金额，就是自由赔偿金的 1.75 倍，这是第三个数字，这里的一个启示是，如果你一开始从事一份工作，比较轻松，领着不高的工资，很正常。但后来你加薪了，收入变成了原来的 1.75 倍左右，但要承受许多的压力、不开心，甚至委屈，这也很正常，因为这 1.75 倍里面，就包含了你的"精神赔偿金"。简言之，工资高，你就别委屈了，因为赔偿已经算在你的高工资里了。

例 3：信用资产

我在《优势成长》中提到过一个例子，我的好朋友晋杭来问我：如何知道自己至少能赚到多少钱？我通过问答，帮他了解到，他至少可以赚到 1000 万元，因为他发现了在他不打欠条的情况下，有 1000 个人愿意借 1 万元给他；或者有 100 个人愿意借 10 万元给他。

启示和思考

那这 1000 万元对我的朋友晋杭来讲，就是他的"信用资产"，也可以理解为"社交资产"。如果晋杭经营的是人际关系类的生意，或者要发展以人脉为纽带的商业模式，他将会如鱼得水，很快赚到 1000 万元。当然，在这种条件下，他也非常适合开展我之前所讲的"用别人的钱来赚钱"的事业。比如，他替别人来管理财富和金钱，或帮别人去投资。

但是我最新想到了一个问题，我还没来得及问他。我们来进一步分析这个例子，在这 100 人，或 1000 人当中，有没有 1 个人，愿意借给他 1000 万元，还可以不打欠条呢？我相信，是有的。但问题是，由于客观条件的种种限制，有意愿不一定能执行。这个人也许最多一次可以借给我的朋友晋杭 500 万元，或者 200 万元。那么，1000 万元是晋杭信用资产的最大值，而 200 万元是他一次能兑现的最大值。

时间资产、劳动资产、信用资产，加起来，就是你的"人力资产"。但无论是什么资产，我都想告诉你，"你自己"这份资产真的很值钱。具体值多少钱，你可以根据自己的实际情况进行计算。请别小看自己的现在，也别低估自己的未来。还有一个关键的问题：如果你已经知道自己值那么多钱，但目前又没有赚到这个钱，那到底是为什么呢？

正确的赚钱观念 4：遵循简单原则，才能轻松赚钱

我的好朋友健康饮食专家田雪老师，有一次来找我咨询。

她说："我的工作室怎么才能达到年收入 1000 万元？"

我问她："现在的收入是多少呢？"

她说："也就几百万吧！"

我继续问："你觉得问题在哪儿？"

她说："这几年，我想了很多，思考了方方面面，产品改了又改，最后都没有想出个所以然！"

我说："你看，这就是你的问题所在。"

她有点疑惑："什么意思？"

我说："就是你想太多了！"

我继续补充道："一年赚1000万元太简单了，根本不需要动脑。如果你一年赚不到1000万元，很大的原因，就是你动脑了。更准确地说，是你用脑太多了，反而影响了你的执行力。而因为你用脑太多，还可能把产品设计得更复杂，那就又进一步地影响了你的行动力和产品的后续传播。没错，是你亲手，不对，应该是'亲脑'，把情况变得复杂的。"

她说："可是……"

我打断了她："我知道你的'可是'后面，一定有很多充分和合理的理由。因为你想这件事情已经想得足够久了，理由肯定多到从哪个方面去分析，都能自圆其说。但你忘记了'简单原则'，也叫'KISS原则'，KISS代表的是Keep it Simple Stupid，也就是：让一切保持在最最简单的状态。"

我后来跟田雪说，你看你第一代的产品就很好，我自己也很爱用，后面慢慢地就变复杂了，复杂有两个坏处：一是让人难以理解，二是提高了传播的难度。

你知道苹果公司的产品吗？比如，苹果的电脑，你有没有想过，为何它多年不换外观设计，不换操作界面，依然风靡世界呢？现在我们所用的苹果产品的架构，其实20年前就已存在，在瞬息万变的科技圈，没有一个公司敢这么干，为什么只有苹果公司敢？全赖于他们在产品设计上所遵循的"简单哲学"。你看他们的 LOGO，够简单吧？一个白色背景或黑色背景，再加一个咬了一口的苹果。还记得第一台 iPhone，也够简单吧？和当时流行的其他智能手机都不一样，只有一个按键。每一次苹果把现有的产品和设计变得更简单，世界都跟着在改变。

还记得在一次家庭聚会上，我拿出 iPad，坐在旁边 3 岁的外甥女拿过去，5 分钟后就运用自如了；后来被 80 岁的奶奶拿过去，几分钟后，她也会用了。我震惊了，产品本身，果然就是最好的说明书。所以你有没有发现，苹果的产品包装内，是真的没有说明的！苹果电脑也如此，虽然近年在外观上，苹果笔记本电脑有所优化，但总体上还是维持不变，为什么它敢？因为它极简的设计，让你感觉到，一台笔记本电脑，本来就该长成这个样子。苹果公司是做减法的大王，你看近年推出的苹果蓝牙耳机，苹果有没有重新设计一款耳机样式呢？并没有，他们的工程师们觉得原来苹果带线的耳机，就已经够简单了。于是他们决定让它变得更简单——外观保持不变，直接把耳机线给"剪"掉，就变成了你现在看到的名副其实的"无线耳机"。没有多，也没有少，一切都刚刚好。简单，就是极致。

微信的故事，也如出一辙。事实上，微信起步的时候已经输在了起跑线上，当时市场上已经有"米聊""饭否"等社交软件，占领了半壁江山。但半年以后，微信杀出重围，最后独领风骚。直至今日，已经鲜有人知，到底什么是米聊、什么是饭否了。还记得我看过一次微信之父张小龙的访谈，当被问及为什么当年微信能够后发制人时，他大致的表达是——他们的所有时间和精力，都用在如何把微信设计得更简单上了。他们每天都把能砍掉的东西砍掉，最后出来的就是一个极致简单的完成品。如果你稍微加一点儿东西，就复杂了，那就不是微信，也就输给了他们。

我们常说"认真你就输了"，这句话不对。其实是，在错的方向认真，你就输了。**大多数人都善于认真地把事情搞复杂，只有极少数人在把问题变简单。**就像企业家朋友来找我咨询的时候，总会问："帅老师，现在我的企业有点止步不前，我还需要什么，才能进一步推动组织的前进呢？"不可否认，企业家们都有超出常人的学习能力和反省精神，但每到这个时候，我都会问他们："你们其实已经不缺什么了，但你们有没有想过，你们是不是多了点什么呢？也许是多管了些事，也许是多想了事情，又或许是多给了些意见和建议？"或者我会引导他们思考：你有没有想过，你的企业或产品，在哪个地方（部分）是因为不够简单，所以才输给了对手。

每到这个时候，他们都会陷入沉思。他们一直以为自己"缺了"，却从来没有想到，可能是自己"多了"。诚然，在企业高速发展的阶段，要不断做加法，在企业遇上瓶颈的阶段，则需要开始做减法。不同的发展阶段，战略和具体做法都不一样，多数人习惯于采用同一种方法来应对所有的情况。他们忘了，加法做够了以后，接下来，就该做减法了。正如火箭要冲上天空，一开始要火力全开不断加速，而如果它想飞得更高，下一步只是加速就不够了，必须开始减少身上的重量。这些减少的重量来自从火箭身上掉落的部件，就包括了在刚开始帮助点火加速的设备。而此时，火箭将穿越大气层，到达其他航天器无法到达的太空。

所以如果你要开始打造你的产品，发展你的个人商业，想一想，最简单可以从哪里开始？你能提供什么简单的产品或服务？简单，或许只是它充分满足了某个单一的需求。就像大家现在熟知的闪送，就是从我们平常办公需要跑腿这个简单的需求开始的。

因为简单，所以容易被执行；

因为简单，所以容易被理解；

　　因为简单，所以容易被传播；

　　因为简单，所以难以被复制。

　　这就是我所推崇的赚钱的"简单原则"。漫画家蔡志忠先生的一句话我很喜欢，它道出了简单的本质——每块木头都可以成为一尊佛，只要去掉多余的部分。

2. 个人商业价值模型：

普通人如何找到自己工作之外的价值

拥有了对赚钱的正确观念后，开展个人商业的下一步，就是找到自己的商业价值。这个价值可大致分为主观价值和客观价值。主观价值，精准地讲，就是你认为自己有的价值；客观价值，精准地讲，就是别人认为你有的价值。简单地说就是，你的身上拥有哪项可以商业化的价值？你能为用户创造（带来）什么价值呢？

1）快速找到价值："三圈"模型

那么，个人的商业价值该怎么找？一般我们会画三个圈圈。

第一个圈，叫作"**你擅长的**"。你所擅长做的事情，就是我在上一本书中所说的"你的优势"——别人没有，你做起来

又得心应手的事情。

第二个圈，叫作"你热爱的"。 也许你目前还并不是特别擅长，但是你很热衷于这个事情，很喜欢做这件事，在事情进行的过程中，你也会感到开心和兴奋。

第三个圈，叫作"用户需求"。 用户需求是客观价值，也是商业能成立的前提条件。简单来说，你能找到你热爱的，也能找到你擅长的，但如果没有人需要这个东西，它也无法产生价值，既而带来购买，成为商业。

也许三圈模式在一些书上和课程上，你都见到过，但大家对它的阐释也只是流于表面，便导致了他们在实际上无法被操作和使用。所以，为了让你对三圈模型有一个更全面、更深入的理解，我想先请你思考一个问题：需求、热爱和擅长的重要性排列是怎么样的呢？也就是说，谁相对更重要，谁相对没那么重要？或者说，需求、热爱和擅长，谁应该享有更高的优先级呢？

其实，提出这个"三圈"模型，我是想告诉你：**需求是基础，热爱是保障，擅长是财富。** 只知道这几个圈是没用的，往几个圈里面填东西也是不够的，如果你能有对以上这句话的认知，你的个人商业，才刚刚入门。而它们的优先级排列是：从一项生意是否能成立的角度讲，越往前越重要；从这项生意是否值得长期做下去的角度讲，越往后越重要。

详细地解释一下"需求是基础"，就是说，如果你有一个项目，考虑商业上的变现，永远得先考虑有什么人、有多少人，他们会以何种程度（频率）需要这个东西。因为你提供的东西再好，别人不需要，也没有任何价值。需求是个大前提，有最高的重要性。

"热爱是保障"是什么意思？热爱的事，确实能帮你赚一点小钱，而它最大的好处是：由于热爱，这个事情你能很容易坚持下来。因为你热爱，你不需要任何动力，不用出于任何理由，也不用给自己借口，甚至都不用给自己定目标，就可以一直做下去。你有没有发现，其实热爱也是一项重要的优势？所以热爱是一直做下去的保障。这会让你的商业变成一个长线的、收益不错的小生意。

最后，"擅长是财富"又是什么意思呢？就是总有那么一些事情，你能做到最好，但别人是怎么也做不好的。或者，他们就算再努力，也不像你轻轻松松就能做好。这是你身上独一无二的"超能力"。如果把这项擅长的能力，放在金钱的维度去理解，就是：这是你身上最能赚钱的能力，你也是那个拥有这项能力的人当中最赚钱的一位。所以，如果你要用能力换钱，你擅长的，就决定了你能赚到的钱的绝对值（最大值）。凭借你擅长的，你才可能赚到大钱。反过来，如果你赚到了这个行业里面大部分的钱，你也一定发挥了你的长处。

之前有人问我说，老师，我有办法一直赚大钱吗？听完我上面的分析，我相信你已经有答案了，其实很简单：你只要先找到"需求"这个基础，然后找到热爱的和擅长的，并找到它们的交集，就相当于可以一直赚大钱了。简言之，"需求"保证了这个生意有的做，"热爱"保证生意能做长，而"擅长"保证了生意能做大。把三个圈的交集找到，就是你最终的商业价值。

2）快速开始：从"三圈"到"两圈"

但别高兴得太早，根据多年的辅导和咨询的经验，我想告诉你，实际上，一开始就找到三个圈和三个圈的交集，其实是很难的。我曾经写过：人类最擅长的事情有两件，一是从不开始，二是半途而废。为了能让大家真正开始，我不建议你一开始就向最高难度进发，因为这只会导致畏难，从而在一开始就放弃。

好的开始是成功的一半，那如何可以更好地开始呢？我的主张一直是，永远去思考：从哪里开始最舒服？或者，从哪个地方能让我马上开始？从最舒服的一小步开始，就是更好地开始。所以，在初始阶段，我们觉得找三圈的交集很难，就可以从找两圈的交集开始。（如图）

也就是找"你擅长的"和"用户需求"的交集，或者"你热爱的"和"用户需求"的交集。但需要知道，三圈变两圈，并不是退而求其次，这里没有所谓的好坏之分，所以也不会有所谓的"次"。这反而比较像把大目标分解成小目标，然后各个击破，直到实现所有目标的过程。请记住，高手都善于主动降低难度帮自己开始，而"低手"呢？他们都会直接放弃。可能有人会说，老师，那如果我从一圈开始不是更简单吗？确实如此，但是你还记得我前面说过的吗？生意能成立，必须有一个圈做保证，那就是用户需求。用户需求的圈，是一切的基础，也是一切商业的起点。

用户需求是一个必要的存在，如果用户的需求你不能提供，或者难以满足，你的商业项目依然是无法开始的。所以，我们的开始一定是至少两个圈。说白了，就是你的两种主观价值（擅长的、热爱的），都必须分别与客观价值（用户需求）进行匹配。

根据经验，一般来讲，找擅长的比找热爱的更容易。所以更多人能找到的那个交集，就是"你擅长的"和"用户需求"两个圈的交集。这个时候也可以开始了。因为一开始，我们可以允许自己不那么喜欢、不那么热爱正在做的那件事情，只要它能通过提供价值来换得收入就好。而且，开始了，就比不开始要强。万一到了后来，你对自己慢慢有了新了解、新发现，再重新找到一个三圈的交集，那时候要换一个项目，也是可以的。原来找到的交集也不算白费力气——一是你已经赚到了一些钱；二是原来的交集可以作为你的保底选项，万一新项目出现了什么问题，你至少也可以回到刚开始的交集。

如果你一开始就找到了"你热爱的"和"用户需求"的交集呢？恭喜你，你可能找到了毕生都能为之奋斗的事业。这个时候你可以有两个策略：策略一，再给你现在找到的交集加一个圈——"你擅长的"，把你现在就已经很擅长的事也考虑进来，看看能形成什么新交集；策略二，你也可以把你热爱的，培养成特长，再把这个特长，培养成专业，之后再用这个专业来赚钱。这个策略实施的前提，就是我们前几章所讲的，你要有意识、有目的地存下钱，为培养"你热爱的"设立项目、留出经费，当然，也得留出足够的时间，以便熟能生巧。

有什么想法，配上适度的方法，就赶紧开始吧。空有好想法，事实并不会有什么改变，没有实现的，一个都不算。记住，只要开始了，就比不开始要强。万事开头难，所以一开始的时候，"有项目"比"好项目"更重要，"敢不敢做"比"做得好不好"，对后来的影响更大。

3）快速输出："两圈"模型的优化

有人可能会说，老师虽然你上面说了那么多，也说得那么好，但是我还是无法找到我擅长的和热爱的，怎么办呢？我决定给你提供一个最简单、最优化的模型。这个模型，来自对两圈模型的思考，也顺便道出了这项生意的本质。

如果三圈和两圈的模型，是帮你思考和找到商业价值的。那对两圈模型的优化，就是帮你输出价值。毕竟，找到价值这件事情，也是你自

己找到，要是你从来不输出，你的用户根本无法发现你的价值，更无法认同你的价值，就无法因为认同你的价值而产生购买了。所以，你应该明白，**商业价值这件事情的本质，不仅在于价值，还在于输出。**

第一个圈：你每天都会做的事情。不管什么事，你每天都会做，不是没有原因的，而最大的原因很可能是，这件事你擅长，能轻而易举地完成；这件事你热爱，能够带给你愉悦的心情。无论如何，你每天都会去做的事情，能给你积极正向的反馈，所以你才能够日复一日地把这件事坚持下来，使之成为你的生活，成为你的生命。

没错，这个圈就相当于前面说的"你擅长的"或"你热爱的"，如果前面没找到，我们就在这每天的生活里去探寻。

第二个圈：每天都有人问你的事情。我们不会无缘无故地去问一个陌生人问题，更不会问陌生人自己认为很重要的问题，想想你自己遇到问题的时候，会去问谁，这个答案就一目了然了。所以如果今天有人来问你问题，至少代表了两件事：一是他信任你；二是他肯定你在该领域里的价值。哪怕你觉得自己并非那么专业，但出于前面两个原因，这个人就是会问你。

对常常抱怨自己没有赚钱机会的人来讲，可以这么思考：放眼历史，但凡生命周期长的公司，一定是帮忙解决了某类人的某种问题；但凡是业绩超凡、成为世界标杆的公司，如世界五百强的前 20 名，一定是在足够大的范围内，为足够多的人，提供了一个完善的解决方案。例如微软，让每个人的桌上有了一台电脑。又如腾讯，让每个人的电脑里有了 QQ。无论是微软还是腾讯，无论是麦当劳还是肯德基，无论是 ZARA 还是优衣库，无论是立顿还是日清，这些世界上知名的公司，每天都在做 6 个字：提供解决方案。

同理，你的价值，在很大程度上，不由你做了什么而决定，光努力是没用的。你的价值，由你"解决了什么问题"和你"为多少人解决了问题"决定。**所以，别人的问题，就是你的商机。提供答案，就是你的生意。**这样想很有道理对不对？肯定是对的。但是你有没有想过，其实在实际生活中，绝大多数人都缺乏"提出好问题"的能力，要求可能都不用那么高，他们甚至难以提出"清晰的问题"。而我们也不得不承认，需要求助于你的人，更是如此。

他们通常未必是能力不足才导致无法解决问题，很可能是他们根本不知道自己的问题是什么、症结在哪里，这才是真正的问题。即他们总是搞错"重点"和"解决错了问题"。所以，理论归理论，从操作层面讲，我们是难以光从"别人的问题"，就找到"自己的商机"的。

怎么办呢？别着急，也别害怕。常人虽然不善于提问，更不善于解决问题，但他们善于"抱怨"啊！所以，听听他们有什么样的"抱怨"，有什么样的"指责"，听听他们在"倾诉"什么，甚至是"鄙视"什么。因为，每一次"倾诉"、每一个"抱怨"、每一次"指责"、每一次"鄙视"的背后，都至少会有一个"需求"。而每一个"需求"的背后，都有一个"弱点"，每一个"弱点"背后，都隐藏着巨大的商机。

帮助别人修正或消除"弱点"，解决"问题"，就是 21 世纪最大的商机。所以如果再有人跟你抱怨的时候，你别逃跑，也别觉得厌烦，更别反过来抱怨：为什么总跟我抱怨？你应该做的，只有一件事：静静地听着他们到底在说什么。弱者的思想，总是处于"受害者模式"，有人向他们抱怨，他们会抵触，会落荒而逃，因为潜意识里，弱者们会觉得"在对方的心里，我就只是个情绪垃圾桶"。而富人的思维，总是保持积极和进取，他们是"致用"的思维，他们会想：这对我来说，可能是个机会，我该如何利用？

但想明白这"两个圈"和"抱怨"的逻辑，就一定能赚到钱了吗？未必！可能你已经很有工作经验，或者已经学过很多课程，又或者掌握了很多能力，但你很纳闷，为什么我还是没有赚到钱？原因很简单，虽然你已经拥有内在价值了，在你的努力下，内在价值也在不断提升，但是，你还差最后一步，就是把内在价值外化。而做好最后的一件事情，会让你的知识变得更加有价值，这是外在价值，也是社会价值。为什么输出会改变你的价值？

例如，你喜欢睡觉，你可能会成为一名懒虫；如果你为了让自己睡一个好觉，从而去学习一些睡眠的相关知识，你可能会成为一名高效的睡眠者；但如果你喜欢睡觉、拥有正确的睡眠知识，还能把你的知识总结成经验，告诉有需要的人，你就很可能成为一名睡眠专家。我有一个学员根据我的建议在平台上分享他的睡眠经验，还推荐他觉得好的床上用品，现在成了坐拥 20 万粉丝的睡眠达人。最近，世界最知名的床垫品牌，还以天价邀请他成为床垫的试睡员。

我曾向一位教育界的老前辈请教，我问他到底什么是有价值的知识，什么又是没价值的知识，它们的区别是什么。前辈说的一句话让我震撼至今，他说只有一个标准：有价值的知识能把人连接起来，而没价值的知识会把人孤立起来。我想这就是输出的价值。正如我通过口头上的输出成为新东方的老师，有了百万的学员，通过笔头上的输出成为一名作家，有了几十万的读者，你也可以通过输出成为全新版本的自己。

如果你喜欢旅行，你会成为游客，但如果你能写游记、分享攻略，拍出好看的照片和小视频，你可能成为旅行达人和旅行体验师，因为这个世界上也有很多人想去旅行，他们不知道要去哪里，知道去哪里的人，又不知道怎么做攻略。**输出，是把你的价值放大的唯一途径，因为只有通过输出你知道的东西，你擅长的、你热爱的，也就是你的价值，才会被大众知道，才会被跟你有同样目标的人认同。所以请永远记住，输出力就是影响力。**

我想起了我的学员小吴，她是一位大学生，原来的她是个胖姑娘，两年前她被男朋友狠心抛弃后，决定改变自己，她选择的方式是健身。两年一共700多天的时间，她不仅每天坚持做有氧运动和力量训练，运动结束后她还坚持在朋友圈打卡，或是发一张大汗淋漓的照片，或是猜一猜今天体重秤上的读数。两年后她毕业了，当年的胖姑娘没了踪影，她骄傲地晒出了她的马甲线。上个月我注意到了她的最新动态，毕业之后她没有进入任何公司，而是成了一名饮食和运动策划师，她每天会给不同的人定制个性化运动和饮食方案。每天找她咨询的客户络绎不绝，她快应付不过来了，就只好把1小时的咨询费提高到2000元人民币。

你有没有发现，提升自身的价值，最快的办法就是给他人带来价值。所以当你拥有了某种知识或掌握某项技能以后，记得常常问自己：我的知识可以给别人带来什么价值，我的能力可以给别人带来什么帮助。我的另外一位学员子木是一位妈妈，孩子出生后她发现自己有点迷失自我，决定从阅读中找回自己的力量，在读了几十本书后，有一天她突然有了灵感，觉得可以把她读过的书中那些美好的、充满能量的句子，描述分享出来，让像她当初一样迷茫的妈妈们，从这些分享当中找到方向。她办起了自己的读书会，每月带领着一群爱学习、爱成长的妈妈前进，如今她的读书会已经开了十几期，妈妈学员遍布全国。

上面提到的这些例子，里面的主人公都在我们的身边，而无论是睡觉、旅行、读书还是健身，都是我们触手可及，甚至每天都在做的事情。但为什么被看到的是他们，而不是我们？关键是怎么让"他们"，变成"我们"。也许方法比想象中的简单——找到你已经学会的知识，找到你每天本来就要做的事，再加上一个输出的方式，你的故事也会因此而改写。

所以别再说你赚不了钱，是因为你学得不够多、能力不够大，或是没有机会，这都不是原因。原因明明就是你输出得不够多，或者就是太懒了，哪怕是一点点你都没有输出过。

请永远记住，你有多大的输出力，就有多大的影响力，你有多大的影响力，就会有多大的价值。所以无论今天通过这本书，你学到了什么，无论你以哪种方式来输出，别偷懒了，赶紧开始吧！

你可以写一篇文章，也可以画一张思维导图，哪怕只是发一个朋友圈、发一条微博，总结一下今天自己的收获也是很好的开始，或者你也可以在和朋友家人聊天的时候，把你新学到的东西、最新的感悟分享给他们。当然了，如果你觉得无人可说，也可以来跟帅老师说，把你的收获发到我的公众号，我都会看到。

我希望你从今天开始就能慢慢养成输出的习惯，找到一个最合适的方式和渠道，真正开始发挥自己的价值，发挥知识的力量。**比起做赚钱的事，更重要的是做值钱的事。比起做值钱的事，更重要的是让自己更有价值。**

3. 做生意的逻辑：

站在巨人肩上，快速判定好生意

在你的生活中，或多或少会遇到一些生意人，当你和他们接触的时候，你发现他们的思维，好像和别人的有那么一点儿不一样。如果你想真正理解商业，就必须先拥有生意人的思维。生意人的思维是怎么样的呢？它的最大特点是：懂得借力。并且这种借力，通常都是站在巨人的肩上。

生意人善于借用前人的思想和框架作为他们的判断标准和依据。我也常说：无论做什么事，请用哲学级的思维，找到原理级的方法，配上像素级的投入，做出现象级的结果。哲学级的思维，都藏在经典中。所以，我们读经典就可以了，中外经典都要饱读，雨露均沾。比如，《有限与无限的游戏》《罗斯柴尔德家族》《摩根财团》《曾国藩传》《菜根谭》《鬼谷子》《金刚经》等。在我看来，经典不是一般的读物，所以我们读经典的态度也需要有所调整，从"阅读"调到"研读"，从"随手翻阅"调到"逐字品味"。这是养成商业思维的第一个途径。

与之类似，要多跟企业家和CEO交谈，询问他们的决策逻辑。由于工作关系，我自己有大量这样的机会。但一般而言，对普通人来讲，这样的机会并不多，你也可以看一些公开在视频网站上的名人演讲和访谈，明白他们的主张，以及背后的思维。而我个人最重要的经验是，看企业家和CEO的演讲、访谈不能光是听、看，听完、看完，还要主动搜索，找出那段时间与之相关的报道、商业评论和财经分析等，以衡量他们表述内容的真实度，至少你要有鉴别能力——他们说的什么，是现在已经发生了的？什么是现在还没有发生的，是对未来的展望？这是养成商业思维的第二个途径。

那原理级的方法呢？其实就是刚才我们所说的，基于思维框架和模型产生的操作方法，而不仅仅是一些流于表面的技巧和技术。比如，你有没有办法，用原理级的方法，来思考和判断一个生意是好生意，还是坏生意？其实啊，这世界上只有4种生意，我们来看看就知道了（见图）。

这里的横轴，代表的是商品价格；纵轴，代表的是购买频次。那么，这个世界上的生意，就被横轴和纵轴分为了4种。从第一象限到第四象限，分别是：高价高频、低价高频、低价低频、高价低频。该怎么去思考呢？其实很简单，我们逐一来进行分析。

第一象限，高价高频。这门生意，商品单价高，顾客购买也频繁。如果你今天能找到一个高价高频的生意，恭喜你，你真的赚大发了。这种生意类型非常稀有，可以说是可遇不可求。

第二象限，低价高频。单价低，购买频次高的，通常就是我们的日用品，也叫作快消品。比如，你家里面的纸巾、肥皂、酱油、饮料、桶装水等生活用品，都属于这个象限的类型。还有圆珠笔、透明胶、便条贴等办公用品也在此分类中。

第三象限，低价低频。 如果是这种生意，基本中途都会倒闭。因为价格低，购买频次又低，也就是说东西没什么价值，买的人也少，根本赚不了钱，最后可能回本都有问题，再维持下去就会亏本。所以，能看出来，第三象限的生意就不是好生意，甚至它根本不能称之为生意。以后你拿着这个坐标去分析的时候，发现项目落在了这个象限，就得敬而远之了。

第四象限，高价低频。 高价低频的生意，通常就是我们说的大件物品的购买，或大宗消费。这些商品价格都非常高，至少是日常用品的百倍以上。比如，汽车，可能 5～10 年才买一次。又比如，房子，可能一辈子才买一次。

经过这样的分析后，你能得出什么结论呢？我有 13 个认知和结论分享给你：

1）高价还是低价，是个相对的概念。因为收入水平不同，人对价格的感知也有所不同。一般可以认为，商品价格如果超过你月收入的三分之一，就可以定义为"高价"。比如，你月薪 3000 元，一瓶 1000 元的香水就是高价。如果你月薪 2 万元，一台 7000 元的手机才是高价。而一般而言，商品价格在月收入的百分之一左右，就是"低价"，购买这些商品的时候你会毫无顾忌，因为你会感觉到：以自己赚到的来说，完全买得起。

2）通常项目落在第一象限可遇不可求，落在第三象限要敬而远之。所以世界上就只有两种好生意，要不就是"低价高频"，要不就是"高价低频"。

3）如果你要思考自己将要成立的项目是否是好生意，就把它放到第二象限和第四象限去思考，看看是否能满足其中一个的条件。

4）商业收入 = 商品单价 × 购买频次。作为商家或创始人，想要赚到更多钱（即提高商品的净利润），在成本已经设法降到最低的情况下，方向就只有两个：提高交易的价格，或提高交易的频率。

5）根据我做商业咨询的经验，一般提高单品的售价或购买频率都十分艰难。所以一般来讲，我会建议企业以推出产品组合（产品矩阵）的手段来提高交易价格，有多个商品、多个价格可供选择，虽然单品价格没变，但顾客可能一次买多件，就相当于提高了单次交易的价格。而提高交易的频率的手段，更简单一点儿，就是扩大销售的范围。苹果电脑原来卖给美国人，现在卖给全世界，每天购买的人数（频次）就会增加；麦当劳的第一家店开在小镇的公路旁，主要卖给小镇的居民和过客，现在开满全世界，哪怕单价没有太大幅度的提升，但由于规模的改变，购买频次也产生了爆炸式的飞跃。请记住，规模就是频次，影响力就是购买力。

6）根据上面的分析，你会发现，一个相对高价的产品，如果能不断扩大规模，事实上，它的生意模式就已经在向第一象限靠近了！所以，高频高价的生意也不是完全只能守株待兔、可遇不可求的，它也可以被创造。

7）所有伟大的公司、规模空前的生意，无论低价、高价，都是以"高频"来做保证的。所有商业的运作，都会在"提高频次"上做最大的努力。就连房地产，你想想，开发商能盖30层的时候，绝对不会只盖20层。因为多了10层楼，就相当于多了几十甚至上百次的交易。

8）一般段位的商人，为了提高频次，可能会降低产品价格。但高段位的商人，从不降价，他们会怎么做呢？根据第5点的分析思考，其实方法很简单：多推出一条低价的产品线，以满足购买力不足的人群的需求。

比如，苹果手机，每年出新款，且价格也在逐年上升，但当他们的规模增长出现瓶颈的时候，他们做了什么决策呢？他们决定，让本来买不起iPhone的人，也能在自己的能力范围内，买到简易版的iPhone，让他们也成为苹果的用户。于是就有了现在你所见到的iPhone SE系列，也许它的设计不是当下最流行的，配置也不是最猛的，但功能上该有的都有，还胜在比其他款的iPhone便宜。这条低价的产品线，又让苹果手机的购买频次翻了一番。

9）如果你要变有钱，想赚大钱，未必一定要创立一个生意，也可以是参与到这个生意的某个环节中。比如，可口可乐的流线型玻璃瓶，虽然每个只收1美分的专利费，但可口可乐全球日销一亿瓶，每天的收入就是天文数字。又比如，星巴克的咖啡领（Coffee Collar），就是那个为防咖啡杯烫手，额外套在杯外的纸皮圈。据说当时咖啡领的设计者也只收1美分的专利费，但星巴克每生产一个咖啡领，就要给他专利费，这个小创意就让他一辈子衣食无忧。这两个人没有创立可口可乐和星巴克的品牌，也没有发明可乐或咖啡，他们只是参与到了这个伟大的商业过程中来。当然了，他们能参与进去，是因为他们是行业顶级的设计师。这个世界从来不缺赚钱的机会，缺的是能把握机会的人。正如你未必能创立某个卖包的奢侈品牌，但是你若能成为维修名包的顶尖师傅，一年也能赚小几百万。如果你想参与到伟大的事业中，你得至少在一个领域或一项能力上，是极为出众的。因为这就是商业世界，只有最好的，才能与最好的匹配。

10）如果今天你要开启你自己的生意，你就可以在第二或第四象限里，选择你要开始的方向了。你到底要做低价高频的生意，还是要做高价低频的生意？一般而言，肯定是低价高频的比较好开始，因为你在开始时通常没有什么影响力，而且目前也没有做出过什么成绩，所以没有多少人信任你，又或者说，没有多少人愿意为你还没显露的价值付费，所以"低价"就不失为降低他人对你的认知成本的手段，是一个比较不错的开始。而接下来，你就考虑怎么增加购买频次好了。不要刚开始就好高骛远，不切实际地想赚100万，事实上，你能设计一个价值100元的商品，每个月卖给100人，每月的收入就能增加1万元。你完全可以拥有一门属于自己的"低价高频"的小生意。

11）当你的生意的购买频次上升时，你的影响力也会提高。你的影响力提高以后，又会进一步提高购买频次。作为一个"个体户"，一位个人商业的始创人，你一个人的力量是有限的，这代表着你一个人能服务的人数是有极限的。这个时候，你就有机会开辟第四象限的生意了。你可以发布你的高价产品，服务有进一步需求的消费者。而这些高价产品也可以成为你的筛选手段，减轻你作为个体户来服务一群人的负担。总体而言，影响力不足的时候，你缺人；影响力提升以后，你缺时间，你的时间就更值钱了。而影响力和购买频次稳步上升的关键在于：提供满足用户需求的产品和服务，并让他们感到物超所值。

12）问一个问题，假设有一天你真的非常出名了，非常忙，时间上也服务不了那么多人，该不该只留下第四象限（高价）的项目，而直接放弃第二象限（低价）的项目呢？答案是：当然不放弃。原因很简单，虽然现在已经有很多人认识你了，但不认识你的那部分人也依然很多，且比认识你的那部分人还要多得多，对吧？假设你的个人商业是从零开始的，就算现在国内有20万人认识你，也依然有十几亿人不认识你，哪怕他们不都是你的精准客户，但潜在的上升空间还是很大。所以，你应该懂了，对个人商业而言，第二象限的生意，是为不认识你的人而设的；而第四象限的生意，是为已经认识并认同你的人而设的。

13）以上都是基于商业部分的认知，但如果我们从一个理财者（存钱）

的角度来看，花我们钱最多的，一定是第二象限和第四象限的商品。所以，利用这个判断好生意的模型，我也顺带帮你复习和更透彻地理解前面两章的内容：如果想省钱，无非就是降低第二象限商品的购买频次，因为该象限产品是低价的，已经不能省多少钱了，所以尽量少买几次，就能省下钱；还有就是，降低第四象限商品的购买价格，高价产品的价格通常会由多个环节组成，看看哪个环节能省钱。这就是我们前面所讲的重要观念，"存小钱，省大钱"。

这就是养成商业思维的第三种方法，也是最重要的方法。**有了正确的框架，就会有正确的商业思维**。利用这个框架和思维，至少可以保证一件事情，就是在开始做这个事的时候，大方向是正确的。你知道了，你的小生意，可以从第二象限开始，慢慢发展到第四象限，然后尽力向第一象限靠拢，记住，千万别碰第三象限。

很多人无法成事，不是因为不够努力，而是在一开始，方向就是错的。保证了大方向正确，基本面的正确，事情的结果，也就八九不离十了。

4. 商业漏斗的优势：

3 个工具，轻松建立你的产品和内容

　　如果你已经了解了自身的价值，也初步掌握了商业思维，为了开展你的项目，下一步就是要开始设计你的商业漏斗，找到自己的商业模式，明确自己的定位，最后再给自己的产品定价。**个人商业的漏斗优势，我把其分为三大板块，分别是：商业模式、客群定位和定价漏斗。**我也为这三大板块分别设计了对应的图表工具，以求读者能够一学就会，一会就能用。

　　这一节和这本书的其他章节的最大区别，是你不仅要去读，还要去思考；你不仅要思考，还要动手去写、去画，直到得出一个属于你自己的、初步的商业蓝图。跟着我来做，你会对你的个人商业越来越清晰。我们开始吧！

1）商业模式：我最应该卖什么

　　如果你想拥有一门属于自己的生意，首先你得有一套可行的商业模式。

世界上最简单的商业模式是，你手上有一个商品，可以被出售。也许你也知道了，可以出售的商品，要么是产品，要么是服务。确实没错，但这样的

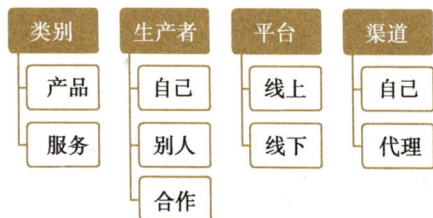

类别	生产者	平台	渠道
产品	自己	线上	自己
服务	别人	线下	代理
	合作		

认知还远不够，关于个人的商业模式，你还必须清楚你所有的选项，你得知道一共有多少种可能性。

按照商业模式的"类别、生产者、平台、渠道"这四大属性，我发明了如图所示的"商业模式蓝图"。

棕色的格子是表头，白色的格子是选项卡，经过简单的数学运算，排列组合一下，把白色的选项卡不重复地组合起来，一共有24种可能。这意味着，在最极致的状态下，你能开发出最多24种商品，或拥有24种不一样的商业模式。这就代表了，除了你的本职工作，你会多出24份收入，或24个收入渠道。但是，这并不代表能够一蹴而就，我自己也是花了将近5年，才把这24种收入渠道构建齐全的。还是之前所说的，开始比完整更重要，你应当从最容易开始的模式着手。

所以，这个图的使用方法是：一列接一列，从左往右看，从上到下进行筛选。也就是说，在每一列中，挑选出自己最容易做到，或最容易开始的一项。当然，在开始阶段，你未必要在每一列当中都找到现在就可以开始的选项，你只需要看到自己起码有一个可能性就好。

比如，我们从最左边开始，先按类别来讲，我们今天要卖一个东西，只能有两类，产品和服务。所以，你首先要搞清楚，你的商业，是产品，还是服务，挑一个你最容易开始的来执行。有人曾经问过："老师，我想做一个读书会，但它是产品，还是服务？"答案其实很简单：都可以，它可以是产品，也可以是服务，关键要看你设计和执行上的偏重。如果

你侧重内容的打磨和你的讲述，你就把它设计成不同的课，这就是产品。如果它就是一个组织形式，你开一个群，每天带领、监督大家，一起读书 10 页，读书后打卡，偶尔又在群里组织大家交流，时不时你会在群里回答群成员一些类似选书这样的问题，这就是服务。

顺带一提，**好产品的标准是——物超所值；好服务的标准是——无微不至。**任何产品或服务的改良方向，就是它们的标准。不断提高产品的质量和价值，让产品更超值；不断提高服务的素养和同理心，工作做得再细点。最后，超值的产品会自动传播；贴心的服务会带来转介绍。当然，无论你现在挑的是什么，一般的规律是，当你把生意做大后，你都有机会设计出一个产品加服务的生意。也就是说，当你把原来的选项发挥到一定程度时，你就得考虑，如果本来你是卖产品的，就想一想能不能配上一个服务一起卖。如果本来你是卖服务的，就想一想能不能配上一个产品一起卖。无论是产品加服务，还是服务加产品，你都会因此而增加一个收入渠道。

然后，我们看第二列，生产者。你的产品或服务（我们统称为商品），是由谁来创造或提供的？这时候，生产者可能有三种，分别是：自己、别人、合作。有时候我们会自己生产商品自己卖，但如果我们没有条件生产商品呢？就不能做生意，不能做买卖了吗？未必！我们也可以卖别人生产的商品。或者，还有第三种情况，当优势互补的时候，我们还可以一起合作来进行商品的生产。就像之前有个学生找到我说，老师，这个时代，人人都在卖课，但我觉得要自己设计一门课，讲好一门课，并进行售卖，真的太难了！我就跟她说，为什么你要自己设计自己讲课呢？这可能不是你擅长的。她皱起了眉头，那还能怎么办呢？我继续说，你可以卖我的课啊！

我做个人商业咨询的时候，很多同学都跟我说，老师我今天没有东西可以卖！其实这个世界最不缺的，就是可以卖的东西。因为这个世界根本不缺生产者，缺的是好销售。很多同学之所以说"今天我没有东西可以卖"，意思其实是"他自己不能生产这个东西"，但这完全不代表没有东西可以卖，你自己不生产，你可以卖别人的！这就是大多数人个人商业夭折的位置，说白了就是思路没有打开，自我设限了。他们已经有了增加额外收入的想法和冲动，但他们觉得自己生产商品太难，于是都没到半途就废了。听我一句劝，先别急着放弃，不是还有两个可能性吗？先想一想，有没有别人生产，或合作生产的产品或服务，你也是可以售卖的呢？

就举个卖产品的例子，我可以卖自己的产品，也可以卖别人的产品、卖合作的产品。假设帅老师今天卖自己讲的课，也卖一个别的老师讲的课，再卖一本和出版社合作的书，这就是 3 个收入渠道。如果我把这个模式复制到卖服务上面。也就是：卖自己的咨询，也卖另外一个伙伴的咨询，再和一些平台合作卖咨询服务。此时，收入的渠道就由 3 个变成了 6 个，翻倍了。渠道翻倍了，一般来说，收入就不止翻一倍了。因为这 6 个渠道不是完全独立、毫无关系的，它们彼此牵连，就决定了在赚钱这件事情上，6 个渠道叠加起来，会产生复合效应（Compound Effect）。

接下来，看第三列，平台。这个比较简单，就是选择你的生意是在线上进行，还是在线下实现。为了降低成本和风险，一开始我建议大家都从线上入手。至少，可以用线上的方式，来测试自己想法的可行性，把想法优化改进后，再进军线下。无论你刚才选定了什么商业模式，任何一种商业类别，都会有实施的场所。比如，我是个讲课的人，我可以开线上课，也可以开线下课。写完了作品，我可以发售实体书，也可以发售电子书。做商业咨询，我可以打电话或视频咨询，也可以一对一地咨询。原来有线上业务的，现在新增一个线下的业务，就又多一个收入渠道了。

所以刚才的 6 个渠道再次翻倍，变成了 12 个渠道。

至于是选择线上还是线下，需要用几个"得看"来判断：得看市场的需求，也得看你擅长什么，更得看你自己商业发展的总步调。有时候，还得看是否有不可抗因素，如遇天灾人祸，很多线下的活动或商业模式，就反而得转型到线上。

我们来看最后一列，关键中的关键，叫作渠道。"渠道"这列，刚好跟"生产者"这列是互相呼应的。一项商品，无论是产品还是服务，得有人生产，也得有人销售。所谓的渠道，就是当你有一项商品的时候，由谁来售卖。在个人商业的起步阶段，一般是自己卖，到了快速发展阶段，开始会有人帮你卖，他们就是你的代理商或合伙人，还有一部分是纯粹觉得你东西好，帮你宣传，带来了购买，这个叫口碑传播。

如果你没有经过前文这个图的梳理，你的思维和能赚到的钱都是受限的。为什么呢？因为你总是想着自己生产，自己卖。但一个人的力量真的是很有限的，结果就是你自己生产不出来，也卖不出去。所以你对个人商业就很绝望，其实并非如此，你还能让认同你的人来帮你卖。在售卖渠道上，要做的事情，一言以蔽之，就是：团结能团结的一切力量。你有一项商品，你自己在卖，你的代理也在卖，刚才的 12 种渠道再次翻倍，变成了 24 种渠道。

我至今还记得自己给自己找到的个人商业模式。我以前在新东方教授英语课，有一份可观的收入，这是我的本行，我是新东方提供给学员课程这个产品的一个部分。但后来我发现，除了上课，我还有大量的空闲时间，哪怕我自己报了进修班，平常大量阅读，时间依然很多，所以那时起，我就开始发展自己的个人商业，因为竞业条例，我不能在外面也上课，所以我不能卖产品了，只能卖服务。当时我卖的服务是 200 元 / 小时的咨询，服务的内容是：1 年的英语学习规划。半年以后，咨询业务慢慢成熟，很多接受过咨询的学生觉得我的服务不错，又陆续自发地介绍了很多他们的同学和朋友来购买。

就这样，在课余我就多了一份还不错的收入，虽然从总量上看不算多，但总比之前多，这就够了。因为这已经是一个很好的开始。所以，我最初始的个人商业模式，就是：服务—自己—线下—自己 / 代理。以上，就是商业模式的设计。

2）客群定位：世界上谁最需要我

第二个漏斗，就是考虑定位的问题。**定位的重点在于，提出关于客户群体的关键性的问题。**比如，你要开一次分享会，比起你要讲什么、要怎么讲，更重要的问题是：你要跟谁讲？因为这个问题，有一锤定音的作用，它决定了前两个问题，也决定了你的分享会最终呈现的状态。

同样，如果你要讲一门课，你要先问自己：你的学生是谁？你能给他们带来什么价值？如果你要写一本书，你要先问自己：你要写给谁看？他们能接受怎么样的深度？如果你要做一个专题演讲，你也先问自己：你的听众是谁？他们希望在 15 分钟里听到什么？但是如果你的经验不足，可能很难回答好以上的问题，你发现，好像根本没有办法理解，你想影响的群体，他们正在想什么。这很正常，因为人要完全了解自己已经很难了，更何况是了解别人。

所以，根据我近 10 年做内容输出的经验，无论是一次分享、一堂课、一本书，还是一个演讲，成功的最重要因素之一，就是"共鸣"，而要做到有"共鸣"，得先做"换位思考"。这就是最简单的营销和定位的方法：**你搞明白了自己，自然能搞清楚你的用户。**而在"换位思考"思想的指导下，原来的提问，就变成了以下四个：

- 你自己会被什么内容、怎么样的表达方式打动？

- 你是谁，这个独一无二的"你"，代表了哪部分人的声音？

- 你和你的客户群体有什么共性？特别是，有什么相似的经历？

- 他们为什么愿意听你讲？

当然说到影响力，说到服务的客户群体以及自己的定位，如果你在中国做传播，还有一条"潜规则"，就是一般而言，你只能影响和打动比你年纪小的人，这由我们的文化决定。这也意味着，如果你想持续构建你的影响力，年纪越大，影响力就会越大。

上面的四大设问，决定了你在构建个人商业时的自我定位以及客户群体。而底下这个表格，决定了你的传播方向和表达方式。如果上面四个问题，能让你初步明白，你能影响和服务的，大概是哪群人，那么下面这个表格会告诉你具体是哪些人，以及，他们在哪里。

我把这个图称为"用户需求格局图"，就是哪些人在不同的阶段，分别有哪些需求。这个图除了能帮你定位你的个人商业，还能帮助你写作、演讲、开课等，如在公众号、微博发文章时，你要针对你的群体改一个怎么样的标题？怎么改才能引起他们的注意？同样，如果你在设计一款产品，这个产品该如何命名，你也可以从格局图中获得灵感和启迪。而如果你现在在写书，创作正文时，为了说明观点，它也能帮助你思考要举出哪些符合你的客户群体特征的例子。

毫不夸张地说，只要你在做生意，只要你做生意的对象是人，需求格局图就能帮你更了解你客户的需要和你自己的定位。如图：

阶段＼场景	校园	家庭	职场	社会
生存				
生长				
生活				

我们首先来看表格的标题列。人无论在哪儿，活得如何，都逃不出这三个阶段，它们分别是：生存期、生长期、生活期。

以经济条件为例，生存期是一个人最捉襟见肘的时候，这时通常只能达到温饱；生长期，就是这个人大量学习，社会经验和人脉开始累积，技能开始提升，收入也随之不断增长，甚至是快速增长的时期；生活期，可能就到达了小康、中产这样的阶段，整个人的状态比较轻松了，因为经济比较宽裕，不太缺钱了。这时候未必是财富自由，但已经不为钱发愁了。

再看表格的标题行，我就按人们主要活动的场景来划分：分别是校园、家庭、职场、社会。我们每一个人的日常生活，会遍及所有的场景，但主要活动场景，通常就只有一个。这个场景，也在一定程度上定义了你的身份。比如，你的活动场景主要是校园，你就是个学生；活动场景是家庭，你可能是个全职妈妈，也有可能是全职妈妈怀里的那个宝宝。

行和列的交点，确定了一个人目前的身份和发展所处的阶段，这两者综合在一起，就能告诉你，这个人的刚需和诉求是什么。而最重要的是，它能告诉你，目前而言，你到底能满足哪些人的需求。

比如，我在写我的第一本书《优势成长》的时候，一开始不断思考的是，我这本书是写给谁看的？我能帮上他们什么忙？因为当你界定了读者的范围，你就界定了你的语言是什么，你的举例是什么。可以想象，哪怕是要说明同一个观点，你给一个8岁的孩子举例和给一个快毕业的大学生举例，是完全不一样的。

在开始动笔之前，我就拿着这个表格去筛选，从上往下看，写给生存期的人吗？不，因为处在生存期的人为生计奔波，他们大多没有时间看书。写给生长期的人吗？对了，因为书名就是《优势成长》，帮助人找到优势，指导人成长。继续往下，写给生活期的人吗？也对，因为你选择了在自己的优势上发展，去成长，这是一种生活方式，但是在生活期看这书的人毕竟是少数，因为他们已经过了思维提升的时期，他们会有更高的精神追求。所以比起这种思维类的书，可能哲学类的书更能满足他们的需求。这个时候，定位就很清晰了，写给生长期的人看，那这些人在哪儿呢？

然后横向从左往右看——在校园里吗？肯定是。在家庭里吗？肯定是。在职场和社会吗？肯定也在。但我还会问自己一个问题，主要在哪儿呢？答案是：主要在校园和职场，同时也勉强覆盖到家庭和社会。所以我就在"生长"和"校园"、"生长"和"职场"交叉的这两个格子上打上钩。所以，这本书是写给谁的、卖给谁的，也就很明确了。

后来的事情，可能你也知道了，《优势成长》这本书，在学生群体和职场人中受到了追捧。而《优势成长》的主要宣传手段，就是进学校演讲、进企业做分享，偶尔还在书店公开做签售会，这都是根据"用户需求格局图"来做的决策和执行。

你看，这个格局图一共12个格子，根据上面的分析，我最多会占到8格，比较精准地算是占4格，最少也一定能占2格。所以还没动笔，我就能预计到，只要我写得还不错，这本书就能成为畅销书了，果不其然。因为它的客群定位是准确的，所以也决定了最终的结果。

如果你爱看书，你应该还知道一些超级畅销书。比如，日本作家松浦弥太郎写过一本书，叫作《100个基本》。我们先不谈这本书的写作质量，它确实很火，先火遍了全日本，再火遍了全世界，哪怕你不曾拥有这本书，也一定在书店的畅销书架上看到过它。作者以非常简单的笔法，写了100篇小文章，这些文章的主题，涉及了生活的方方面面，且文章的篇幅都不长，大概是我发一篇微博这样的长度。

那本书是写给谁看的呢？如果你用格局图来分析他的客群，你会惊讶地发现，真的什么人看都行！生存期看可以，生长期看可以，生活期看也可以。然后，校园的看也行，家庭的看也行，职场的看也行，社会的看也行。换句话说，这本书的受众，居然是所有人。你能理解吗？他的潜在受众是所有人，占满了整个表格的 12 个格子，不火才怪呢！然后就有同学跟我说："老师，那我就写一本《1000 个基本》，是不是能卖得比他还火呢？"我说，可别忘了，这本书火，除了在主题上覆盖面广，几乎能触达所有人，它还戳中了某一个人性的弱点，或者说，人性中很底层的共有需求：人都喜欢简单，不喜欢复杂。人都希望自己进步，但又不想学习的过程太复杂。所以，100 个刚好符合多数人的胃口，而 1000 个相当于原来书本的 10 倍，太多了，要多看 9 本书，谁愿意啊！

人脑的结构本来就是复杂的，所以人也很善于把问题搞复杂，这就违反了人性。比如，我曾经见到过有人设计一个训练营，叫作"早起写作营"。我看到海报后，预测这个课不会卖得太好，最后果然招生遇到了困难。为什么？因为实在太难了，你想，本来早起就很难，"写作"对大多数人而言也很难，现在把两个难的事情放在一起，就是"难上加难"。光是看课程的名字，就足以把很多畏难的人吓退了。所以不难理解，为什么教育界卖得最好的产品，都是命名为"快乐学数学""轻松学英语"之类的。

就像世界级畅销书《哈利·波特》系列，之所以能家喻户晓，除了好故事，它也戳中了一个重要的人性需求：每一个人，都想回归童年，并在童年的时候，就拥有成人般的能力。好的产品、畅销的产品，要符合需求格局图，更要符合人性。有时候，还要符合文化。就像有个咨询项目，叫"热情测试"，在美国、日本都发展得如火如荼，但引入中国后，严重水土不服、拳脚难以施展，中国的热情测试咨询师的生意都举步维艰、难以为继，为什么会这样呢？其实细想一下，美国人爱谈梦想、日本人注重效率，两个文化都和"热情"高度匹配；美国人会认为，热情可以帮我达到梦想，日本人会认为，热情可以帮我提高效率；而美国人讲究科学，日本人做事一板一眼，两个文化又和"测试"兼容。

回头看看中国，中国人不知道什么叫"热情"，这个东西不在我们的文化体系中，而且中国人从小到大最讨厌的就是考试，你还让我测试，还想我付钱，痴心妄想！文化上的格格不入，让热情测试在中国的路，越来越窄。怎么才是适合我们文化的呢？如果我来设计，我会做一个项目，命名为"优势鉴定"，因为大家都希望知道自己的特长和核心竞争力，还有"鉴定"似乎就意味着你什么测试都不用做，我来告诉你答案，听起来挺爽的吧！

所以，**你要利用"用户需求格局图"，来选择你能覆盖到的那个最大的群体。你要从那个最大的、最刚需的方向来考虑，再根据你的能力，来设计出满足需求的产品。**因为哪怕你再牛，只要没有足够的用户基数，牛也会变成傻。一言以蔽之，这就是一个二选一的题目，到底是选择"大方向上的小品类"，还是选择"大品类上的小方向"。

当你起步的时候，肯定是选后者。因为，大方向意味着市场，而大品类代表着刚需。你得分清这两者，并要明确地知道，"有市场"并不代表"有刚需"。比如，我有一位在创业的朋友想进军小家电行业，他在确定自己的方向阶段，做了很详尽的调查。他发现了，热水壶在中国很有市场，因为每一个家庭都至少需要一个热水壶，也就是说，在中国，3～5人就需要一个热水壶！但是，这意味着他可以开展他的"热水壶"事业了吗？并不是。

我告诉他，市场是在的没错，关键在于你进场太晚，这个市场早就被占领了，甚至已经饱和了。用最简单直白的话来说就是，每个家庭都需要一个热水壶没错，但是，每个家庭都已经有一个热水壶了。更何况，质量好的热水壶，基本上几年都不坏，换一个热水壶的频率，比换一个手机的频率还低。像经典商业案例"非洲人都不穿鞋"这样既有市场，又有刚需的机会，在现实中已经非常少了，通常需要长时间的调查和研发，所以换一种策略，就是找最容易开始的方向来开始，也就是"大品类上的小方向"。

接着举例，教育是大方向，那底下的思维导图教学就是"大方向上的小品类"。而英语教学是大品类，里面的发音教学就是"大品类上的小方向"。如果你两件事情都可以教，那我会建议你选择后者。因为一定要学习发音的人，远比一定要学习思维导图的人多。你要注意我这里的用词和思考方式，我没有在用"需要学发音"和"需要学思维导图"的人来比较，我的标准是"一定要学"。

当然，如果你的能力，能够满足一个大方向、大品类上的需求，即"超级刚需"，你就可以毫不犹豫地前进了。比如，我刚开始在新东方教英语的时候，教的就是大学英语四六级和考研，这就是"大品类上的大方向"，也即"刚需中的刚需"。

另外，如果你觉得这个"用户需求格局图"好像不太够用，你可以尝试一下它的增强版本。增强版本与原版本的区别在于，把原来标题列中的个人发展"三阶段"，改成"年龄区间"。这个区间的大小可以按照你的实际需求而自由调节。一般我的建议是，从1岁开始，以10年为一个区间。所以，增强版的"用户需求格局图"如表所示。

年龄 ＼ 场景	校园	家庭	职场	社会
1～10岁				
11～20岁				
21～30岁				
31～40岁				
41～50岁				
51～60岁				

增强版会让用户的划分更仔细和明确，更便于了解不同年龄段用户的心理特征和相关需求。

要么把握需求，创造产品；要么把握人性，创造需求。无论是前者还是后者，都会给你带来一门属于自己的、收入不错的好生意。

3）定价漏斗：怎样的价格最合理

当你只有单一产品的时候，定价也只会有一个。这时不存在漏斗，定价只需要符合客群的定位，不超出他们的消费能力即可。但当你的个人商业不断发展和壮大，你就会有不同的产品（服务）组合。这时候，你通常就有了梯度产品。为什么是梯度产品？这个梯度，主要体现在价格上。定价漏斗的设计逻辑，其实十分简单，一句话，定价的世界观，也是方法论，叫作"10倍再10倍"。

这个梯度设计，一般从你最低价格的产品开始（见图）。

书籍
（定价45~60元）

课程
（定价450~600元）

社群
（定价4500~6000元）

咨询
（定价4.5万~6万元）

比如，我定价最低的产品，是一本书，定价在45~60元。那我下一个产品，可能就是一个课程，定价区间就落在了450~600元，我可能会定499元。依次类推，10倍再10倍，我的下一个产品是4999元，只要落在 4500 ~ 6000 元的区间就是比较合理的。要是再往下，我会设计一个服务，因为是一对一的辅导，所以单价也更高，它的定价区间，也是上一个产品的 10 倍。

之所以这几个产品组合起来会形成倒三角（漏斗）形状，是因为价格本身就是一种筛选机制：价格越高，人数就会越少；价格越高，购买频次也会相应减少。所以，你也能通过上面的分析，得出一个推论，就是你最低价的产品，购买频次必须足够高，这是后面产品梯度出现的先决条件。

如果没有前面足够多的购买量（购买次数），就没有足够的用户来打开下一个价格梯度，即不能把用户转化到下一个产品。所以，在一开始，找到入口流量足够大的产品，也是关键。

但在实际的操作上，为了增加服务的选择和增强筛选，最后我把我的咨询变成了两种形态：一个是收费 2 万元 / 小时的一对一咨询，另一个是收费 10 万元 / 年的手把手辅导，两者的目的不一样，价格也不一样，但值得关注的是这两个产品的定价逻辑，前面一个大概是定价区间（4.5 万 ~ 6 万元）的一半，后面一个大概是定价区间的 2 倍。因为我的时间很有限，这个价格会帮我留下我真正能帮助到以及问题对他自己来讲足够重要的人。

需要提醒的是，一旦价格定下来，就不要随意更改，因为用户对价格是敏感的。特别是不能随意降价，包括打折、拼团等促销手段，也得慎用。如果你突然发现一开始你把价格定高了，又马上降价。首先，之前买过的用户就会很不高兴，因为他们感受到了"损失"，这个世界上没有人喜欢损失。其次，还在观望状态的潜在用户，看到你的产品降价了，他们会想，会不会继续再降呢？所以他们会继续等待，延迟他们的购买。甚至，他们会认为，你的产品居然是可以随意降价的，证明你的产品其实没那么高的价值，或觉得商家有诚信问题，干脆打消了购买的念头。如果你的产品是教育产品，这还会影响到用户对教师本身的价值认知。

然而，这还不是最坏的结果！我认为，最坏的结果是，原来因定价稍高而滞销的产品，在降价后，突然大卖了，这样吸引过来的，将是一群"价格敏感"的用户。他们真正关注的是价格，而不是商品本身的价值和自己的需求。

这样的用户群体，对个人商业的后续影响是——缺乏忠诚度，谁家价格低就买谁的，你难以拥有真正的"铁粉"，没有粉丝，品牌也难以构成；又聚集了大量的"价格敏感"的用户，他们的消费能力有限，买不起你后续可能推出的高价产品，价格梯度和定价漏斗就再也无法展开，而你的品牌价值，也会被用户"锚定"在这个位置上。万一真要遇上这样的情况，处理方法其实也很简单，既然价格不能动，那我们就增加原有商品的价值——或是附送一些产品，或是外加一些服务，或增加一些体验和活动，目的就是让原来定价过高的产品，在"不掉价"的前提下，能够"物超所值"。

与此相似的，不要随意做免费的产品，这样虽然能降低用户的进入成本，但同时也在塑造用户对你的价值认知。关键是，好口碑（或口碑传播）的前提，就是付费。试想一下，好评和好口碑是怎么形成的？不就是用户先付钱，这时候他购买了两个东西，一个是你的商品，另一个是对你的商品质量的期待。在后来对商品的使用和体验中，这种期待被满足，甚至还被超越期待地满足，那超过原来期待的那部分，就是口碑。总而言之，口碑＝期待被满足的程度－价格带来的期待。

所以，不难想象，如果是免费的，即价格为零，就不会有价格带来的期待，也不会有任何期待会被满足，口碑就无所依存了。例如，今天你花15元吃了一碗老字号的牛肉面，你觉得真是太好吃了，感觉值50元，中间35元价格认知的落差，就是口碑，于是很有可能，你逢人便推荐："你知道那个牛肉面吗?! 真是好吃, 关键还只需要 15 元。"同样, 你免费吃一碗牛肉面, 可能不会有什么期待, 反而你的注意力都在免费这件事情上了, 所以会以免费为标准和思考的出发点, 觉得"这牛肉面既然是免费的, 马马虎虎就可以了"。哪怕最后牛肉面还是那家老字号做出来的, 但由于没有期待, 你的好吃和不好吃便没有了参照, 你也无法感受到真正的滋味。

可见, 同一碗牛肉面, 付过钱和没付过钱, 你对味道的感知可能是不一样的。免费的真香, 是因为免费; 而 15 元的真香, 是因为真的香。所以你的第一款商品, 需要低价, 也不能过低, 最好在 39 元到 99 元的区间内, 就是我这里说的低价。当然, 还是得看具体卖的是什么。

"商业模式""客群定位""定价漏斗"组成了你的"商业漏斗优势"。这是个人商业长久生命力的保障, 最关键的是: 只是走过路过, 也不会错过。万一错过了, 还会再回来。

因为我有漏斗, 我有不同的价格, 也有不同的商品, 只要我让你看到我, 看到我的东西, 这个东西很可能就是你想要的。无论你的消费能力如何, 在任何一个价格区间, 你都是有东西可以买走的。只要你买了, 哪怕你买最便宜的, 我也没有浪费掉你走过或路过的这个机会。

不妨想想大多数人是怎么错过你的生意的? 无非就是你的定价太高, 又没有漏斗。比如, 你一开始就希望卖一个 1000 元的课。你发推文(微信公众号文章)出来, 假设被 1000 个人看见了, 但最后只有 10 个人购买, 因为 1000 元确实有点贵。你只卖了 10 个, 相当于你浪费了另外那 990 个人的流量。但是如果你的这个推文里, 刚好又有一个 100 元的课, 还有一个 10 块的课, 成交率是不是会提高呢? 浪费率是不是会下降呢? 假如买 1000 元课的还是只有 10 个人, 但买 100 元的有 80 人, 买 10 元的有

200 人。这样是不是好多了呢？关键是，那 200 人和 80 人，成为你 1000 元课用户的概率，也因此而增大了。

所以，利用我给你的三个图表工具，好好想一想，现在你能做到什么？你的商品，能卖给哪些人？最后，该定一个什么价格？想清楚这三件事，你的个人商业就可以起飞了。但是，问题来了！你有没有想过，这些东西都设计好以后，怎么才能更容易被看见呢？

5. 低成本传播：

9字真言，从零开始打造私域流量池

听完我在2015年赚"秒薪"的故事，你一定以为，我从一开始就是那么厉害的。而且，你总是会习惯性地以为：现在很厉害的人，一开始就很厉害，而且他们的成功，好像毫不费力。你会觉得，他们得到了某种帮助；或者你觉得，这个人被上帝选中了，是"天选之人"；又或者你觉得，他有一项得天独厚的秘技，导致他能抓住某个千载难逢的机会。别人怎么样我不清楚，但就我认识的大多数人而言，包括我自己，其实并不是。如果你了知道我的背景，可能会觉得难以置信。就我的自身经历和眼界而言，每个人确实都会有机会和足够的能力，让自己从一无所有变成应有尽有。

在2015年我自己的事业扩大和增长之前，2014年的时候，我就是一个讲课6年的、培训机构里的小老师。那时候在新东方，薪酬不高也不低，2万元左右一个月。为什么说是"小老师"呢？因为那个时候，我上的主要是线下课，线下课的影响力很有限，比如，一个班40～50人，有时候一个班 100 人。大概到了 2014 年年底的时候，我估算了一下，我的粉丝合计也就 1000 名左右。而且，那时候因为每天奔波于各个校区上课，我没有其他额外的能力，我只会讲课，根本不懂互联网，也不懂新媒体；因为时间都用在了上课上，所以我也没有其他可以助力我成事的圈子，我没有机会去结交朋友、拓展人脉之类的。并且，我所在的分校——新东方在广州的分校，离新东方坐落在北京的集团总部有 2000 多公里远，在资源上基本得不到总部的任何照顾和优待，学校的营销基本是自治状态。而如果一个小老师想成为大名师，就只能自食其力，在所有内部人员看来，这件事情基本都是"Misson Impossible（不可能的任务）"。

那是什么样的动力，让我决定在那个几乎"一无所有"的状态下原地崛起呢？可能你没想到，我也没想到，是爱情。当时我有一位交往了两年多的女朋友，到了快谈婚论嫁的地步，可是人家觉得我赚钱太少了，就说暂时不嫁，看看过两年我能不能发家致富再决定。确实，女生的想法我很理解，因为她想要一种对于未来的确定感和安全感，她觉得每年只能赚 20 多万元的小老师，让她不太放心，这是很自然的。尽管那时候我这位前女友的工资是税后不到 3000 元，那年我 24 岁，月薪 2 万多元，我了解了一下我的其他大学同学，顶多就是六七千元。事实上，在同龄人当中，我的起点算比较高的，而且行业的前景不错，从这两个角度来看，我还是蛮有潜力的。

而且，那时候对方已经闹到了一种极限，基本上就差没把"你再不多赚点钱，我们就分手"这句话说出口了。那时候我虽然年轻，但对感情很珍惜，当然不愿意分开，于是开始想办法。在迫不得已的情况下，我打开了人生的新局面。

1）传播的本质：9字真言

我是个没什么废话和抱怨的人，既然你觉得不够，我就去赚。所以，我开始自我发问，如果我要赚更多钱，我需要的是什么呢？答案居然很简单：得有更多人认识我，也就是说，得更有名气。

那到底是赚钱更重要，还是成名更重要呢？因为我一直坚信，人的时间是有限的，所以人在有限的时间里，只能发挥有限的精力，达成有限的成果。如果太过贪心，每样都想要，最终只能什么都得不到。所以，成名和赚钱，如果你只能选一项，你会选什么呢？我思索良久，答案是：成名。所谓"名利双收"，名利名利，名在前，利在后。先有名，利就不远了。所以我又开始思考，到底什么是成名呢？此时，请你别忽略了当时我还是一个小老师，而且2014年的时候，据不完全统计，新东方一共有4万多名老师。

我不断思考这个问题，发现没有让自己满意的答案。于是就去寻找可以给我提供答案的一些人，如明星。明星足够有名气了，他们是名副其实"成名了"的人，他们的表象是什么呢？我的直觉给了我一个答案——随处可见。你打开电视，去看一部电影，哪怕只是一个插播的广告，都能看到一些熟悉的身影，街旁的灯箱、在你眼前疾驰而过的公交车、商场的大幅挂画，也还是那些熟悉的身影。这就是明星，这就是成名。

当时我在新东方，主要教授四六级、考研课程。所以对我而言，我"成名"的标志是，如果你在找我名字的时候，能找到四六级、考研相关的内容，我就做到第一步了。而进一步就是，你在找四六级、考研相关内容的时候，也能找到我，这也算是我"名气上的成功"了。更关键的是，下一回，你再需要四六级、考研的任何资料时，你能记得来找我，这就是"成名"

的终极体现了。如果把传播的本质进行高度概括和总结，就有了帅老师关于**传播的 9 字真言：被找到，被看见，被记住。**

其中"被找到"是唯一可以通过人为操作来干预的，或者说，是可以通过个人的努力去实现的，这就造就了"低成本"的可能。"被看见"靠的是平台资源位，这里需要成本，或需要运气。简单来说，就是合作的平台有没有把你放在头条，能不能把你放在 App 的开屏，能不能把你放在页面显而易见的地方，包括大图、滚动栏等。能不能得到这些资源位，取决于你自身目前的能力，以及平台对你未来能力的评估，有时候也会取决于你是否得到了平台里某位关键人物的优先照顾。

但一般而言，作为个体的你，很难有足够的实力，跟公司或机构的营销经费投入去拼。由此一来，个体想要"被看见"，路径就剩下一条，就是"被找到"了。所以有时候，对某些行业而言，成为"个体户"就未必是最佳方案了，因为如果你在一个平台上供职，平台本身会给你资源位，或平台会有足够的营销经费，来向合作平台帮你要到资源位，你借别人之力，成了自己的事，而不是"先赚到钱，再把钱投到自己身上来"，这无疑缩短了成事的路径和获得成就的时间。当然，这点也需要结合你的职业发展需求综合权衡。我只是要顺便提醒这一点：个人商业拥有就职所不具备的优势，而就职也有很多个人商业得不到的好处。

所以之前有很多从新东方出来的老师来咨询我：要怎么经营起自己"独立老师"的生意？我总是建议，如果你从新东方出来，还做着和在新东方工作时一样的事，那就不要出来了。这个事情我是一早就想得通透明白了，因为新东方有专门的市场营销部，有专人设计广告、海报、宣传语，有专人负责投放、负责 SEO 排名（关键词优化排名），有专人负责每一次活动的营销方案，有专人负责随时监测 ROI（投资回报率）从而及时调整方案，还有对应项目的市场经费、营销经费，有时候有些项目需要公关，连吃饭都是可以报销的。

　　说白了，新东方的背后有一个大团队，每天在不辞劳苦地运作，才能让新东方的老师们能够每天安安稳稳地坐在课室里上课，让他们拿着不错的薪酬，并享受着学生崇拜的目光。但这位老师一旦脱离组织，就会失去大后方的所有支持，先不说讲课质量如何，学生往往也没有那么好的分辨力能看出一个 10 年老教师和 5 年教师讲课的细微区别。就说传播这件事情，你以一人之力，去跟人家一支有充足经验、有成熟渠道、有仔细分工，还有足够经费的团队拼，这不就是在"找死"吗？所以，其实新东方老师出来后，想再教同一门课，要成为独立老师，甚至再次成为名师，是非常艰难的，除非他们能找到另外一个大后方保障，又或者说这位老师已经做好了"从老师到老板"身份转变的准备。

　　你不妨放眼看去，从新东方出来的老师，确实还有干自己老本行的，他们或是成立了自己的机构，或是打造了英语教育领域的新产品或创造出了新的产品形态，活下来的也都过得不错。但真正能够"名利双收"的，都不再教英语了。

　　当然你也不必绝望，如果你在运营自己的社交媒体，如微博、头条号等，还有两个常用的方法可以让你"被看到"。一是利用热门话题，在发送内容时带上话题，你的内容、你的表达，就能在热门话题下被看见。二是资源置换，具体做法是主动出击，找到和你同领域、同量级的大 V，与其合作，互相导流。简单来说，我来帮你转发，你也来帮我转发，这样大 V 的粉丝就有机会看到你。一开始，可能你会不好意思，别害怕，大 V 也是人，关键还是要更有主动性，让人看到你必胜的决心和坚定不移的自信。也不要问了 10 个人没有回音就放弃，学会降低期待，减少依赖，问 100 个人能有 1 个人答应，就是很好的开始！

　　"被记住"靠的是产品风格和产品的质量。产品风格就是，在行业同质化的趋势下，你提供的产品是否具备你的个人风格，让人喜欢；并且产品的质量优秀，能充分满足目标客户的需求，也能引起用户的口碑传播和复购冲动。这两者只要做好，你的产品，或者你自己，就会以"瞬间联想"的方式被记起。

比如，你一想喝可乐，就会马上想到"可口可乐"；你一想买肥皂，就会马上想到"雕牌"；你一想今年过年要送礼，就会马上想到"脑白金"。你一想喝咖啡，就会马上想到"星巴克"；你一想喝便宜又好喝的咖啡，就会想到"瑞幸"。你再想想，你一想吃坚果，会想到谁？一想喝牛奶，会想到谁？一想吃汉堡和薯条，又会想到谁？这就是"被记住"，其关键是在需要的时候"被记起"，并且还是需要"一瞬间被记起"，这样你才会拥有回头客。而"瞬间被记起"又会被顾客接下来一次又一次的购买所强化，直到眼里只有你一家，你也就拥有了忠实的客户。

当然啦，你看到我说这 9 字真言，是有顺序的，也就是说前一个是后一个的基础。**要想被记住，先要被看见；要想被看见，先要被找到。而我说过了，被找到是唯一可操作的，也是我们作为个体，开始传播最简单的方式。**想要被找到，只需要努力；想要被看见，得花些心思；而想要被记住，你得再花点儿时间，去深入了解你的用户和你自己。

2）传播的目标：我要用传播来做什么？

掌握了 9 字真言后，如果真的要做传播，下一个动作就要以终为始，设定传播目标了。传播目标一方面指的是传播给什么人群——如何找到自己对应的群体，在前面章节已经论述过；另一方面指的是要明白传播最终要达成什么目标。比如，只是为了信息能触达用户，还是要发生转化？又或者到底是要影响一个足够大的群体，还是要从一群人中逐步筛选出相对精准的用户，方便以后做转化的动作？

因为，别忘了**传播的真理：传播是有损耗的。损耗有两个主要方面：一是信息损耗，二是规模损耗**。比如，口碑传播，随着传播的进行，信息的完整性会被破坏，信息本身会慢慢"变味儿"。相信大家小时候都做过一个"传话"的游戏，老师把一句话，从第一个同学，一个个往下传，传到第十个同学，再跑上来把这话告诉老师，基本上最后这句话都会和原话大相径庭、错漏百出。但在网络传播中，只要固定好传播的载体，信息的损耗就可以避免。比如，一个朋友把你的视频、音频或文章传给你的另外一个朋友，他只需要转发即可。

但"规模损耗"是无论在哪种传播当中，都难以避免的。随着传播的深入，或目标实现难度的提高，能够触达的人数将会越来越少，即规模在变小。当然，这也是所影响的人群变得精准的体现。不精准的人群规模，总是要比精准的人群规模更大。

比如，在网络上发布一个免费公开课，发布的那条微博有10万人看到，然后点击链接报名的大概有1万人，到开课那天真正来看直播的就只有1000人了，如果你在公开课上，再推荐一个自己的收费课，当场报班的最后可能就只有100人，这个就是"规模损耗"。"规模损耗"就决定了"留存率"。而且根据我多年的经验，在某一个特定的行业里，一个环节中的"留存率"是相对固定的。比如，以上网络课程传播的例子，每个环节的留存率是十分之一。所以，设定传播目标的作用就是，我首先要知道，我要用这次传播来干什么。如学生的转化，我的目标是最后要招300人。然后我要了解这个行业里大概的留存率，设定传播的环节，假设有4个环节，那么虽然我只要招300人，但我传播的东西就必须先被30万人看见。这时候，传播的目标就是30万人，而不是300人。如果只是被300人看见，最后可能一个转化的没有，或只有3~5人的转化。

当然啦，如果影响的人群规模本来就比较小，留存率肯定会相应提高，甚至能达到100%。比如说服1个人，总是比说服100个人里面的10个人要更简单；但是我们忘记了一个重点，就是时间，当我们把时间纳入考量的维度以后，你拥有1小时，你是希望用这个时间来说服一个人呢，还是希望用这个时间来影响1000人并转化其中的100人？

我相信，没有人会选择前者，因为真的是太慢了。所以很多营销人都喜欢关注"留存率"和"转化率"，这两个数据确实会有一定的指导意义，但它们缺乏了时间维度的考量，我们真正应该关注的是"留存效率"和"转化效率"。这个道理和"赚钱不是不够多，而是不够快"其实是一致的。

除了要想办法提高"留存效率"和"转化效率"，还有两个数字是你需要关注的，一是"1000名铁杆粉理论"；二是"邓巴数字"。"1000名铁杆粉理论"讲的是，一个个体（自媒体），如果拥有了1000名铁杆粉，假若每名粉丝能给你每年付费1000元，你就会活得非常不错。1000个1000元，就是100万元，确实不错。但根据上述分析，如果明年你需要有1000个铁杆粉，你今年很可能就需要影响到100万人。

而"邓巴数字"，又称"150定律"，讲的是，人的大脑新皮层大小有限，提供的认知能力，只能使一个人维持与约150人的稳定人际关系。这一数字是人们能够拥有的，与自己有私人关系的朋友数量。哪怕人们可能在社交网站拥有更多的"好友"，但也只能维持现实生活中一个大约150人的"内部圈子"。而"内部圈子"好友，在此理论中指一年至少联系一次的人。所以如果你想开始个人商业，设立一个相对科学的传播目标，这150人就是你传播的起点，100万人就是你的传播目标。150人看起来与100万人有着巨大的距离，但细想一下，"150定律"还给了我们一个启示，每一个人的背后，都会有大致150名亲友。如果赢得了一个人的好感，很可能就意味着赢得了 150 人的好感；反之，如果得罪了一个人，也就意味着得罪了 150 人。

如果我们可以设计传播的方式和路径，不仅能影响"朋友"，还能影响"朋友的朋友"，甚至能影响到"朋友的朋友的朋友"，以 150 人为起点，传播的效果很可能就是 150×150×150=3375000 人。这 300 多万人，算上传播过程中的一些损耗，也能真正触达 100 万人了。所以我在自己的写作课上，也常跟学生讲，"一般的文章"是写给自己看的，"好一点儿的文章"是写给朋友看的，"最好的文章"是写给朋友和朋友的朋友看的。你懂得了这个道理以后，就应该不难理解为什么那些宣扬亲情、友情、爱情美好的励志文能红极一时。你有没有这样一种感觉——这些以"关系"为基础、对"关系"提出建议的文章，每次看完以后，都想转到朋友圈，也让亲朋好友们看一看呢？

每个人都是一座金矿，关键是你是否有能力去挖矿。当然了，如果你觉得"150 定律"对你来说还是太难，不妨考虑一下"密友五次元理论"。你的收入，是身边交往最密切的 5 个好友收入的平均值。这个理论告诉我们，你身边总有 5 个人，和你交往最密切，对你影响最大，也能帮你最多。如果你在开始阶段，又需要一些帮忙，可以试着先找找这 5 位密友。如果你说，老师，我连 5 个好朋友都没有，怎么办？那我的建议是，你还是先回去好好上班吧。

3) 传播的路径：人人可复制的传播方法

我是怎么做到低成本传播的呢？我最初的传播属于野路子，虽然策略上很接地气，但也是我审时度势、深思熟虑后的成果。一开始，我需要扩大认识我的用户群体，但我没有任何资源，怎么办？很简单，有资源，就去用；没有资源，就去创造。我的具体做法是这样的：

我当时花了整整一周的时间录制了 100 个小视频，每个视频 2 ~ 3 分钟，内容是四六级、考研高频词。因为词汇这个内容，录制起来简单，而且素材量大，不怕因缺乏素材而中断录制。每个视频的最后，我都会加上我的微博，以便看完视频的同学能够关注我的微博，跟我取得进一步的联系。而我认为，当时最关键的操作步骤，并不在于录了这些视频，也不在于选择了单词这个素材，更不在于最后加上了联系方式，而在于，我到底是如何通过这 100 个视频来扩大自己的影响力的。

你还记得吗？我那时候的工资不高，但我还是花 1000 元 / 月，请了一名大学生当助理，这位助理要做的事情非常简单，就是每天把我的这 100 个视频，换着关键词，上传到当时的 4 大主流视频平台（腾讯、优酷、土豆、爱奇艺），每个平台传 10 遍。这笔账我算得非常清楚：100 个视频，每天上传 4 个平台，互联网上就会多 400 个我的视频。传 10 遍，就是 4000 个视频。一个月 30 天，每天都这样上传，互联网上就会多 120000 个我的视频。上传 12 个月，互联网上就会有我的 1440000 个视频。

假设每个视频有 10 人观看，我就有可能被看到千万次。只要你在视频网站里输入关键词“四级”“六级”“考研”“英语”“单词”“高频词”等，或者这些关键词的组合，就很有可能会找到我。而且 2 ~ 3 分钟的视频，难度不高，比较容易看完，我讲述的方式言简意赅，生动有趣，看完你大概率会关注我。你可能会疑惑，为什么要“换着关键词”上传呢？这一方面是为了规避平台的“查重”，平台为了自身生态的建设，会支持视频的多样性，不希望用户重复上传同一个视频；另一方面是为了增大覆盖面，也就是增大入口流量，我不仅希望关注四级、六级、考研的同学能看到我的视频，我也希望关注托福、雅思、英语的同学能看到，我还希望那些关注新东方、名师、高频词、单词的同学关注到我。

寻找这些关键词的关键在于，得从"用户的角度"出发。我不仅要猜测，我的用户会用什么关键词来搜索他们所需要的材料，我还需要关注到他们同时也对同领域的什么关键词感兴趣，也就是"搜索这些关键词的人还会搜索什么"，这个从"百度指数"的"需求图谱"上，就能得到相对准确的数据。所以，当我把一个上传的视频命名为"新东方名师教你英语单词"的时候，你搜索"新东方"能找到我，搜索"英语"能找到我，搜索"名师"或"单词"也能找到我。还有一个不得不提的例子是，当年有很多同领域的营销人员，会把关键词设定为"四六级"，这其实是个错误的设定，因为它没有从用户角度出发。对一个用户而言，他要么考四级，要么考六级，所以他这一次的搜索关键词要么是"四级"，要么是"六级"，绝对不会是"四六级"。而所谓的"四六级"，只不过是我们这个领域的老师或工作人员的一个合并的叫法，并不能作为关键词来设置，如果非得兼顾到两个群体，那就得设定为"四级六级"。

这就是9字真言的实践：被找到，被看见，被记住。半年以后，我的微博关注人数从1万人上涨到50万人。随后我又在微博上，进一步引导学生们关注我的公众号和微信私人号。那时候无论是做一场公开课的直播，还是做100个视频的传播，我都会有意识地把学生加到我个人的微信上，因为只有微信，才能够及时、直接地发生对话，得到用户最直接的反馈，甚至能比较直接地锁定目标用户。据我了解，我是全网第一个这么做的人，这个举措也在后来被证实能够有效提高转化效率。后来这个路径被新东方开网课的其他老师纷纷效仿。最疯狂的时候，我有20个装得满满的微信，这就是我的"私域流量池"。而在2015年的那个时候，还没有"私域流量"的说法。

所以我"低成本建立私域流量池"的路径大抵如下：

| 视频网站 | → | 单词视频 | → | 微博/公众号 | → | 观点日更 | → | 微信/QQ | → | 朋友圈发布课程 |

详细步骤就是：

（1）找到最大流量池。

（2）上传免费内容，反复被看见。

（3）引流到中等流量池。

（4）发布观点，反复被看见。

（5）引流到精准流量池。

（6）发布产品，转化成功。

对当年还在起步阶段的我而言，在主观没有经验客观没有资源的状态下，我确定了我的最大流量池是各大视频平台，我的传播载体是视频，内容是单词；然后我再把对这部分内容感兴趣的同学用中等流量池装起来，就是我的微博，在微博中大家会更了解我的思想和主张，以及提供的产品的质量；再进一步，如果有同学愿意跟我长期学习，甚至愿意把我当作人生导师或至少是一个前进路上的榜样，他们有需要做更深入的交流，我就用更精准的流量池，也就是微信，把大家组织起来，提供对话的机会。

通过这个方法，我拥有了自己第一批50万的粉丝，实现了在更大的范围内"被找到"和"被看见"。那成本呢？是绝对的低成本，因为我没有时间，所以我请了一位同学来帮我，每月1000元。但通常最终为了感谢她的付出和辛劳，我在年终会多给她3000元，也就是这位同学最终能获得1.5万元。这基本可以覆盖她一年在大学的生活费，她稍微省吃俭用，还能腾出钱来做自我增值和学习投资，我则会在网上多出100万个视频，而真正需要帮助的同学，也会从这些视频中获益，得到知识和启发。这算是个皆大欢喜的"三赢"结果。

　　你有没有发现，当你搞清楚了原理，这个方法的操作是毫无难度的，只需要努力一点，谁都可以做到。当然，我始终保证也始终坚持我提供的东西是高质量，且对他人有帮助的，不能浪费任何人的时间，这是基础，不然再好的传播方法也无从谈起。所以，我总能听到看完视频、听完课的同学给我的反馈：老师，我知道你太晚了。其实我想说，是我抱歉，我传播得太慢了，是我太晚出现在你面前了。做产品、做内容的人，就该有这样的底气和标准——让遇上的每个人，都对你相见恨晚。

　　说到这里，有人可能会担心，老师，如果人人都复制了你的这个办法，同质化太严重了，导致失去了自己的特色和优势，那该怎么办呢？我想跟你说的是，请放心，确实人人都可复制这个方法，但是他们通常会在"粘贴"上出现问题。具体表现在，方法是学到了，但执行的时候，是有差距的，所以最终的结果也会有差距。所以问问你自己，你复制了方法，能不能在执行的时候加上你的特色呢？你复制了方法，能不能在调整时加上一点灵活性呢？你复制了方法，能不能执行到极致呢？你执行到了极致，能不能坚持做到极致呢？以上只要有一个问题你没有确切的答案，都不是真正的极致。常人的执行是，短时间看不到成果，就放弃。而那些最终做出成果的人，遇上同样的情况，他们通常会不断调试，不断评估，改良方法和执行的方式，直到做出他们想要的成果为止。

　　这个世界上，根本不存在什么新方法。好的结果，都是好用的老方法，加上正确的执行得出来的。所以，你根本不必在意，别人有没有跟你使用同样的方法，根本不用去想，别人会不会超越你。唯一值得你在意的是，你能不能快速复制方法，然后极致地执行；唯一值得你投入注意力的是，你能不能不断地超越你自己。

　　当你成为自己最好的朋友时，没有一个外人会是你的对手。

4）传播的调整：获得正确反馈，不断调试，直到成功

但是，按照这样的方法，就能保证赚到更多钱吗？就足以让我赚到让自己吓一跳的秒薪了吗？又或者说，只按照这样的方法来做，就够了吗？或者说，足够让我在那年发迹吗？很遗憾，答案是否定的。如果这是一本励志书，可能到这里就结束了。我给你提供的方法和模型十分理想化，看上去也是有效的，可是，实操的效果呢？

结果是不尽如人意的。当时我提炼出我的传播路径和模型，积累了50万粉丝之后，遇上了一个最大的问题——无法变现。一方面是我还没有足够完善的产品线，如果这个时候我有一本书，就可以卖给大家，但当我只有几门课的时候，大家可能是不需要的，大家对书的需求度是高于课的，并且书的购买门槛也相对低。另一方面，是我前期吸引粉丝的时候，只追求了规模和数量，导致人群缺乏精准性，这就会出现最终"我提供的付费产品别人不需要"这种结果。

我开始反思和调试，从每一个环节去探寻，问题到底出在哪儿，我甚至开始随机采访一些加了我微信的粉丝，询问他们为什么最终没有购买付费课程。后来我收集到的反馈，却大大出乎所料。并不是人群不够精准，因为最终加我微信的还是以大学生为主；也并不是我提供的产品他们不需要，因为我提供的是四级、六级过级课程，他们也确实需要考四级、六级。在看本章的你，说到这里，你能猜到是什么原因吗？

我当时也想不到，原来是因为这些其实很想购买课程的同学，最后都没钱了。具体来说就是，初中生、高中生买课，付费的大概率是家长，但是大学生买一门课，大概率得自己从生活费里掏钱。简而言之，大学

生手头可支配的钱很有限，且以前流量费用也特别高，他们光是看我的视频，看我的免费课，可能就把流量耗光了，哪怕他们使用的是学校里提供的流量套餐，也是远远不够的。所以，大部分人因手头资金所限，在看完我的视频和免费公开课后，就只好作罢，无法继续支持后面的课程。而还有一部分学生，最后虽然没钱了，但出于对我的信任，还会在微信上向我索要一些备考的文件和材料。

没想到，历尽了千辛万苦，想尽了千方百计，费尽了千言万语，用尽了千姿百态，这千锤百炼的方案，却敌不过一个客观的原因。得到这个反馈，并确认这个反馈的普遍性后，我马上更改了传播的载体，载体由原来的视频变成了文档。我的助理也终止了视频的上传，转而开始往百度文库上传200个我准备好的四级、六级备考资料文档。她沿用了前面被验证成功的方法，就是像上传视频一样，换着关键词，每天上传10遍这些文档。同时，我也把免费公开课进行重新备课，把平均每次2小时的课，压缩到只讲精华的1小时，并且调整开课频率，由原来的每周2次，到后来的每2周1次。这就相当于替我的未来用户"省下钱"。

果不其然，当我调节了传播方式后，"转化效率"和"留存效率"就大大提高了，这才有了后来10元/小时的英语课有1万人来买的盛况。最后，我在2年后离开了新东方，离开的时候，我当年的总收入在4万多名老师中排第9。对曾经一无所有的我而言，这个排名在我自己看来，已是第一。顺带一提，一个小遗憾是，当时的女朋友没能等到我取得成绩，就嫁给了一个富二代。我终究释怀，我追求的是爱情，她追求的是保障，目标不一样的人，殊途永远无法同归。

还有一个小意外是，直到今天，我已经不教英语好多年了，但仍然有不少同学通过当年的视频和文档资料找到我，添加我的微信，询问英语学习的问题。这一次传播，我得到的最重要的经验和教训是：**考虑用户**

主观需求的时候，也得同时考虑用户需求所受到的客观条件的限制。客观条件的限制因素，会成为用户主观上的第一刚需。

5）传播的闭环：建立自己的正向循环

当你十分清楚你的用户常用什么方式获得信息，或他们更愿意以何种载体接收信息时，下一步，就可以考虑把你的"传播路径"设计为"传播闭环"。

目前国内各大巨头的产品设计，都可以自成闭环，也方便满足不同用户对不同信息的获取需求，我来举几个例子：

百度系：百家号—百度百科—百度知道—百度问答—百度文库。

头条系：微头条—悟空问答—头条号—抖音—西瓜视频。

腾讯系：（1）微信公众号—微信—朋友圈—视频号；

（2）QQ—QQ空间—腾讯视频—微视—QQ群—QQ群直播。

知乎系：知乎问答—知乎想法—知乎文章—知乎专栏—知乎视频。

新浪系：新浪博客—新浪微博—头条文章——直播—微博视频。

当你熟悉了上述闭环以后，也可以举一反三，综合运用，创造属于自己的传播闭环与路径。比如，我常用的闭环就是：百度文库—微博—微信—朋友圈。这里顺便也给出一个国外常用的闭环：个人网页—用户邮箱—YouTube视频—购买页面。

到底该采用哪个平台的哪个工具（形式）来传播，决定性因素有三个：一是你擅长创造什么形式的素材？二是你的用户在哪里（他们常使用的工具是什么，他们在网络上的必经之路是什么）？三是你的用户最容易被什么形式的表达所触动？例如，为什么外国人喜欢用邮箱做营销和传播？因为他们的通信工具没有我们的发达，工作沟通主要靠邮件。对职场上班族而言，查看邮箱是固定动作，而邮箱这个页面，也是他们每天在网上的必经之路。

以上就是低成本传播的所有秘诀和注意事项。

因人而异，因势利导，因地制宜，你一定能解锁更大的地图，迈进更广阔的天地，成为"被更多人看见和记住"的自己。

6. 个人商业护城河：

明白你自己，发挥不可替代性

个人商业优势的最后一项，我把它视作别人难以逾越、不可替代的唯一壁垒。我认为，这个也是你个人商业的最大优势，那就是：你自己。因为你是独一无二的，所以你是无法超越的。你明白这点后，就能理解个人商业的真理：你是谁，就做什么样的生意。反过来理解，你不是这块料，也就做不了这个事。

通过这点，你也能放下很多成长路上的纠结。比如，关于如何写文章，要跟谁去学？其实这都不是重点，重点是：你是谁，就写什么样的文章。又比如，关于如何做演讲，应该模仿谁？这些纠结也是不必要的，关键是：你是谁，就讲什么样的话。请你永远记住，前端决定后方，你是谁，决定了跟你相关的那件事情是什么。那么，你是谁呢？或者说，我们该如何更明白自己，从而打开自己的商业优势呢？大致可以从以下几方面来进行分析。

1）明白"自己的感觉"

在做个人商业推广的时候，你需要用某种方式来传播你的思想、传播你的产品，或者更直接点，传播你自己。但大部分同学一想到传播，就抓耳挠腮。在百思不得其解、百般纠结之后，有同学终于跑过来，问我说："老师，我到底是要录视频，还是要录音频？到底是在家写文章，还是要出去跟别人见面？"我听懂了他的问题，其实他的意思是"我该从哪里开始"。答案也很简单，就是从"你自己"开始。

比如，**人在感知世界的时候，有三种优势类型，分别是**视觉型、听觉型、**触觉型。**其实在感受世界时，每个人都会使用以上的通道，也就是这三个通道在每个人身上，或多或少占有一定比例。同时，每个人都有一个主导的感知通道，也就是你更有优势的"感知类型"。我常用爱情来举例，如果两个感知类型不同又缺乏同理心的人在一起，就可能比较痛苦。例如，假设丈夫是视觉型的，而妻子是触觉型的，在他们的关系中，他们分别是如何理解爱的呢？或者说，他们分别要做点什么，才能让对方在感受上，获得最大的满足呢？

妻子可以给他准备一份礼物，为他做一道爱吃的菜，或者是穿得漂漂亮亮的，丈夫会很高兴，因为她的丈夫是"视觉型"的人，他主要用"眼睛"来感受世界，他"看见"妻子为他做了点什么，就会认为妻子是爱他的，他就会感到愉悦。那妻子呢？她是"触觉型"的，她会怎么被满足呢？很简单，就是要有"接触"，她会认为亲吻、拥抱，才是爱的表达，如此一来，她就会很开心。可麻烦的是，她"视觉型"的老公会认为，看到才是爱，于是他就会按自己理解爱的方式来表达爱，所以也会给老婆进行视觉性的表达，如准备礼物、送鲜花、安排旅行、做饭等。

但作为"触觉型"的妻子，如果丈夫与自己缺乏必要的接触，她还是难以感受到爱。也许她会知道，他是爱她的，但她就是感觉不到，所以她才老在心里纳闷：我觉得你不懂我，我哪需要你破费买那么多礼物给我！牵着我的手，摸摸我的头就成了。而比较可怕的后果是，她可能还会把"感受不到他的爱"解读为"其实自己不爱他"。同样，假设她的老公是个"听觉型"的人，情况又会变得如何？妻子会觉得，他怎么老爱"甜言蜜语"，但总不"付诸行动"呢？这样的情况又该怎么办呢？

其实，能找到相同感知类型的人在一起，是一种幸运，这会降低沟通成本；但不同感知类型的人在一起，却是一种常态。填平感觉之间鸿沟的关键，在于三个字：同理心。也就是，能充分了解对方的感知类型，切实站在对方的角度，去考虑对方需要的到底是什么。简而言之，给视觉型的人的爱，就是要让爱看得见；给听觉型的人的爱，就是要让爱听得到；给触觉型的人的爱，就是要让爱摸得着。

社交场合也一样，掌握了这一点，你就会成为人际关系的高手。比如，去见好朋友的时候，如果我知道对方是触觉型的朋友，我就跟他握个手，甚至拥个抱；如果我知道对方是听觉型的朋友，我会特别注意说话的音量不要太大，在强调重点时用不同的语调，因为对方对声音很敏感，我若不调整，他可能感觉不适；如果对方是视觉型呢？方法就很多了，可以带一份伴手礼，或特意穿得好看些，又或者带他去一家装修独特、食物卖相又不错的餐厅，方便他拍照。

说了那么多，我是想让你知道，在大众传播上，最简洁的开始方式是：你怎么感受世界，就怎么影响世界。比如，我是一个听觉型的人，我对声音是异常敏感的，如我关着门在房间里你却在外面使用吸尘器，也会让我心烦不已。我做传播的方式，包括讲课，也主要是音频。如果你是视觉型的人，那可以用文字或视频；触觉型的人，也许不喜欢用新媒体的形式，他们真正喜欢的，是线下分享，面对面与人接触。

用你感知世界的方式，来影响世界，总是能让你最舒服地开始，当你放大传播的时候，也能帮你率先吸引到跟你感知类型一样的客户。所以，你需要做一些日常生活的观察，看看哪个部分更敏感，从而觉察自己是哪个感知类型的人。但是，这就代表你能影响很多人了吗？并不是，因为你能影响别人的方式，也必须符合别人的感知类型。这时候，就需要用到刚才所说的同理心了。到这里，你可能又产生疑惑了，你可能会问，老师，那如果我要影响 1000 人，我怎么可能都知道他们的感知类型呢？做调查的话也太费工夫了吧？

幸运的是，在人群中，视觉类型的人占比最高，约为 70%；听觉型的人占比次之，约为 20%；触觉型的人占比最低，约为 10%。所以，想要做好传播，利用同理心来思考，就能得出两个结论：一是做好视觉信息的传递，是最重要的事情；二是兼顾听觉信息和触觉信息的传达。所以，为什么我的每一张宣传照，都要比本人更瘦一点？这不是为了骗人，这是因为"视觉正确"比"事实正确"更重要。

所以，你也知道了，如果今天你是一个小说作者，有人说你写得不好，可能不是修辞不够好，也不是选题有问题，而是你写得没有"画面感"，他们"看不见"，具体可能是人物不够立体，情节不够有层次。如果今天你是一个工具书作者，有人说你写得不好，可能不是你写得不够清晰，也不是举例不够翔实，可能只是因为你没有加插图，或者是每个段落太长。因为单一的视觉信息（文字），容易让人产生疲劳感，视觉型的人也不例外，更何况是其他两种类型的人。

所以，你已经掌握了传播和影响的秘诀。假如你今天要面向年轻人，宣传一款多功能锅，文案可能会写"高颜值，流线型设计，多种颜色选择"，这会让视觉型的人有反应；为了兼顾其余两个类型的用户，文案还要补充上"无噪声，安安静静为你做好一顿饭"和"磨砂质感，捧着、抱着都舒服"。同样，如果你要卖好一门课，除了设计好宣传图和详情页以外，文案里面还可以写上"课程 PPT 犹如艺术品，使用万里挑一的模板和插图""课程用全指向性麦克风高清录制，不只是知识的盛宴还是听觉的享受""课程教材制作精良，轻重适宜，寄送到家，每天把学习掌握在手中"。

总而言之，先明白自己的感知类型，再做"看得见""听得到""摸得着"的传播。所以，很多时候，我们谈到提升业绩，或扩大客户群，其实方法很简单，就是想办法把剩下两个感知类型的人，都尽量覆盖到，这样你的收入至少可以提升 10% ~ 20%。

2）明白"自己的懒"

在我的财务相对自由后，我开始对现状感到不满，我想要在自己的事业和赚钱的模式上进行新的突破。为什么会不满现状呢？因为从本质上来讲，我是一个"懒"人。所以，我更爱动脑，而不爱动手。我也更善于动脑，而不是动手，或者这么说吧，至少我会先动脑，直到迫不得已才动手。

所以，更精确地讲，我是身体上的懒人，因为我对舒适感要求特别高。因此，哪怕钱很多，我也不希望因为要赚钱而累到自己。但是，别看我"懒"，我认为今天我之所以有一点小成绩，"懒"就是其中一个重要原因。因为懒，所以先用脑，后动手；因为懒，所以先选择，后努力；因为懒，

所以先想办法，再靠勤奋。

　　我曾经劝导过大家，别偷，别懒，别偷懒！确实如此，该负好的责任，就要负好；该走的路，一步都不能省。但注意，这里说的"懒"，不是真的懒。**它更像注意力的重新分配，就是在一方面省下功夫来，把省下来的用在另一方面，特别是自己擅长的方面。**这更接近"集中力量办大事"的情况，而不是"什么都不干"，什么都不干就是脑袋不动手也不动，就是真的懒了。所以有一个说法："这个世界是懒人创造的！"你得领会精神，勿断章取义，它的真实意思是："这个世界是用脑的人创造的！"而不是说："这个世界是废材创造的！"

　　我常常和大家讲，一定要有"最大化思维"，所以留给我的问题就是：我到底该如何做到最懒，并最大限度地发挥我所长呢？然后我就问自己：在我的被动收入（投资收益）能提供比较稳定的现金流以后，我每年主动付出劳动去赚多少钱，会让自己感觉比较稳妥呢？我得出的答案是：100万元。所以，最后问题就成了："我该如何发挥所长，又能最懒地赚到100万元呢？"下面是我当时的思考过程，请特别注意一下，我的每一条思路，是如何把这个问题推向极致的：

　　一年要赚100万元，即每周需要赚2万元。

　　一周需要赚2万元，即每天需要赚3000元。

　　我以前每天工作8小时，现在我懒，只愿意工作一半的时间，即每天工作4小时。

　　每天需要赚3000元，工作4小时，即每小时就要赚750元。

　　这个世界上，有没有时薪750元的工作呢？

　　从我能胜任的角度看，有的！那就是咨询。

　　但我这么懒，真的愿意每天工作4小时吗？

　　关键是，哪怕我愿意也不能保证每天有活儿啊！

不愿意。

所以我懒一点儿，每天只工作 2 小时可以吗？

可以，但时薪就要变为原来的 2 倍，才能让一年赚到的总数不变，即时薪为 1500 元。

如果我再懒一点儿呢，每天只工作 1 小时可以吗？

可以，但时薪就得翻倍，即时薪为 3000 元。

我又想，怎么可以每天工作呢？隔天工作 1 小时可以吗？

可以，时薪继续翻倍，即时薪为 6000 元。

隔天工作还是太勤劳，能不能一周只工作 1 小时呢？

可以，那时薪就得是一天工作 1 小时的 7 倍，即 2.1 万元。

要是更懒一点儿呢，能不能一个月只工作 1 小时呢？

可以，那时薪就是刚才的 4 倍，即 8.4 万元。

在这个世界上，有没有时薪 8.4 万元的咨询工作呢？

后来我找了找，又算了算，发现真的有，那就是给企业做咨询。我便由此开启了我的职业咨询路，而这个"懒"就是我的思考框架。你有没有发现，当一个人思考换一份工作或者设计他未来的职业路径时，一般只会从这个问题出发，这个问题是："眼下还有什么工作是我可以做的？"只要是对正在做的工作不爽，又发现还有一个可以做的，就毫不犹豫地换一个。这样做的工作很容易不长久，通常导致的结果就是，再换一个。

原因是，你没有从自身出发，以自己的最大特点，来设计未来的总框架。**人性本懒，懒本是劣势。但只要你用好了，劣势也能成为优势。**因为这个劣势源于你自己，而你，是唯一的。

3）明白"自己的舒服"

我的好友 Kyle，是 90 后创业者中的佼佼者，他为人正直，处事灵活，思维具备同龄人少有的开放性。

有一次，他给我打来电话说："帅，我有件重要的事想请教你一下。"

我说："谈不上请教，直接说吧，我们来探讨一下。"

他说："现在我自己的公司，发展到 5 年的阶段，公司总共有 100 名员工了。公司今年的目标是做到收入 1 个亿，而目前的困难是，公司收入 5000 万以上是有的，但翻倍好像很难翻上去。"

我继续问："困难具体是什么呢？"

他说："困难在于，我们公司目前在运作的 15 个项目，每个项目都能赚钱，但同样的，每个项目都会占有一定的成本。我的纠结在于，到底是应该像原来一样平均用力，还是说，砍掉一些项目，把现金流回收，然后集中投在某几个项目中？甚至是采取回报更高但风险更大的方式，把公司的现金流，全部投到某一个项目中？"

这个问题其实非常难，一是我对他公司的项目和数据缺乏全面的了解，无法从数据层面得出一个相对可靠的答案；二是这个问题对朋友很重要，朋友对我很重要，所以这个问题也很重要，如果你给出了不够好的建议，朋友因为信任而参考你的建议，最后做了错的决策，可能会伤害到朋友的利益，也会伤害到我们间的友谊。如果你是跟我一样的商业战略顾问，当朋友问到你这么一个问题时，你会给出什么建议呢？

我想了想，反问了一个问题，我说："除了这几个角度，还有一个可能的角度。我问你啊，在你的公司过去 5 年尝试过的所有项目当中，有没有一个项目，是你不管做起来还是管理起来，都非常舒服的？这个项目的收入或者回报率未必是最高的，但也很可观，关键是你投入的力量和资金都不大，它好像就自动能赚钱了。你有没有这样的项目呢？"

他说："确实有啊，就是我们的广告投放业务。因为我自己有一套成形的方法论，所以这个项目基本是刚开始的时候我盯一盯，后来就交给下面的人打理了，现在我只需要很偶尔地看看项目的数据就好，完全就是你刚才讲的赚'舒服钱'的项目。"

我说："太好了，现在我们已经有答案了，选择也非常明确了。就是把富余的精力和金钱，投入到这个'舒服'的项目上来，它的增长，无论是速度还是幅度，都会比其他项目更大。因为'舒服'从来不是商业指标，而是个人指标，更精确地说是一种个人感受。你能在做一个商业项目时，有这样的个人感受，不是没有原因的，其中一个很可能的原因是，你真的很擅长。而且，其他做起来不太舒服的项目，上升空间会不足，因为在你的个人感受上，已经没有'耐受空间'了。本来做起来艰辛的项目，能坚持住，其实已经很不错了。"

他说："这下我懂了，我知道该怎么办了！"

我补充了一下："而且，这么做的最大好处是，当你的'舒服项目'不断增长，利润空间也会扩大，这会让你有更充足的现金流。到了那个时候，再把这部分钱，投入其余几个项目上也不迟。"

之所以给出这样的建议，很大的前提是——Kyle 的商业模式经过几年的摸索，已经比较成熟。所以他目前需要的不是革新，也就是不需要做加法；而他自己在商业上的试错经验也足够，知觉也足够敏锐，目前还在运作的项目都是层层筛选留下的，甚至会形成一种盈亏的动态平衡，所以也不需要剔除某些项目，也就是不需要做减法。如果既不需要做加法，也不需要做减法，那就只剩下一个问题，就是把"已有"最大化。但问题是，

"已有的什么"可以被最大限度地"最大化"呢？

　　大多商业决策出现瓶颈，是因为决策人把关注的重点放在了"商业"上，商业的利益固然重要，但是更重要的关注点应该是"决策"，因为"决策"是由"人"来做的。所以，**决策的最高标准中，与"商业利益"同等重要的是"人的舒服"**。可是说到舒服，很多人会自然联想到"舒适区"这个词。而说到"舒适区"，很多人又会联想到"突破自己的舒适区"和"走出自己的舒适区"一类的描述。

　　其实这样的说法，是一个悖论。因为大多数人，都从来不知道自己的舒适区在哪儿，他们从来没有发现和考究一下，到底自己做哪件事情的时候，会最为舒服。他们以为的"舒适区"，其实是"懒惰区"。当你不知道自己的"舒适区"在哪儿的时候，你是根本无法"突破"和"走出"舒适区的。所以，**真正的成长，第一步并不是要走出舒适区，而是要"找到舒适区"。当你找到了自己的"舒适区"，明白了自己做哪件事最舒服，下一步你要做的，就是"扩大舒适区"**。因为你的舒适区在扩大的同时，这件事情的本身，也会随之拓展，你也就迎来了真正的"成长"。

　　所以，请记住帅老师一句话，明白自己的舒服，目标并不是更舒服，也不是更懒惰，而是为了让自己可以把最舒服的事情，用最大的努力来做。扩大你做起来最舒服的事，给它注入你最多的时间、金钱和心思，你不仅会获得最大的舒服，还会获得做这件事情最好的结果。我给 Kyle 的建议，不过就是帮他做了一件事：把他本已擅长的事情，推向极致。

4）明白"自己的可能"

　　我很喜欢网络上流行的一个"段子"：

　　一位女孩把 iPhone11 放在钢琴上，朋友看到说，炫富太明显了吧！

女孩说，这架钢琴 100 万元，你却只看到了 7000 多元的手机！

女孩的母亲看到说，你住着 5000 万元的别墅，眼里却只有 100 万元的钢琴！

于是女孩的父亲愤怒地对女孩的母亲说，你有身家十亿的丈夫，眼里却只有那 5000 万元的别墅！

类似的情况，在生活中屡见不鲜，我听到过很多人的抱怨，他们最高频的抱怨就是：没有机会。但客观而言，机会是充分存在的。所以，如果你觉得自己没有机会、缺乏机会，那很可能是你缺乏发现机会的眼睛。或是从主观上来讲，你没有提前做好准备，所以抓不住突然出现的机会。

我们重点讲第一种可能，因为抓住机会的前提是，你得首先发现那是一个机会。**为什么人总是难以发现机会和把握机会呢？本质原因很可能是：你对事物价值的低估，又或是缺乏对自己的了解。**这就导致了，人有一个通病，就是当我们看到一个东西的时候，总是无法认识到这个东西价值的全部。所以我们只是用到了这个东西的一小部分价值，也就是说，我们浪费了这个东西的大部分价值。因为没有充分认识，所以无法完全利用。在我的经验中，大多数人对机会都是视而不见的，又或者说，他们根本无法把握降临在眼前的机会。

比如去年，我的新书发布后，开始了全国巡讲。我有了一个机会去全国各地做签售会，去见我的学生和读者们。相对地，我的学生、读者和粉丝们，也有了一个机会到我的签售会现场来见我。这个机会，对我们彼此来讲，都是珍贵的，因为很可能一年最多只有一次。我很高兴自己能够发光发热，也很高兴自己的价值能被发挥、被利用，甚至能"被索取"，因为分享就是我最爱做的事情。能有人向你"要点什么"，这是一种幸福。

可是，在签售会上，大家都会向我要什么呢？最常见的一种情况是，大家在签售会上见到我，抱着我的书跑上来说："老师，你给我一个签名吧。"或者更勇敢的人，会多要一点儿，签完名后，他们会试探性地问："老师，我们能合个照吗？"我很乐意签名，也很乐意合照，同时我也觉得有点可惜，我是替粉丝们可惜。面对络绎不绝的索要签名和合照的人，我总是在想：你们都知道，我做咨询回答问题，费用是数十万一天，你一年也只见我一次，这真是千载难逢的机会，为什么你不准备好一个对你自己很重要的问题，在见到我的时候来问我呢？

大多数人的表现，仿佛是在说："帅老师这个人不重要，是个蜡像也可以，能拍照就行。"但是，你要是能问我一个问题，也许就打开了思路和可能性，接下来的人生也许就不一样了。这比一个签名、一张合照有意义，也重要多了。因为，合照以后，我还是我，你还是你，什么都不会改变，但一旦你开始提问，我开始回答，我再开始反问，我们就开始沟通了，听见就无法当成听不见，我们就会变成不一样的自己。

记得有一次，我和知名品牌营销顾问李娜老师交流。她说："最近我一直去的健身房快经营不下去了，来找我续费。"

我问她："续费需要多少钱呢？"

她说："几千块吧。"

我说："那就别续了。"

她说："几千块对我来说，不算什么啊！我也想支持一下他们。"

我说："倒不是考虑钱的问题，我也知道你完全付得起。但关键是，我觉得健身房老板目光太短浅，可能会真的经营不下去。"

她说："目光短浅，怎么说呢？"

我说："我就问你，你在他那里健身那么久了，他有曾经向你请教过任何关于品牌和营销的问题吗？哪怕一次？"

她说："这倒是没有，主要还是向我推荐新的锻炼项目。"

我说："你看，你是一座金山，而他要的只是金山一角。不对，一角也算不上，可能他只要到了一粒金沙。你若给他一条建议，他可能连锁店都开起来了。可到了今天，他还在煞费苦心地劝你如何续费。"

她说："很可能，他是根本看不见那座金山吧。"

我说："是啊，这就是问题所在。"

突然想起，世界第一商业策略家、企业教练安东尼·罗宾曾讲过这么一个故事——有一年冬天，他走在纽约的街头，一位衣衫褴褛的乞丐挡住了他的去路，乞丐对安东尼说："这位好心的先生，你能给我一点钱过圣诞吗？"

安东尼心想这么冷的天，每个人都不容易，遇上都是缘分，就打算帮助乞丐。他掏出钱包，准备从钱包里拿出 200 美元。

这时候，他多问了乞丐一句："那你希望我给你多少钱呢？"

乞丐毫不犹豫地说："你给我 5 刀（Dollars）就好！我只要 5 刀！"

于是安东尼放回了 200 美元，拿出 5 美元递给乞丐，乞丐接过了钱，欣喜若狂，看着安东尼远去的背影，边欢呼，边活蹦乱跳。他不知道，本来他是有机会得到 200 美元的。安东尼·罗宾最后用一句话总结了这段经历给他的启示：Life will pay whatever price you ask of it。你向生活开什么价，生活就会给你多少钱。即你问生活要多少，生活就只会给你多少。

生活中，我接触得比较多的，还有几种类似的情况：一是五星级酒店里的行政酒廊经理，他们每天都有机会接触企业家；二是飞机头等舱的乘务长，他们每天都有机会接触大量的高净值人群；三是大型活动或访谈的主持人，他们每次活动都有机会深入地接触某位大咖。哪怕只是普通的上班族，每天也是有机会见到你的上级，甚至老板的，这时候，你有机会跟他们对话，难道就是说一句"hello""你好"吗？就像我曾经的粉丝、那位健身房老板，他们不知道，他们本可以要到更多。因为生活会给你你问它要的一切。关键是，你问了吗？如果你能明白"自己本来有可能"，那请你记住，你"本来一定有更大的可能"。

在现实生活中，除了自身视野的局限，你的自我发现或决定，还会受他人的意见所左右。常见的例子是，一位月薪 200 万元的人，跟你说和他一起合作是可以赚钱的，至少是有更大可能的，你犹豫了半天没有答应。原因是，你去咨询了一位月薪 2000 元的朋友，他告诉你不靠谱，于是你听了他的话。

类似的情况还有，你和朝夕相对三年的男朋友吵了一架，于是你找了一年才见一次的闺密出来诉苦，闺密建议你分手，于是你听了。这些年的经验告诉我，越是那些你觉得要去听听别人意见的事情，就越要多听从自己内心的声音。因为偏偏是这样的事情，才越对我们重要，才需要我们根据自己的实际情况做决定。

如果非要咨询，就找到专业人士，或至少找到和你格局相当，至少是足够了解你的人，才好去获取意见。只有足够重视自己，也不轻视他人的价值，才有机会探知自己身上更多的可能。

5）明白"自己的品牌"

说到个人商业，不得不提到"个人品牌"。个人品牌重要吗？重要，因为每个人都需要自己的品牌。个人品牌最重要吗？并不是，你看我在这一章的最后才说这个主题就知道了。放在最后才说，并不是为了"压轴"，而是如果你前面的事情没有做好，这几项个人商业的优势没有理解透，就根本不可能有个人品牌。

"个人品牌"是毒害当代年轻人最深的词之一。常听见的"打造个人品牌"，就是本末倒置的做法，你明明要经营的是你自己，还有你的内容和产品，而不是你的品牌。就好像，你总是觉得什么风格的衣服，穿在你身上都不好看，你却从未在意，其实是你的身材不好看！

大多数教你打造个人品牌的人无非就是教你：①想个定位；②想个名字。这简直是胡扯，在你还没做过时，怎么知道自己能做什么呢？所以，根本无法凭着空想来定位，常识是先卡位后定位，什么意思呢？就是先做着一个大方向不错的事情，这叫卡位，然后在大方向中深耕出一个垂直细分的领域，在这领域内想方设法做大做强，这叫定位。

还有人会教你："一开始想个好名字，是打造个人品牌的重要一步。"诸如此类的说法更不靠谱。想一想，一个人之所以出名，是因为他叫什么，还是因为他做了什么呢？有一个人叫马云，很有名；又有一个人叫科比，很有名；所以你决定参照他们俩，改个名字，叫作：马比！你觉得你会出名吗？人家只会问你："马比，你到底做过些什么？"我们被别人记住，最终还是因为我们做过的事，而名字，只不过是个用于记忆的符号。比如，"哥老官"这个名字从传播上来讲，够难记住的了，也不是特别朗朗上口，最起码没有"海底捞"好记吧？而且从名字上来说，你根本看不出来哥老官是卖什么的。光看名字，作为广东人的我，还以为它是卖凉茶的。但是只要你到上海，吃过一次他们家的牛蛙或是鱼头，就永远记住了。他们家的锅底加上牛蛙和鱼头，让人无法不记住什么是"哥老官"。

我喜爱王菲，除了特立独行的个性和绝妙的歌喉，最让人佩服的是她充分的自信，王菲的微博介绍，只有四个字：暂无介绍。所以，如果你有必胜的决心和必要的努力，那么你就该有一个目标——今天所有的付出，就是为了有一天，你不再需要做自我介绍，不需要有所谓的个人品牌。你的名字，就是你最好的品牌，而不是那些天花乱坠的 Title（标签）。

在实操中，也得注意，如果非得写 Title，加强用户对你的认知，那就坚持一个原则：能写一个，绝不写两个；能写两个，绝不写三个。因为写这个的目的是加强用户对你的认知，而不是加强他们对 Title 的认知。所以别什么都写，尤其是不要写鸡零狗碎的东西。有一次我看到一张宣传海报，上面写满了讲座分享者的无数 Title，其中有一个我印象特别深刻，我写在这里，也让你感受一下。这位大哥的其中一个 Title 是：连续 10 年坚持自己给自己剪头发。看完以后，我竟百感交集，无言以对。

同时，也不要以为越多的 Title 会显得你越厉害，事实上人的注意力有限，这样做只会分散他人的注意力，让人记不住你到底是谁，同时也会显得你的学问多而不精。我们的经验都告诉我们，一个人实际上不可能在同一个时间内完成如此多的事情，如果一个年轻人，有 10 ~ 20 个 Title，那只可能是两种情况，要么是虚名，要么是虚荣，两者必居其一。

每一次出去办活动，主办方很多时候都要求我在海报上用 4 ~ 5 个 Title，我比较坚持，写两个就够了。主办方总是劝导说："老师，你只写两个，人家就不容易知道你是谁了。"我总是回应："他们本来就不知道我是谁，但等我讲完以后，他们就会记得我是谁了。"我的建议是，在 Title 的设计上，你可以有一个"to C"的身份，也可以有一个"to B"的身份。双重身份，已经能让你有双倍的传播效率和赚钱效率了。身份也并非越多越好，当你的价值没有真正提升之前，更多的身份也不会给你带来更多的好处，你不会因为换几个身份就赚更多钱，也不会因为同时拥有几个身份就有收入上的飞跃。

请记住，品牌就是口碑，口碑就是品牌。一开始，品牌大于口碑，因为品字有三个口，意思是谈论的人更多；也因为牌比碑要更"轻"，所以更容易被提起。慢慢地，口碑大于品牌。因为一个口就够，意思是每一个人口中都有它；也因为碑比牌更"重"，所以一旦立下将难以动摇。而打造个人品牌的前提是，你是一个魅力人格体。在我看来，魅力人格体的组成有三大部分：风格、眼界、意志力。

（1）风格

时尚圈有一句话，时尚易逝，风格永存。请记住：Style is everything（风格就是一切）。在每个行业里，大家都只会记得第一名和第二名，勉强会知道第三名，但几乎没有人会知道第四名，残酷的现实告诉我们，第四名和第四十名，其实是一样的。但是，你知道前三名和其他人有什么不一样吗？那就是他们拥有自己的风格，或许内容和产品是相似的，演绎的方式和个性却截然不同。什么都可以一样，风格必须不一样。因为风格可以让我们在同质化中求同存异，风格甚至可以让我们把弱项变成强项。正如周杰伦刚出道时，每个人都说他唱歌口齿不清，但自信的周董，并没有去纠正这个缺点，反而是硬生生地把缺点进一步放大，变成了自己的风格，于是缺点就变成了优点。

（2）眼界

"眼界"在这里所指非常宽泛，也许是你经历过的事、见过的人、看过的书、吃过的饭等等。每个人都有独特的经历，也有自己独特的感受生命的方式，不一而足。但无论是什么，这个眼界得远超常人，你才有可能从大抵相似的人生经历中，拥有不一样的看待事物的角度，提炼出与众不同又具有利他属性的观点。有观点不够，观点还必须有利他属性，才能有商业化的可能，不然你的观点就是一己之见，就是自圆其说。毫无疑问，扩展眼界最低成本的方式，就是阅读。但这件事也不是绝对的"低成本"，因为你得花足够的时间去品味、去鉴赏、去思考、去消化，把时间成本投入进去，他人的眼界，才会最终成为你的眼界。而你的眼界，最终决定了你的世界。所谓的影响力，就是"我从你的世界中，看到了我想要的世界"，所以我希望追随你。

（3）意志力

"意志力"就是能长年累月坚持去做一件事的那种品格。当然，坚持刷牙 10 年不算，你怎么不说坚持吃饭 10 年呢？因为这两者阈值太低，都不太需要坚持。什么才是意志力？我的一位好友，Scalers 老师，他是有意志力的代表人物，他已经连续 5 年坚持每天更新一篇至少 1000 字的文章了。日更这件事情其实一点儿都不容易，想象自己能做到的人多如牛毛，真正能做到的人凤毛麟角。我认识的人不少，而 Scalers 老师是我目前见到过的做这事最持久的人，后来他还把持续行动的经验写成了一本书。当然对行动者本人而言，行动本身可能并不需要真的动用到意志力。但其通过行动而表达出来的意志力，却是获得粉丝认同的根本原因。

意志力输出的形态很多，每个人的意志力也是与生俱来、独一无二的，也许是一直保持早起，也许是一直保持发视频，也许就是一直保持积极的想法，又或许是一直进行大量的阅读和思考。我自己的意志力就是但凡做事，必会做细。但你要知道，无论是何种形态，都离不开一个核心——对自己有充分的自信和绝对的耐性。耐性是自由的保证。比如，很多人都羡慕自由职业者很自由，我去分享的时候总爱打趣地说一句话：我就是一位每天坐在电脑前面 15 小时的自由职业者。看上去自由，实际上更需要自律，没有耐性，自由职业这事就成不了。

所以你知道了，"个人品牌"不是 Title，那不是用户或粉丝最终认可的东西，Title 顶多是他们一开始用来认识你的工具。每个人都有自己独家专属的风格、眼界和意志力。明白自己的品牌，就是要明白自己的风格、眼界和意志力。说白了，个人品牌，其实就是你的风格、眼界、意志力的延伸。知人者智，自知者明。自知，永远是做任何事的第一步。你必须时时刻刻明白自己，忠于自己。

Chapter **5**

翻倍思维篇

让钱为你工作，实现财务自由

1. 钱能生钱的秘密：

左手现金流，右手滚雪球

记得 10 年前，一部美国的片子完全打开了我对钱的觉知，这部电影叫作《华尔街：金钱永不眠》。看到电影的名字的时候，我感觉当头一棒，关于金钱的经脉被完全打通了，我被自己的想法震撼到了。

金钱永不眠！对啊！金钱在不断地流动——不断地投入生产，最后又变成产品换回来更多的钱。金钱不知疲倦，永远在流动，也不用睡觉。而且钱通过这样或那样的流动，还会生出更多的钱来。但是，我们人呢？每个人每天都要睡觉，还得睡 6 ~ 8 小时。如果今天你坚持 24 小时都在工作，很可能的后果是后面得补睡一整天。在那个瞬间，我忽然明白过来，不应该是"我们为钱而工作"，因为相比起不用睡觉的钱来讲，我们是"弱势群体"。所以，更正确的方式是"让钱为我们工作"。从那时起，我就开始研究钱和人的关系、钱和时间的关系、钱和一切的关系，最重要的，我一直在探究，到底有什么好办法，能让钱来替我们工作。

本章最重要的任务，是用最言简意赅的方式，讲清楚如何让钱为你工作，钱怎么生钱，目的是展现可能性和多提供一个思考的角度。我所说的有些方式，是你可以马上试试看，甚至能马上尝到甜头的。但有一些你可能需要更进一步的积累，才可以开始尝试，因为这些方式我自己也是积累了较长一段时间才慢慢发展起来的。

说起赚钱时，我们心中所倾向的，是"能力赚钱论"。我们的信念是有能力，就能赚到钱；没有能力，就赚不到钱。确实，能力是能让你赚到钱的，但前提是同时付出时间和劳动力。但因为你的能力需要通过时间来发挥，也因为时间是有限的，所以你能通过时间来赚到的钱，也是有限的。换句话说，如果你真的想赚大钱，或至少你希望财富呈指数级增长，而不是线性增长，这个钱和能力的关系就不太大了。

所以，**第一个真相是：如果你想变有钱，就不能只靠时间来赚钱**。赚大钱的思维，是"翻倍"的思维。你永远需要找到一种方式，让你的资产翻一倍，再翻一倍。**而资产翻倍的速度，可以通过"七二法则"来计算。具体的方法，就是用 72 这个固定的数字除以年化收益率**。你应该知道，以自己目前的投资回报率，在复利效果下，资产要多少年才能翻一番。例如，你投资 10 万元，每年的收益率是 3.5%，需要 20.6 年时间（72 除以 3.5），资金才会翻一倍，变成 20 万元。如果你选择的理财产品收益率是 5%，那么只需要 14.4 年（72 除以 5），本金就可以增值一倍，变成 20 万元。再假设，如果你选择的理财产品收益率有 12%，那么仅需要 6 年（72 除以 12），本金就可以翻倍，变成 20 万元。你看，钱确实是可以自己"长"出钱来的，这类不是主要依赖你的时间和劳动力而"长"出来的钱，通常叫作"被动收入"。

所以，**第二个真相是：钱生钱的本质是，不需要主动花时间来赚钱。**在同一份时间里，除了你自己在工作，钱也在替你工作，并驾齐驱，你才会赚到更多钱，如此你才能越来越有钱。另外，七二法则还能让我们倒着推算出，自己每个阶段需要准备多少存款（本金），这会让你用钱更有度，奋斗更有力。

我们举一个最简单的模型，比如你今年 20 岁，想只靠理财，在 50 岁时存够 1000 万元，要怎么做？假设你给自己设定好的收益率是一年 12%，通过上面的计算，我们知道，每 6 年，资产可以翻一番。这样不难推算出，要达到 50 岁存 1000 万元的目标，你 44 岁时，手里的资产应该达到 500 万元，38 岁时应该达到 250 万元，32 岁时手上应该有 125 万元，26 岁时是 62.5 万元，所以在 20 岁时，你的初始本金要有 31.25 万元才行。

一般的情况下，20 岁你还在读大学，23 岁才开始赚钱，如果想要 26 岁拥有 62.5 万元的存款，就要通过职业规划、资产配置、自我投资来实现。比如，通过换工作、买进更高回报的理财产品、涨工资、开启个人商业等实现。或者更直接一点，降低你的目标，比如，50 岁的时候，存到 500 万元就好，因为只要保持同样的回报率，要达到 1000 万元，只不过是多等 6 年而已。

所以，**第三个真相是：无论你投资什么，你都需要本金，你都需要提前做准备**。我也苦口婆心地和各位一再强调：凡事皆有成本。看上去零成本的东西可能是个骗局，因为它不符合经济规律。钱生钱的前提，就是钱，你首先得有一笔钱作为启动资金。当然，针对不同的"投资标的"，所需要的启动资金的规模不太一样，但是，它必须具备一定的规模。比如，你的本金如果是 1000 元，哪怕收益率是 100%，翻一倍也就只有 2000 元。但如果你的本金是 1 亿元，哪怕收益率只有 3%，一年后生出来的钱都有 300 万元，虽然翻一倍需要 24 年，但是钱生钱每年给你带来的收入，也能大于你的日常支出，足以让你财富自由。

所以请注意，所谓的"滚雪球"，就必须保证，本来它就是一个雪球，然后在一条足够湿、足够长的雪道上越滚越大。而不是它本来只是个"雪粒"，你痴心妄想、一厢情愿地想把雪粒滚成雪球。通常的情况是，雪粒一滚，就变成一摊水了；又或者，这个雪粒，遇上了巨大的雪球，然后粘在雪球上被滚走了。

以上我举了两个极端的例子，而大多数人能投入的本金，介于1000元与1亿元之间。你也要知道，以同样多的钱来计算，在你赚钱的起步阶段，通过主动工作赚来的钱，主动存下的钱，总是比通过被动收入获得的钱来得容易。比如，同样是5000元，你辛勤劳动一个月就有了，但通过被动收入来获得，事实上是非常难的。

哪怕是相对简单的一种，你可能会想，我在一线城市的市中心有套小公寓，每月租金就是5000元，那不是很简单吗？听起来是这样的，但你得先把房子买下来啊，起码得先交首付啊，这个钱你之前又是否有存够呢？所以，**第四个真相是：一开始本金不足时，你的主要任务，就是努力工作，尽量省钱，增大本金。**而七二法则的精妙之处在于，它还给我们提供了一种视角：它能够让我们目标清晰，不盲目投资。

比如，今年我23岁，我打算用12年的时间，也就是到我35岁的时候，达到资产翻倍。按照七二法则的计算，我的收益率需要保持在6%。所以，我只需要瞄准回报率在6%左右的产品进行投资，而不是去盲目追求各种所谓高回报、高收益又存在高风险的产品。而且，在我有了自己明确的目标和规划后，我就更难因为别人的看法或说法而动摇，所以就更难被骗了。诚然，对于年轻的我们，对于还没有选到好的投资项目的我们，让资产翻倍的最好的方式，就是做好手头上的工作，并尽力存款。

想一想，假设你今年的年薪是10万元，明年的年薪也是10万元，仅仅过了一年，你的资产就翻倍了。如果你的年薪能在明年提升20%，达到12万元，也就是说你赚到10万元，只需要10个月的时间，这样算起来，翻倍的速度就不是1年，而是10个月。

很多人会认为打工辛苦，就不去好好工作，老想着马马虎虎完成工作，留下时间和精力去干副业。那是因为他们低估了"打好一份工"的意义，或更精确地说，他们低估了一份"稳定工作"的意义。为什么做好本职工作特别重要？因为尤其在你特别年轻的时候，"做好本职工作"的这项投资，升值空间巨大。假如你头一年特别卖力地工作，下一年月薪从原来的 3000 元升到了 3600 元，或者从原来的 5000 元升到了 6000 元，又或者从原来的 10000 元升到 12000 元，从数字上来看，其实都不是特别难的事。

但如果我们不光从数字看，也从比例来看，以上工资的升幅都达到了 20%。你要知道，在投资市场中，找到一只低风险、比较稳定、年平均回报在 20% 左右的基金或股票，特别是对投资的新手来讲，是十分艰难的；哪怕是回报率 10% 左右，也很难。所以，在你年轻的时候，那份"稳定的工作"就是你最好的投资项目。而从长远来讲，这份工作也因为稳定，能给你提供持续的现金流，这确实会让人更安心。从这个角度，就不难理解，为什么我们的父母、老师，甚至是朋友，都希望我们有一份稳定的工作了。

当然，工作稳不稳定要看你选择的行业和市场需求，在工作上是否有足够的增长，就得看个人的选择和努力了。总而言之"稳定工作"的价值有两方面：一是提供持续稳定的现金流；二是为现金流提供相对稳定的增速。我是一个稳健型的投资者，主张的是，在稳健的前提下，即风险最低的范围内，争取最大收益率。最有效把控风险的方法，就是进行资产配置，最好的办法可以凝缩为一句话，就是：左手现金流，右手滚雪球。

你不应该因为有了一些回报不错的投资项目，或发展出了一两个被动收入渠道，就想着放弃工作。有持续稳定的现金流，是应对未来风险的最大保障。你应该做的是"两手抓，两手都要硬"；你应该做的是，"左手右手一个慢动作"——左手持续赚进现金流，慢慢存下更多的本金，右手开始用这些存款来滚雪球，慢慢优化你的投资项目和投资组合。

所以，第五个真相是："钱生钱"的秘诀，就在这三个字的本身。

"生"讲的是模式和方法，而生字的左边有一个"钱"，代表的是现金流，右边也有一个"钱"，代表的是投资的回报，三个字缺了一个，就不能成立。请记住，千万不要因为有了右边，就忘记了左边。你可以不上班，但不能不工作。有的同学甚至会想，有了被动收入，我就可以"躺赚"了，我就可以彻底成为废人了，抱有这样想法的人，往往难以进入钱生钱的大门。切记，钱生钱的目的，是让我们赚钱更有效率、更加稳健，同时让我们能够"自主地做更多的选择"，而不是让我们更被动和变得更懒。

2. 懒人的省力投资法：

人人都能躺赚的基金定投 13 问

　　每个人都想成为有钱人，但每个人对"有钱"的定义都不一样。我常说，"有钱"有三个层次：一是有钱用；二是有钱剩；三是有钱生钱。年轻时，我们会觉得有钱就是有钱用，就是你能付出劳动，赚到钱；财富观成熟后，我们知道了，有钱就是有钱剩，就是你能定期地存下钱。可是光是把钱存下来是不够的，我们还得理财，**而理财的最基本目标，是跑赢通胀。所以，真正的有钱，就是有钱来生钱。**

　　投资的方式有很多，不同的投资拥有不同的风险，也会给你带来不同的回报。但是这个世界上，从没有一种投资项目，会像基金定投一样，如此适合年轻人和懒人。之所以说适合年轻人，是因为它没有很高的门槛，每个人都可以尝试，只要你有收入，就可以拿出一小部分来定投；而且，它能用策略摊平成本，风险较低，不会像股票等高风险项目一样，让你亏到怀疑人生。之所以说适合懒人，是因为当你选好基金，在相关的软件上选好投放的周期和每个周期的投放金额，甚至开启"智能定投"之后，基本就可以一劳永逸，坐等收益了。

作为日夜辛劳的上班族，找到这么一种"易且懒"的"躺赚"方式尤为关键。不然的话，哪怕收益很可观，却要让你投入大量的时间和精力，这件事情就和上班无异了，也违背了"钱来替你工作"的初衷。

如果你希望学会一种省时省力并有稳健收益的投资方法，请你通读此篇。为了让你能够用一篇文章，就抓住基金定投的所有重点和内核，此篇将会以一问一答的形式进行，这些问题都是过去关于定投，我被学员问得最多的问题，也是我认为，你要一脚踹开定投大门时，需要了解的最重要的问题。我们开始吧。

1）问：股票和基金有什么不同呢？两者的主要区别是什么？

答：两者的区别主要体现在 4 个方面：

1. 管理方不同：基金由基金公司进行管理，股票由个人投资者自行管理。

2. 风险不同：股票的价格在一天之内的波动可以达到 10%，而基金采取组合投资分散风险的方式降低投资风险，一天之内基金净值的波动一般在 3% 以内，由此可见股票的投资风险大于基金。

3. 决定因素不同：公司的经营状况、信誉、股利分配政策等因素决定股票的价格，而基金的价格由多只股票的价格走势共同决定。

4. 回报率不同：虽然股票的风险比基金要高，但是它的预期回报率也比基金高，同样，亏损可能性也更大。

说得简单点，基金就是基金公司的基金经理，拿投资者的钱，帮投资者做一个股票投资组合，也就是用你的钱去买若干只股票，优点是能够规避购买单一股票带来的风险。总之，基金是我们参与股票投资的一种方式。

2）问：市场上的基金有哪些分类呢？

答：按照收益率从低到高，一般可以分为，货币基金、债券基金、股票基金和其他基金。

货币基金，年化收益率 2%～3% 左右，投资现金，常见的余额宝、零钱通都是这类产品。

债券基金，年化收益率 5%～7% 左右，投资债券。

股票基金，年化收益率 8%～10% 左右，投资股票。

其他基金，如投资原油、黄金、房地产等的基金。

除基金外，年化收益率在 3.5%～5% 这个区间的，还有银行的定期理财产品。不同的是，基金的年化收益率是预期收益，而定期理财产品的收益率是明确约定好的收益率。

3）问：定投之前，我应该做好哪些准备？

答：一是做好思想准备，必须牢记，定投不是短跑，而是马拉松，需要长期持有来获利，一般是 1 年到 3 年左右才见成效。二是做好资金上的准备，定投的最大敌人是提前离场，所以按照自己设定的频率，以及每次定投的金额，要准备至少 2 年内可以不用的现金。如果你的工作相对稳定，也可以采取每个月发工资就用其中的 10% 进行定投的方式。这点可以结合我们之前提到的存款策略综合运用，因为"定投"也是"定存"的一种形式。"基金定投"就是用基金的形式，把钱定期存起来。

4）问：老师，我想开始理财了，我要如何开展我的投资计划呢？就定投就好了吗？

答：刚开始理财或投资，一定要有"资产配置"的思维。其核心有两个，第一是，量力而为；第二是，分散风险。有一句老话，叫作"没有金刚钻，别揽瓷器活"，意思是"有多大的本事，就办多大的事"。常有同学来问我说，老师我该怎么理财？我总是会说，这首先取决于你现在有多少钱（本金）。本金规模不同，投资理财的策略就会不同。简单来说，你有 10 万、有 100 万，跟有 1000 万的理财方式肯定是不一样的，因为本金的规模主要反映的是抗风险能力，本金越大，通常抗风险能力就越强。

分散风险，就是常说的"不要把所有的鸡蛋，放在同一个篮子里"。在理财中，这个篮子有两个维度，一个是空间维度，意思是无论你有多少钱，都不应该只有一种投资标的，你应该投点银行理财，也投点货币基金、债券基金、指数基金和房产等。另一个是时间维度，说的就是定投的方式。因为采取定期定量的买入方式，所以在一段足够长的时间里面，摊平了总体成本。而比起一次性投入一大笔钱，定投的分次小额买入，也从时间维度上分散了风险。

5）问：不同的本金规模，对理财的不同影响是什么呢？

答：本金的规模，决定了你投资的优先级，秘诀是"稳中求变"。在本金有限的时候，先买"稳"；当本金不断增加后，可支配的现金变多时，就需要追求更高的收益了。所以，如果你的收入比较高，有比较多的本金，应按以下优先级来准备几笔钱：

最高优先级：雷打不动金，也就是专门用于应急，随时可取用的钱；

第二优先级：为你自己和家人购置必要保险的钱，以防一次大病就把数十年的财富积累清零；

第三优先级：3 年内需要用到的钱，比如买车买房、生活的必要支出等；

第四优先级：自我增值的经费，占每年收入的 10% 左右；

第五优先级：在存款满足上面的 4 笔钱以后，才对剩下的钱开始进行基金等长期投资。

如果你的收入还很有限，比如只有 1 万~2 万元的存款，可以按以下优先级操作：

日常生活随时要用的钱，放在货币基金里；

1 个月之内用不到的钱，选择创新型银行存款，收益比余额宝高；

3 个月内用不到的钱，可以选择投资债券基金，短期资金参与可转债打新，几乎能有 12% 以上的收益；

1~2 年内用不到的钱，进行股票基金定投，长期风险很低，收益却有翻倍的可能。

6）问：我要怎么选购定投的基金？

答：

1. 关注一定要知道的 4 个理财网站：雪球网，天天基金，中证指数官网，理杏仁。

2. 利用支付宝理财里的"指数红绿灯"功能，发现处于低估区的基金。被低估的意思是——比较适合买入。

3. 如果你真的不太会选，又想参与一下投资理财，可以选择债券基金，因为债券基金主要投资国债、企业债、地方债等，总体来讲比较稳健，收益率也不错，平均在 6% 左右。

4. 大部分的基金 App 都有自动定投的功能，你在 App 上设置好定投的金额和时间，系统就会自动帮你按时划扣相应的钱，"存"到相应的基金上，钱生钱就开始了。

7）问：那什么基金是比较好的选择？

答：**投资类别的话，如果你缺乏经验，就抓住最大的趋势。**什么是最大的趋势？最大的刚需，就是最大的趋势！一是"衣食住行"，二是"喝酒吃药"，消费股表现突出，相关主题基金的净值也水涨船高。以 2020 年 8 月为例，数据显示，食品行业、饮料行业、白酒等消费主题基金近一个月以来在各类行业主题基金中整体排名靠前。国寿安保消费新蓝海混合、大成消费主题混合、浙商全景消费混合等多只基金近一个月净值涨幅超过 10%。上述绩优基金重仓股名单中包括贵州茅台、五粮液、周黑鸭、洽洽食品、伊利股份等。生活越离不开什么，就买什么。

另外可以留心日常生活，当你看到路上"绿牌车"越来越多的时候，就知道"新能源"是个新趋势。当你发现自己待在家里的时间越来越长的时候，就知道"家用电器"，尤其"小家电"将会迎来一波新的高潮。这些"点"都在你的日常生活中，关键是你能不能"把点连成线"，并得出正确的结论，帮你做正确的决策。而不是像多数人一样，对眼前的一切，总是视而不见。

投资这件事情，用我常说的一句话来总结：你想赚的大钱，其实都已在你眼前。看得见的人，就能天天"捡钱"。所有的有钱人，都是生活里的有心人。投资的高手，都是生活的艺术家。而艺术家最大的特点，就是会观察。

8）问：定投该什么时候入场？

答：定投对时间不敏感，所以什么时候入场都可以。这是认真的答案，并不是开玩笑，因为开始的时间不是定投的关键变量。大多数基金投资者亏损，是因为入场时机不对，看到身边有人赚钱就跟风进场，这时候就容易出现高买的情况，最后只能低卖退场，遗憾亏钱。但定投的操作方式，能让我们有效降低入场时点的负面影响，哪怕是在下跌的情况下开始定投，在下一轮牛市也能实现盈利。另外，从收益最大化的角度看，熊市才是定投的最好时机，因为价格足够低，时间足够长，可以积累足够仓位，降低平均持仓成本。但不得不提醒一句，这个思路只适合基金，不适合个股。因为长期而言基金的回报是正向的，有跌必有涨，但个股不一定，可能会一直跌到退市。

9）问：定投的频率是每日、每周，还是每月更好呢？

答：按照个人经验和实际投资数据的复盘，不管按照每天、每周，还是每月定投，对最终收益的影响，都可以忽略不计。原因还是我们一直在强调的，定投是一个长期投入的过程，是马拉松，持续时间一般按年算，每日定投、每周定投，还是每月定投，它们的收益并无差别。比起纠结定投的频率，我建议更重要的是，让自己把这个习惯保持下来。这就需要我们从"自己"这个角度去入手，这需要你了解自己的心理承受能力，计算风险的实际能力，选择适度的金额和适合自己的频率进行投资。适度和适合自己，更有利于你把定投的习惯保持下来。

10）问：如何设定定投的收益目标呢？

答：如果让我来说一个目标，这个目标我觉得比较合理的是 8%～10%。这个也可以作为你自己比较保守的"止盈线"。听起来好像不可能，但是基金投资要达到 8%～10% 的长期平均收益率并不难，根据 2018 年发布的《公募基金成立 20 年专题报告》，近 19 年偏股型基金年化收益率为 16.18%。

统计报告显示，投资者在任意时点买入一只偏股型基金，持有半年获得正收益的概率为 60.53%，持有一年能有 68.87% 的概率获得正收益，当持有时间达到 2～3 年，胜率显著提升到 75.51%～77.79%。可见，投资者持有偏股型基金时间越长，获取正收益的概率越高。

至于债券基金，报告称，对低风险的债券基金来说，投资者持有时间达到两年，基本都能取得正收益。统计数据显示，投资者持有半年债券基金，获得正收益的概率为 82.35%，持有一年的胜率为 88.44%，若持有时间超过两年，投资者获得正收益的概率达到了 100%。从持基期间的年化收益率来看，在不同持有区间内，期望的年化收益率在 7.89%～8.26%，都能达到稳定的年化 8%。

我自己的基金平均年化收益率达到了 38%，意思是投入 100 万，就会带来 38 万的回报。这个收益率算是蛮高的，或许算不上最高的，但一定是我花最少时间来打理的。

当然，盲目长期持有基金还是有亏损可能，但亏损的概率，会随着持有时间的增长而不断下降；长期持有基金，大概率能带来可观收益。

11）问：定投时，如何才能做到收益最大化?

答：记一句口诀"<u>止盈比止损更重要</u>"。因为当你把握了定投的精髓，你就知道，定投并没有所谓的"损失"，一时的下跌，就是帮你摊平长期成本的机会，现在的亏，就是未来的盈。所以关键不是看一时的涨跌，而是要看在长期来说，赚到多少，就该落袋为安? 对初学者来说，最好的方法就是按目标止盈。你可以设定自己的"止盈线"，比如你可以在一开始就设定一个预期的投资收益率——当年化收益达到20%或者翻倍时进行止盈。

除此之外，为了让收益最大化，还有三点需要提醒：

1. 坚持住，不要在意一时的波动。

2. 抑制冲动，才开始盈利时，不要赚几个点就卖掉，让自己多赚一会儿。

3. 止盈是别一下子全卖掉，怎么买的就怎么卖，比如本金是分成10份投入的，就按同样的思路撤出。

12）问：万一投资亏了怎么办?

答：要知道，任何投资都不会是绝对的零风险。一方面，你可以通过学习精进你的投资策略；另一方面，不能因为亏就不去投。有些学费总是要交的，亏损也是正确反馈之一，因为它有利于完善你在理财时的操作。但我认为，亏不亏不是最重要的，重要的是尽早开始。要亏，也尽早开始亏，因为在你没有什么钱的时候，也会亏得少一些，赚回来的却是宝贵的经验，这样的学费是最低的。另外，哪怕你手上只有100块，也可以开始尝试了，因为你真正开始面对金钱的世界了。

理财的初学者热衷玩一个流行的"现金流游戏"（Cash Flow），他们的目的是提高财商和金钱决策力，但往往收效甚微。因为他们最大的问题是：没有用真钱来玩。游戏用的是游戏币，真实世界用的是真金白银，这就决定了两种决策行为的根本性不同。也就是说，在游戏中习得的游戏币决策思维，很大可能是无法指导真实生活中的金钱决策的。举个例子，你烧钱给祖先时，可以斥资"数十亿"，挥金如土，因为那是游戏币；你下次用真钱试试看，可能烧两张都心疼。所以无论看多少书、观望多少次别人的买进卖出，都不如自己真正用一次钱来得有收获。

当然，你可以玩游戏，但别沉迷，因为你在喜欢当游戏中的赢家时，从某个角度讲，也很可能成为生活的逃兵。

13）问：还有什么需要注意吗？

答：如果你比较不放心，可以隔三岔五地打开软件来看看走势，记住一时的涨或跌不重要，甚至大涨和大跌都不重要，我们追求的是长线、持续的胜利，如果在短时间之内，你的基金从最高位往下掉得"有点多"，记得适当追买一点。如果你对你的选择有足够的信心，在涨的时候，要沉住气，在跌的时候，也要手动地追加一点，因为这时候买入最便宜，多买点，就是前面所说的"降低了平均成本"。在财富上取得过人成就的人，都善于控制自己的本能，更善于反其道而行之。正如跌的时候，大家都纷纷离场，只有看清本质的人，才敢逆行进场。表面上是勇敢，本质上是理解。

定投不仅是可以帮助普通人逆袭的财富习惯，还是帮助你打开人生新篇章的重要思维。我们不仅可以定投我们的钱，获得长期回报，还可以在别的方面"定投"。按照每日定投的思路，我规定自己，每天要赚5000元，写5000字，走5000步。假以时日，便能制霸人生。

3. 打造资金蓄水池：

利用杠杆，买好人生中的头两套房

　　关于买房，我采访过很多年轻人，大部分人都比较消极和抵触。他们的看法很简单：一套房子几百万上千万，甚至几千万，怎么买？放弃了！究其本质，原因都是对买房这件事情缺乏正确的认知。其实他们在想当然——看到房价后，就想到，自己当然买不起，买房当然不关自己的事。

　　而绝大多数想当然的人，都是没有认认真真去研究买房的人。他们都以为，房产跟其他商品一样，如果要买，就要一次拿出标价那么多的钱，如果是这样的话，那我相信绝大部分人在短时间内都不可能买得起房。也是因为有这种误解，甚至有些年轻人还自怨自艾，觉得自己远不如人，因为他们觉得：为什么那么多同龄人都买得起房，我却买不起？又或者，他们会想：以现在我的工资来算，一辈子都不可能买得起房！

　　还有人认为：我还年轻，买房这事，不着急！你要知道，**一切的"不着急"，最后都会变成"来不及"**。年轻的时候买不起，年龄大一点儿的时候，该买不起的，还是买不起。但如果你趁年轻，做好准备和计划，反而有翻盘的机会。如果你正准备入手自己的第一或者第二套房，你需要做什么呢？

1）最开始的一步：实地调查

2019 年我在上海钟书阁做签售的时候，请了我的好朋友杨小米一起来给大家做分享。签售会问答环节，有一位读者提问："两位老师好，我在上海读书，刚大学毕业，职业是英语老师，现在月薪近万，我想知道，像我们这种积极奋斗的普通青年，在房价这么高的上海，如何才买得起自己的第一套房？"

小米不愧是心理学科班出身，十分敏锐，拿起话筒反问了他一个问题："你想了那么多，你有去看过哪怕一套房吗？"

青年摇摇头，补充道："我就是想到未来要买，但现在看了也买不起，看不看都一样吧。"

小米说："这哪里能是一样呢？我自己在上海打拼的时候，一开始有买房的念头，我就开始做计划，其中最重要的一条，就是从百忙的工作中，抽出时间去看房。前后两年的时间，我和老公看了 200 多套的房子，我们才大概清楚需要的是什么样的房子，地理位置要在哪儿，一家人住又需要多大，等等。"

小米继续说："而我觉得，我的买房计划，在这个时候才真正开始。计划里包括了——为了买到心仪的房子，我需要多少钱？我要用多久来赚到或借到这些钱？为了赚到这些钱，我要做些什么？当然，还有我买房的贷款和还款计划等。还需要考虑一定的变数，如房子被提前买走了，我的第二选项和第三选项是什么，等等。"

听完小米说的，我想起了自己买第一套房的时候，也是去看了上百套房，走到脚起泡。虽然我没有像小米一样勤奋，但是我那时候集中走访了我心仪的片区的所有房产代理商，去跟房产经纪聊天，去听听他们怎么说，去弄清楚背后有什么手法和套路，甚至有什么猫腻，从中又有什么是我可以利用的。从做计划到最终交易，前后也是用了快 2 年的时间。除了买到了心仪的房子，我还省下了一大笔钱。

我想告诉你的是，不能只是听课，听分享，空有理论，你一定要脚踏实地，走到房子里面去看个仔细，特别是二手房，由于是非标品，没有实地考察，就无法得到全局的认知。房产的购置，是你一生中的第一笔大消费，需要综合采集信息，充分衡量，最后才做决定。哪怕你最终不一定能做到那个最好的决定，但真实的信息和情报收集得越完整，这个决定就会越合理，起码不是错的决定，不是让你后悔的决定，最起码，可以避开很多由认知硬伤所导致的"购房坑"。而且你要记住，**"想"是一码事，"做"又完全是另外一码事。想的都是问题，做了才有答案。**与其花时间想出 100 个问题，还不如用同样的时间，真正去开始解决一个问题，让问题变小也变少。

我们常说，你都没有看过世界，哪来什么世界观。这话不假，如果你没有脚踏实地去调研，去考察，去收集情报和数据，你就永远不可能看到事实的全部，也就不可能真正了解自己的需求。而后面的准备，包括认知上的准备和实际的准备，将无从谈起。

2）最关键的认知：借来的就是赚到的

先把结论说在前面，买房最重要的认知就是：**买房靠的不是全款，买房靠的是杠杆**。地球人都知道，杠杆是用来干吗的？是用来借力的！也就是说，每一个人买房，他的大部分款项，都是借来的。他需要做的事情是，付一笔首付款，剩下的，慢慢还回去就行。

　　首付款是房屋购买时的第一笔预付款，一般情况下，数额应当在总房价的 30% 以上，一般购买首套房的，有以下两种情况的首付比例：①首次使用公积金贷款的，对购买首套住房且套型建筑面积在 90 平方米以下，或按规定购买经济适用住房的家庭，首付款比例不低于 20%；对购买首套住房且套型建筑面积在 90 平方米以上的家庭，首付款比例不低于 30%，并且公积金必须连续缴存 12 个月以上，贷款时还在连续缴存着。②使用银行商贷，最低首付比例为总房款的 30%。贷款购买二套房的情况下，贷款首付款比例不得低于 60%，贷款利率不得低于基准利率的 1.1 倍①。

　　简言之，如果是首套房，你只需要支付全价的 20%～30%，剩下的部分，由银行先替你付着。这就有点像给房价打了 2～3 折，大大降低了买房的难度，买房看起来再也不是那么难以实现的一件事了。

　　然而，有一种观点认为：向银行贷款，需要付利息啊，不就相当于最终还是买贵了吗？其实真相是，**买房贷款，是你作为普通人在银行能够借到的利息最低的一笔钱。**而且，除了银行，还有什么机构能以那么低的利率，把钱借给你那么久啊！况且，最长还能借到 30 年，也许你没概念，但 30 年真的很长、很久的。比如，正在写这本书的我，刚好 30 岁，30 年，就是我到目前为止的人生长度，要再过 30 年，我都变成老头了，那个时候如果我还写书，可能已经不需要用电脑了。所以，只有傻子才觉得银行在打劫，聪明人都知道，银行事实上是在做慈善。

　　并且，如果你知道什么叫通货膨胀，知道什么是钱会贬值，知道什么是贴现值，就会知道：这个钱借得越久，就越划算。因为，你付给银行

---

① 现有政策存在一定变化。

的那点利息和利率，完全可以用手上的资产配置和投资组合的收益率给平衡掉啊。这样总体算下来，不是买贵了，反而是买得更便宜了。虽然贷款的时间越长，需要支付的"利息总额"就越高。另外，在贷款时间相同的情况下，选择"等额本息"还款比"等额本金"需要支付的利息更高。

这样算下来，很多人是不是觉得选择期限短的等额本金贷款最划算？如果单纯按照需要支付的利息总额来算的话，的确是贷款年限短的等额本金最划算。但是，贷款年限还可以选择 10 年，甚至 5 年的，再比较，当然是一次性付全款不用贷款才最划算。因此，并不能简单地认为需要支付的利息总额越少，贷款就越划算。还要考虑当前自己能够承受的月供额度，自己的综合投资回报，以及人民币的贬值速度。

还有一种观点认为：没钱的人才贷款，有钱的人都全款。我想说，你确实是错了，有钱人只会利用杠杆多买几套房。比如，你有 500 万元，可以全款买一套房子，但有钱人会选择把 500 万元都变成首付，分散投资到数套房产上。况且，你在用全款买房的时候，就无法利用到积累下来的公积金，实在是一种浪费啊。

你还不是有钱人，所以你根本不知道有钱人到底在想什么。也因为你不知道有钱人到底在想什么，所以你还没有成为有钱人。

3）最大的误解：买了房，就限制了人生的可能性！

有同学还跑过来跟我说，趁着年轻，不要买房，房子以后总会买得起的。更重要的是，你用这个钱买房以后，就没有钱提升自己了。听起来好像很有道理，但是细想一下，问题就来了。首先提升自己只需要一定金额的钱就可以了，再者，你又没有买过房，你说的限制，只是你头脑中的消极假设罢了，买房到底如何限制你的可能性了呢？这时候，这位同学就会反驳我说："老师你看，巴菲特年轻时也没有买房啊，他把本来要买房的钱投资到股票上，结果获得了巨大的成功，这是世人皆知的啊！"我回答他说："巴菲特不买房，后来成就了伟业，主要不是因为他不买房，而是因为他是巴菲特啊！"

这位同学说的是事实没有错，但是他的归因很可能是错误的，那是因为他一厢情愿地、选择性地相信了"只要先不买房，就能获得更大的成功"，又或者他有幻觉，他可能觉得自己会是下一个巴菲特。但显然，全球数十亿人口，巴菲特只有一个，别动不动就说巴菲特说过。我们不得不承认，我们只是芸芸众生，我们就是普通人，我们寻求的突破，不应该是"我要成为下一个巴菲特"这样的幻想，而是"我怎么在普通人当中变得稍微不那么普通"。这样的目标更加实际，也更容易实现。

有同学会辩解道："每个月还房贷，我会有压力啊！"他们的理由是，如果不用还房贷，还有余下的一笔钱，我就可以投资自己，让自己未来赚更多的钱。看上去好像是真的，但事实上，你这只是在安慰自己，并试图偷懒而已，因为你用积极解决次要问题的方式，来躲避主要问题。我采访过无数在25~28岁就买了自己第一套房的年轻人，他们的观点是：因为每个月有房贷要还，所以用钱会更理智，赚钱也会更努力。这套房不仅会让我心安，而且还是我不断前进的一个动力。

贷款买房，最终会不会增加你人生的可能性我不知道，这个因人而异。但我很确切地知道的是，贷款买房，确实会增加你理财上的可能性。劝你先别急着买房的人，要么缺乏财务知识，要么缺乏财务意识，再不然，就是另有目的，请多加警惕。

你得建立一个新的认知。房子最重要的属性之一，就是它的"金融属性"。不然，为什么办出国签证的时候，要让你提供房产证明？为什么房产是特别优质的抵押物？又是为什么大多数的高净值人群都会持有大城市的优质房产避险呢？ 最近推行的"房住不炒"，目的是倡导各位能够更关注房子的"居住属性"。但是，这并不代表房产的金融属性就不存在了。要是你没有意识到这点，决策一样会出现偏差。

比如，那些在海外留学、外地工作几年，最后回到家乡的人，习惯了租房子住，他们的想法很直接也好像很有道理：我花那么多钱买个破房子住，还不如留下钱，租个好一点儿的房子。就是因为这样根深蒂固的"偏见"，才让他们一次又一次地错过上车的机会。如果你能充分理解房子的金融属性，更好的选择就出现了：当你买不起好房子时，完全可以买一个你支付得起、流动性又好的房子，然后再另外租个好房子住。投、住分离，也不失为一个好办法。

而买房比起租房的最大优势是：你每个月付的租金，可能是相当于还房贷的钱。但租金给出去之后，钱就属于房东了，这是一笔消费，消费完以后，你啥都没剩。但房贷不一样，钱给出去之后，特别是还完房贷后，你会多一套房子，房子归你。而且，要是将来卖房子了，钱还能回到你手上，并且是更多的钱。哪怕你不卖，房子租出去，这个房子还能替你赚钱，你摇身一变，还变成了房东，而不只是一辈子当个租客、做个过客。

所以，你还敢说，房子在限制你的可能性吗？有房子在后面推动你，人更卖力了，人生岂不是有更多可能性吗？拥有一套房子，明明是在让你变得更好、让你的人生有更多可能啊！

以后你要还是那么爱写 Title，甚至你可以写自己是房东。

4）最好的时机：什么时候该买房

时机有两个方面的考量，一个是你自己是否做好了资金上的充分准备，另一个是从行情来说，这是否是相对的低点，还是再等一等会更好。

资金上的"充分准备"：指的是，你专门为房子存的款项已经存够了。这笔款项包括两部分：第一部分是首付，第二部分是足够支撑两年还房贷的金额。你总不能手头上有多少钱，就拿出这全部的钱用来买房，用来付首付。前面的章节已经分析过，这会让你失去抵御其他风险的能力，如重大疾病或者意外等，就算你有买保险，也不能没有充足的现金啊。所以，买房的钱需要专门存，专门打理。而且我还发现不少人只存首付，存够了就去买房，这也可能让自己陷入危机，万一房贷还不起了，就只能卖房了，所以我会建议多存足以应付2~3年房贷的钱。万一有突发情况，如公司裁员，甚至公司倒闭等，哪怕一段时间暂时找不到工作，资金出现了困难，但因为有准备，你也能相对从容地应对。

如果你有买房子的意识和打算，通常我的建议是，大学毕业的10年内，买自己的第一套房，功能是自住；买第一套房后的5年内，买自己的第二套房，功能是投资。之所以要设定这两个年限，一是因为如果拖太久，比如说20年，这个目标就基本上无法实现了；二是因为在条件允许下，房子越早买越好，因为总体上越早越便宜，回报的空间也越大；三是因为，未雨绸缪，不能只着眼于Step1（第一步），还要紧盯Step2（第二步），所以如果准备买房，那就头两套一起规划和准备，甚至存款时一次存够两套首付，又或者在你存款不变的情况下，可以为第二套房子对第一套的条件妥协一点。简单来说，假如你有100万元购房准备金，就别100万元都放在第一套房子上，如果一下准备两套房，那第一套就只用70万元，还有30万元留给第二套。

当然这不是具体的投资建议，得具体情况具体分析，也有可能是：在你买第一套房的5年后，行情不错，你的收入提高了，或许更适合卖掉手头这套房子，换一套更大的自住房。简言之，以上就是考虑你在主观上是否做好了准备，接下来就是对整体行情和趋势的分析。经济下行，房子的价格在 2019 年下半年开始下滑，85 后迎来了最适合买房的时机。我认为，买房最理想的状态，就是你收入的高峰，迎来了房价的低谷。

对 85 后和部分 90 后来讲，这是最适合买房的时机，如果错过了，下一次机会就是 2030 年后。房子在一生中大致消费两次，大概 20 年一次。房地产周期是 20 年轮回一次。当然，以上的结论不是我说的，这是我的一位导师——周金涛老师说的。周老师有一句名言："人生发财靠康波。"这句话的意思是：我们每个人积累下财富，一定不要以为是你多有本事，财富积累完全来源于经济周期运动的时间给你的机会。

周老师说，一个人的一生中所能够获得的机会，理论上来讲只有三次，如果每一个机会都没抓到，你肯定一生的财富就没有了。如果抓住其中一个机会，你就能够至少是个中产阶级。

周老师在 2016 年病故前，发表了一次报告演讲。演讲中，周老师根据康德拉季耶夫的周期理论，留下了一系列的预测，在随后的几年，他的理论逐一被验证。演讲要点整理如下：

在世界经济周期运动中，最长的周期是康德拉季耶夫周期，它的一个循环是 60 年，大家知道一个人的自然寿命主阶段大约是 60 年。中国讲六十甲子，循环一次就是一个康德拉季耶夫周期。它分为回升、繁荣、衰退、萧条。

人生就是一次康波，三次房地产周期，九次固定资产投资周期和十八次库存周期，人的一生大致就是这样的过程。

各位 80 后，房地产可能在 2022 年左右见底，之后又开始 20 年一个周期的回升期。

2019 年经济衰退信号明显，贸易争端，世界格局动荡，此时减少股票持仓，改为投资黄金、白银更为稳妥。等待最佳的股票抄底时机！

无论是中国经济，还是世界经济，历史的车轮总是向前转动的，经济繁荣总是一浪高过一浪，垃圾股票千千万，定投上证、A50、美股指数更为正确。

总而言之，**人生中的康波周期，把握住一次，足以改变命运，顺便完成财富的积累和阶级的跃迁。**周老师的这次演讲视频因不明原因，在网络上已被彻底删除，只留下了演讲的文字稿，读完必然会让你受启发，就像 4 年前的我受到启发一样。（在我的公众号"帅健翔"后台回复：康波，即可获取演讲稿全文。）

周老师预测到了经济和房价的基本趋势，但他没有预测到的是，随着 2020 年一起到来的还有一只"黑天鹅"。这只黑天鹅，让下行的经济，更进一步地持续下行了。也进一步让 2019 年的状况，蔓延至 2020 年的前 3 季度。疫情的出现，让 2020 年，完全可以看作是 1.75 个 2019 年。所以 2020 年，依然是 85 后、90 后的第一次人生机会。

前段时间有朋友来找我做购房咨询时，我都不禁提建议：忍忍再出手。一方面房价会进一步下跌 20%～30%，甚至 50%。据人民法院的公告显示，从 2020 年 1 月 1 日至 2 月 10 日的 40 天时间里，全国共有 96 家房地产及相关企业破产清算，平均每天破产 2～3 家。受疫情影响，全国多地的楼市都处于"0 成交"状态，毫无疑问，这才是真正的"大降温"。另外一方面，银行贷款政策也有所放宽。楼市降温后，各方确实都采取了一些优惠措施，来帮助大家买房，顺便也让房企度过寒冬。首先是央行方面，央行 LPR 降息，房贷利率也跟着降低，这意味着，现在贷款买房可以少付点利息。

简单来说，如果你手上资金比较宽裕，买房确实是变得更容易了，性价比也更高了，可以考虑入手首套房。平日买房，贷款是一个杠杆，遇上康波，你就有了另外一个杠杆。顺带提醒一句，保值和流动性，是未来 3 年投资理财的重点，房地产也不例外。一言以蔽之，这几年内，有能力买房的，尽早买；暂时没有能力的，尽早打好基础，做好准备。

5）最重要的准备：明白每一个要素，算清每一笔钱

当然了，房子便宜，能买房，也不等于能够随便买。等你有了足够多的实地考察，观看了足够全的样本，有了对买房最重要的认知，并认识到自己最大的误区后，我们该来立下标准，列出要素，以及精算费用了。

1. 立下标准：以终为始，最大保障

如果一开始你买不到特别好的房子，或处于市中心位置的房子，**第一套房子最重要的标准就是"流动性"**。所谓流动性，就是比较容易再一次转手卖出去。而以终为始的意思是，你不仅要凭借自己的喜好、购买能力、房子的性价比来衡量是否应该买这个房，哪怕你想着这套房只是用来自住，哪怕你认为自己买下了就会住很久，甚至是一辈子，你还是要多加一个标准：要以"再次卖出"为目的，来考虑你的买入。万一呢？

而且这样的万一有非常大概率会发生，一是因为你年轻，变动性比较强；二是因为时代不同了，可能性越来越多了，保不准明年你会赚到一笔足够的钱，换一个更大一点儿的房子。所以，如果你不是那种笃定的宿命论者，比如，你会认为，"一个人一辈子吃多少穿多少是注定的"，甚至你认为，"我就注定只有一套房子"，请你为未来的可能性做好充分的准备。

尤其是当你面临选择时，比如在广州，同样的价格，你是买一个98平方米的大三房，还是买一个55平方米的单身公寓呢？大三房是个老房子，在9楼，没有电梯，位处老城区，若非有中介开路，都不知道这地

方原来还能住人，且周边治安也感觉有点差；而单身公寓，是大开间，标准的地铁上盖，有电梯，地铁还连着综合商场。你会怎么选呢？几乎一样的价格，是买个近2倍大的，还是买一个小的呢？当然不能这么考虑。当时的我，毫不犹豫选择了后者，而再次卖出的时候，也证明我的选择是对的。

我是这么考虑的：一是我更偏向新楼，因为不仅有电梯，而且生活设施也相对完备；二是在同一片区同一个地段里，我这个公寓性价比是最高的，未来涨幅一定更大：三是基于前面两点，这样的房子对单身年轻人或小情侣作为新婚过渡房也更有吸引力，更容易出手。一年后价格比较好，我就把小公寓转手卖出了，过程十分顺利，也验证了我的判断。

所以，一定要以终为始，以卖出作为买入的重要衡量标准，而不是单纯凭自己的好恶。

2. 列出要素：7大要素，周全考虑

你可以拿出一张A4纸，画出这么一张表格，然后逐项填写；如果这不是你自己一个人在下决定，就和参与的人一起商量着填写。

功能	
大小	
价格	
交通	
配套	
新旧	
再售出	
其他	

（1）**功能**：主要考虑是自住还是投资，即常说的是否刚需房。

（2）**大小**：要一起考虑，考量的因素包括，自己住还是和伴侣一起住？是否要为未来的小孩做准备？家里长辈是否一起同住？多少人住，通常决定了2室还是3室，以及大致的平方数。

（3）**价格**：大概列出你能够接受的总价，除以预估的平方数，顺便计算出单价。以你能接受的总价100万元为例，需要50平方米，就是2万元/平方米。

（4）**交通**：是否近靠近交通枢纽（地铁，公交站等）？若自驾，附近道路是否拥堵？出入是否足够方便？暂时没有通行的交通方式，在未来1~2年是否有规划？各种主要交通方式是否能满足你预期的通勤时间？建议上班族的自住房，通勤时间不要超过30分钟，最多不要超过50分钟，你也要想清楚，你是否有足够的勇气，天天在上下班高峰追公交、挤地铁。另外，这些通勤方式，都要以不同时段的实测为准，你在看房的时候，就可以顺便做完，别只是听中介告诉你的。

（5）**配套**：一是指屋内配套，格局和设计如何——有没有配置精装或简装？如果没有，自己装修的预算是多少？如果是二手房，软硬件如何？需不需要重新装修？重新装修的预算又是多少？配齐家具等软装又需要多少？二是指楼内配套，比如，有没有电梯，带不带小区花园，有没有泳池，有没有私人会所，有没有完善的物业管理和安保等。三是指周边配套，有没有商场和超市？如果没有，未来是否有规划？有没有幼儿园、学校等？学校是私立的还是公立的，费用如何？如果你需要和老人或小孩居住，附近有没有医院？周边治安状况如何？还要考虑邻居的构成和素养等。比如，主要是以业主为主，还是以租户为主？附近路面或楼宇是否会经常维修从而带来持续噪声影响？等等。

（6）**新旧**：如果你已经填写好并明确了前面的5大要素，这5个要素将会决定第 6 个要素。简单来说，就是买新房，还是买二手房。很多时候，对年轻人来说，这意味着，第一套房到底是买市区的"老破小"，还是市郊的"新高大"。或者在这两者之间，有没有折中选项？这一方面取决于前面 5 个要素的限制条件，另一方面取决于你在实地考察时下的功夫是否够深。

（7）**再售出**：就是刚才说的最重要的标准，也请考虑一下，你买回来这个房子，是会保值，还是会贬值。未来什么样的人可能会买你的房子？这个人群存不存在，大不大？他们为什么非买不可？

（8）**其他**：可以填一些个人习惯和喜好，个人认为这栏最不重要，但可以作为参考。比如，有人喜好看着日出醒来，他需要一个房间窗户朝东的房子。也有人畏高，不能住高层的房子，只能住 5 楼以下，诸如此类。

拿着这个表格，你想要的以及你能要的是什么，就已经非常明确了。有点耐心，再去实地考察一次，高楼林立的地球上，一定会至少有一个房子，与你手中的条件完全匹配。要是你做决策的时间有限，那就要清楚，哪怕条件不完全匹配，哪些选项是可以妥协的，在列表的时候，就可以用不同颜色的笔标注出来。我个人认为，年轻时购入第一套房，可以有尽量多的"妥协"，不应有过多的"固执"。因为对你来说，其实并没有太多选择，所以房子对于你，不是"好"和"不好"的问题，而是"有"还是"没有"的问题。

3. 精算费用：一分一毫，滴水不漏

当你列出了所有条件，并找到心仪的房子后，就可以精算一下所需要的费用了。为便于理解和计算，我们就以房子总价 100 万元为例。

费用一般分为三大部分：

费用一：立刻要交的钱（定金／订金）

定金或订金，也叫诚意金、意向金，一般为 5 万元。当你确定了房子是想要的并决定购买的时候，就需要缴纳这个诚意金"锁定"这个房子。但值得注意的是，"定金"和"订金"在法律上的含义有细微的不同，简单来说，"定"就是确定了，定下来了，而"订"只是预订和预留，所以从法律上来说，定金是不可退款的，万一房子不要了或没有在规定的时间内交齐首付，定金会被直接扣除；而订金是可以退的，如果最后你无论出于什么原因，不买房子了，在法律上是支持退回订金的，但具体还应看合同或协议上的限定条件。

费用二：需要准备好的钱（首付＋税费＋中介费）

首付 =100 万元 ×30%=30 万元

税费 =100 万元 ×1% 契税 + 杂费 ≈2 万元

中介费 =100 万元 ×3%=3 万元

合计 = 首付 + 税费 + 中介费 ≈35 万元

费用三：未来每个月要还的钱（房贷）

月供 ≈4000 元

需要注意月供会因为你选择贷款的时间不同而不同，看你个人的实际承受能力，可以选 20 年，或者 30 年的贷款。另外，在费用这个部分还有 3 方面需要特别注意：

第一，有些房产中介在成交时，会给你呈上"明暗合同"的选项，虽然明暗合同能帮你节省一部分的税费，但未来若涉及经济纠纷，暗合同不受法律保护和认可。明暗合同有法律上的风险。另外，明暗合同也会减少你在银行能借到的款项，这从长远来说，是得不偿失的。当房产中介给你这个选项，甚至威逼利诱要你签明暗合同时，我建议你直接拒绝。

　　第二，如果你在准备首付时，资金仍有缺口，借贷的优先顺序是：父母或家人、网贷、朋友。不到万不得已，尽量不要向朋友借。还需要注意的是，我所说的网贷指的是像支付宝借呗和微信微粒贷这样的有诚信的大平台，选择大平台基本能保证没有某些平台的"砍头息""乱扣手续费服务费""变相提高利息""恶意催还"等乱象，同时大平台能确保利率最低。

　　第三，部分开发商为了促进房产的售卖，会打出 7 折、6 折等旗号。请不要因为打折而冲动购买，因为房产购置要花的毕竟不是一个小数目，你可以先到当地房管局的官网查找公开信息进行核实。比如，前段时间，广州一个大型楼盘，为刺激疫情后的消费，打出全部 7 折的广告语，写的是原价 1.4 万元每平方米，现价 9800 元每平方米。我到房管局核实，发现该楼盘向房管局申报的价格为 1 万元每平方米，所以事实上，这是商家的"销售手段"，先提价，再打折，实际上哪里是什么 7 折，只是比原价便宜了 200 元。按折扣来算，应该是 9.8 折才对。如果你是因为 7 折而购买，当你知道实际上是 9.8 折的时候，你可能就会做出不同的决定了。

　　最后，总结一下，买好房的秘诀就是：买房要趁早，准备要提前，计划要周全。反正有的人这辈子买房，有的人下辈子买房，你自己选吧！

4. 投资新维度：

配置全球资产，重新定义被动收入

优秀是一种习惯。你习惯了优秀，就会变得优秀。但是，有的时候，我们的习惯，也有可能成为我们最大的限制。比如，你已经有了强制自己存款的习惯，有了更理智用钱的习惯，甚至开始关注投资了，可是你的钱都习惯放在哪儿呢？要不放在银行，要不放在理财产品上，要不放在基金或房产上，总而言之，来来回回，都逃不出那几个选项。

我见到过很多人，哪怕手上有了 100 万元，还是觉得自己"没钱"，依旧觉得自己拿这个钱"并不能做什么"。那主要是因为，你被"习惯"局限了。真的只能够这样了吗？我们还有更多的选项吗？世界很大，你想去看看吗？来，这一节，就让我带你看看吧！

1) 打开眼界：100 万元，在世界范围内可以买什么

我们知道，100 万元在北京三环内，大概可以全款买一个卧室，还是

毛坯房。如果国内的房地产不是你的选项，又或者你有多出来的 100 万元想要进行投资，你还可以放眼世界，发现更多的可能。毕竟，**实现可能性的前提是看到可能性。如果你都没有看到这些选项，就无法比较优劣，也就无法做出真正"最优的选择"了。**

如果只有 100 万元的预算，在国际一线城市的市中心，基本上没有购置房产的可能，在一线城市中心，能购置的，就只有车位了。但 100 万元，如果拿到世界金融中心纽约的郊区，可以买一套带车库、草坪、精装修的独立屋（可以理解为只有一层的独栋别墅）。如果在迪士尼的所在地奥兰多，你可以买一座 160 平方米、配套全屋家具的三居室联排别墅。如果放在西班牙的远郊，可以买 4 个村庄，你可以当村长了。如果拿到柬埔寨金边，可以全款买两套小公寓。如果拿到泰国的芭堤雅，可以买到 3 房的海景房。

如果放在越南岘港，可以在离海边 15 分钟步行路程的距离，买一块地，上面盖一个别墅，然后找人来精装修，所有费用加起来差不多 80 万元，还剩下 20 万元可以买一套小公寓。

如果你像我一样，是一个田园爱好者，可以花 100 万元在智利的比亚里镇买房，你可以拥有一座有三个卧室、三个浴室的独立屋，房子附近还有一流的田野。如果想要选择轻松舒适的生活方式，在法国的卢瓦尔河谷，100 万元就能购买到一个三居室的独栋别墅。别墅中配备有温泉泳池和一英亩①的花园。虽然并不是位于市区，但这里与高速公路相连，仅需要 1 小时就能够到达附近的机场。

你也可以在英国的斯凯瑞郡拥有一片占地 8.2 英亩的二居室，做一个小小的庄园主，打开家门，就能够欣赏到奥克尼群岛的风光。同样的 100

① 英美制地积单位，1 英亩合 4046.86 平方米。

万元，你也可以在加拿大买个岛，成为岛主。当然这只是买岛的费用，建岛的费用又是另一码事了。岛屿卖得最便宜、最多的就是加拿大，差不多花 50 万元就可以在加拿大成为湖岛岛主。在加拿大新斯科舍，有一个叫 Hollpoint 的小岛，售价 3.8 万英镑（约 33.5 万元人民币）。这座小岛有一条公路与大陆连接，占地约 6 英亩。小岛风景秀丽，交通便捷，饮用水、电配置齐全。买下来倒是可以当作一个休闲度假的好去处。也就是说，100 万元，在加拿大，差不多能买下来 3 个这样的岛屿！

当然，房产如果是自住，只要保证安全舒适，气候适宜，符合个人日常和工作的需要即可；如果是投资型的房产购置，就要算清楚回报率，当地购房的相关政策、补助和可能由地理位置带来的自然灾害对房子出租的影响。比如，在板块边缘的地区，需要小心地震；在沿海地区，要提防风暴和海啸等。比如，日本东京是个 100 万元以内房产云集的城市。这些房产一般位于交通枢纽地带，价格不高，并且都比较小巧，是典型的"投资型房产"，可谓是多如牛毛。在不同的地段，全款价格在 50 万 ~ 100 万不等，通常步行不到 10 分钟能到地铁站或公交站。我曾经购置一套价格约 93 万元的小公寓，而每月的净租金收入约 4500 元，实际租金回报率在 5% 左右。相比之下，北上广深的租金回报率仅为 1% ~ 2%，远低于东京同类房产投资的水平。

2）更进一步：如果我有 200 万元闲钱，买点什么呢

我们在生活中的观察习惯，一般是只关注眼前，也正因为过分关注眼下，才会导致"眼瞎"——我们没有看到更多，所以我们会认为自己没有更多的选项。但当你知道了，原来钱还能这么用的时候，没准，你会重新衡量，到底是现在用，还是存起来以后再用。这样你用钱将会更明智、

更合理，也能带来更高的回报。

如果你有 200 万元的闲钱，该做怎么样的投资呢？你有没有想过，除了买房、买基金、买保险，还可以买点什么呢？或者说，如果你有 200 万亏掉也不怕的钱，除了那些比较稳健、回报可预期的项目，还可以投放在哪里呢？大方向上，就是**我们得买"资产"，不买"负债"**。简单来讲，资产就是能让你钱越来越多的东西。除了常见的项目，还有很多选项。我列几个可能性：

私募基金。

私募股权。

购买专利。

购买商标。

投资朋友的小生意。

自己开一个速饮店等。

你还可以在熟知的领域，成为新创公司的合伙人，光是出资就可以，回报是股息或分红。值得注意的是，你要成为"公司"这个层面的合伙人，而不是公司某个项目的合伙人。项目合伙人，实际上只是合作者。而且市面上鱼龙混杂，打着"项目合伙人"旗号骗钱的，大有人在，需要警惕小心。虽然是闲钱，但也可以更好地利用，而不是只用来买一个好听的名字——合伙人。

你还可以做艺术品投资，200 万元可以集中精力放在近现代画家的作品上，相比于其他艺术形式，画作的流通性比较高。如果此时对方已经是小有名气的艺术家，以后的身价也只会越来越高，你要善于发掘潜力股。有机会可以多参与到拍卖会当中，在开阔眼界的同时，拍卖会上展示的珍品会让你更加明白，什么是钱。顺带一提，与艺术品投资类似的古玩投资，我自己不太建议，除非你真的十分懂，包括懂古董、懂历史，还懂这个行业的各种猫腻，不然不要轻易涉足，200万元有很多的选择空间，不到万不得已，别选古董。

同时，你也可以研究一下世界上最富有的人是怎么打理他们的财产的。他们会投资世界最稀缺的资源，因为从长期来看，这是"最赚钱"的资产，如世界上最有钱的家族，罗斯柴尔德家族，洛克菲勒家族，在世界各地发掘油田。通过研究得知，除了油井，这些大家族还会购买金矿。他们还在欧洲各国购置和投资大量的林地，因为林木的采伐是刚需，且森林是稀缺资源。

你可能会想，研究这些"巨富"有什么用？他们的投资项目，进入门槛都特别高，也许我们耗尽一辈子的力气，都入不了门。要是你这样想，未免太过狭隘了！这可能就是普通人难以致富的原因。因为当我们参考巨头们的做法时，只要我们知道了大方向，哪怕你手上可能只有100万~200万元的闲钱——这对顶级富豪来讲，是九牛一毛，但我们依然可以以自己现有的实力，参与到我们力所能及的部分中去。例如，你知道大家族都会挖油田、买金矿、购林地，所以本质上他们参与的是石油的生意、黄金的生意、林木的生意。这些生意足够长线，规模足够大，所以会有足够的空间，让我们这些"平民百姓"也参与到其中。

有了这个认知后，虽然你买不起金矿，但你可以投资黄金。当然，请注意，我这里说的黄金，是真的看得见摸得着、能拿在手上的金块、金条或金币等，并不是黄金的金融衍生品，不是某个与黄金相关的基金。如果你有大额的闲钱，在做了必要的资产配置后，比如，房子、股票、基金、保险、应急备用金等都配备完毕后，就可以把闲钱以黄金的形式存放起来。黄金可以抵挡漫长岁月，也可以抵抗地域差异——在时间上，任何奢侈品都经不起时间的损耗，黄金在古往今来被视为永不贬值的货币；在空间上，黄金作为世界货币，全球通用。关键是，它不受通货膨胀的影响，若某个国家钞票增印，其货币就会贬值，贬值的钞票如同废纸。所以黄金具有非常强大的避险属性，因为它具有不可操控性，世界上任何投资行业都可以被人操控，尤其是股票市场，而黄金市场例外，没有任何人、任何集团有能力操控黄金，因为黄金的价格在全球都是统一的。

虽然你也买不起油田，但你可以拿出手中的200万元，去和朋友一起，投资一个连锁品牌的加油站。就分享一个我掌握的数据吧，一个镇上的加油站，光是租金，每年大概就需要4000万元，所以需要20～30个朋友来合投；当然回报也是巨大的，年收入大概可以达到1.5亿元。同样，虽然我们也买不起森林，但手上的钱，也可以投资一个木材加工厂了，或者我们加入印刷行业中去。

钱无大小，更无贵贱。你不要老是以一己之见，对这个看不起，对那个瞧不上，这个钱不好，那个钱太少。这都是可怕的自尊心在作祟，真正成熟的人，会切切实实地调查每一个行业，了解钱到底从哪里来，这样你才会变有钱。比如，殡葬行业，真的很赚钱，一个好的骨灰盒，就要上万元。当然，从投资的角度讲，到底有多赚钱，就留给大家去发掘了解了。

以上的项目，我自己都或多或少地参与过，罗列出来，只是为了展现可能性，在这里先让大家看到这种可能。你要明白，这些投资最终也能丰富你的人生经历，希望你也可以把这种长远的目标，作为自己守住钱和赚到更多钱的动力之一。

最后不得不再提醒一句的是，**无论是什么投资，都请仔细地评估风险，认真算好投入产出比**。特别值得注意的是：如果你有100万～200万元，又想投资"自己的好想法"，需要谨慎，要做好充分的调研和考察。因为中国有上下五千年历史，14亿人口，大多数时候你的好想法、好点子，你发现的新商机，早就已经有人想到过了，至于为什么市场上还是空白的，那你就要去看看，到底是没有人在做，还是说，做过的人都已经失败了。

要知道，**无论是哪种规模的投资，只有赚得稳，才能赚得快。**

3）被动收入：还有什么事情，不用自己动

通过之前的学习，我们知道，打造自己的被动收入，可以通过这些方式：

创造"一次产出，但能多次售出"的产品。

购买具有较高风险的"股票"。

进行稳健的"基金定投"。

发展出一门"自己的小生意"。

投资"黄金"等稀缺资源。

但在发现可能性的角度，我想跟你深入挖掘一个模式，就是房产。

房产，是我们最熟悉的被动收入系统。通过房产创造被动收入的路径，无外乎四条：

路径一：购置房产—转售房产

路径二：购置房产—出租房产

路径三：购置房产—出租房产—出售房产

路径四：租赁房产—转租房产

前三个门槛相对高，因为需要购置。但第四个路径，是普通人也可以操作的，也是给我足够多启发的路径，就是所谓的"二房东"生意。只要选到基础不错、地段适宜的房子，用最优惠的金额租下来控制成本，再为房子添置一些软装，最多一年半之内就可以回本，一年半之后就开始赚钱了。至于是要做月租的住房，还是做日租的民宿，就得因地

制宜了。

靠利用房产变现的思路，我们也不难发现一些能创造被动收入的项目。我们知道，无论我们手上是拥有一个东西的使用权，还是所有权，我们都是可以通过把这个使用权或所有权再次转租或转售出去，获得利润的。所以，实际上，**是物品的使用权或所有权帮你赚钱，你不用花时间，或只需要花一点点时间，这是很可观的被动收入。**

我还记得，上高一的时候，日本的亲戚给我送了一台当时最流行的掌上游戏机 PSP，当年国内还买不到，拿回学校后这个游戏机就是个稀缺品，大家都想来玩一下，我就以每小时 10 元的价格租出去，如果租给非本班的同学，价格就是 15 ~ 20 元每小时，因为有更大概率会被没收。但一般我会先满足自己班里的同学，因为风险通常可控。所以每天放学，除了学了满怀的新知识，我会有 80 ~ 120 元不等的收入，一个月通过出租游戏机，就能赚到三四千元。后来我才知道，我一个月赚到的钱和我当时班主任赚到的钱，是一样多的，不同的是，他的是主动收入，我的是被动收入。

到了高三，大家都开始认真起来，埋头学习，就不打游戏了，我自然失去了市场。于是我用前面的积累，又多买了几台游戏机，在高一和高二分别发展了两个负责人，让他们把游戏机租给高一和高二有需要的同学。毕业的时候，我就把游戏机按原价的八折转卖掉了。如今看来，是不是特别像买房、租房和卖房的这个玩法呢？

同样的方法我介绍给了我的一位学员小雅，她非常有悟性，很快掌握了精髓。于是她用手头的 200 万元闲钱，交了首付，买来几台跑车，每天出租给十来位网红，网红会换着各种衣服，利用租来的豪车拍上够用半年的照片和短视频。而我的这位学员，一周的收入，基本上就够还每个月的车贷了，也就是说她每月有三周是净赚的。

用这样的思维模式，你也可以发展出"把别人的时间买来，再转卖给其他人"的被动收入模式。我把其称为"演唱会模式"，你购买了一个人的时间使用权，再把这个时间的产出转售给其他很多人，开演唱会就是这样，请一位明星，卖门票给粉丝获得利润。比如，你可以请几位行业顶尖的老师，组织一个一天的行业峰会，然后售卖峰会的门票给有需要的人。假设请 5 位老师各分享 1 小时，每位需要 2 万元，共 10 万元的成本，门票 299 元一张，售出 1000 张，就是约 30 万元的收入，再减去场地、物料、宣发等其他成本，一天净赚 15 万元。

或者你也可以参照我的一个经历。我在大学毕业后，做过一段时间的英语翻译，当时笔译的市场价是 1 毛钱一字，我接了一个国际奢侈品牌的翻译，而且是个急活。这个国际品牌要不惜一切代价打进中国市场，了解到这点后，我把报价谈到了 1 元一字，是市场价的 10 倍。有了这个10 倍的价格，我就有了足够的分利空间。于是我去找了一个外语学院的高才生，问她这活能不能接，因为比较急我会给她 3 毛一字的价格，是市场价的 3 倍，高才生当然很乐意接受。结果用了不到 3 天的时间，她就高质量地完成了 5 万字的翻译任务，我只需要做最后的审查和订正。这件事情，也最终达到了"三赢"的结果。品牌方要到了满意的翻译，高才生赚到了三倍的钱，我也用几乎毫不费力的方式，赚到了钱。为什么毫不费力？因为这次买卖的本质，就相当于我买来了高才生的时间，然后再把这个时间卖给了品牌方。

沿用同样的方式，我还做过几次有趣的投资，在这里把案例也分享给读者。比如，在国内，我投资过果园、茶田、农庄，这相当于是买来辛勤的农夫的时间，再把产品卖到市场，创造收益；在国外，也有一些特色果园等可以投资，如马来西亚的猫山王榴梿，不仅种植技术已经成熟，而且就算有国家农产品进口政策的支持，淘宝上都要卖到几百元一个——

你就能想象它的利润空间。

　　有人总是说："贫穷限制了想象力。"但依我看，因果关系反了，更接近真相的应该是，因为缺乏想象力，所以才限制了你变得富有。而为什么会缺乏想象力呢？因为没有看到更多的选项跟可能。

　　请记住，不是想到才做到，而是看到才做到。你需要做的就是，主动发掘、主动调查，让自己不断地看到更多。

5. 有钱人一定有格局：

让自己的出现，成为他人生命中的一笔财富

　　翻开本书之前，你可能会觉得，赚钱真难。翻开本书之后，你会觉得，赚钱不难，难的是赚大钱。读完本书，你会认为，赚大钱也不难，难的是一直赚大钱。一直赚大钱的人，通常都拥有与众不同的格局。

　　什么是格局呢？就是一个人，每天活着，每天的言行举止、处事判事的一个总体框架和标准。我总结了与众不同的格局的三大要素，分别是：虚怀若谷、利他属性、关注重点。

1）虚怀若谷：处处皆学问

　　虚怀若谷，顾名思义，就是保持空杯心态，不自满。这个不自满，在焦虑的年代里，主要表现为：不骄不躁。在迈向成功和财富的路上，我们必定会做出很多的小尝试，并获得对应的小成绩。不要因为做出一点小成绩而骄傲，也不要因为暂时没有达到理想的成绩而急躁。有时候，

你目前的收获，有可能只是因为运气。

我的一位好友绍锋，是创业公司的 CEO。纵观了他所在领域的几乎所有不同品质的产品后，他曾做过一个发人深省的总结：中国太大了，所以再烂的产品，也会有它的粉丝。这句话我品味良久，一方面是只要明白了这个道理，我们对很多事情就释怀了，不必在意别人家的产品好还是不好；另一方面，也是更重要的，我们要时刻反思，我们拥有粉丝，或拥有今天的成绩，是否就是因为自己做得好而已？还是有什么其他的因素？到底是做对了什么事情，带来了今天的成果？还是说，只是因为没做错什么？

这让我想起了演讲家彭清一老师，他以 80 多岁的高龄，依然活跃在一线讲台，他常常嘱咐学生的一句话，与我好友的话有异曲同工之妙："请大家记住，演讲完以后，有一些掌声，可能只是因为礼貌。"用大白话来理解就是，人家对你好，不是因为你优秀，而是因为人家优秀。要时刻保持清醒和谦虚，你没有那么了不起。

虚怀若谷的另一层含义，我理解为：保持开放性，考虑可能性。简单来说，就是允许不同声音的存在，不轻易否定任何一种声音。因为每种声音的背后，都至少有一个诉求。你得学会放下己见、抛开成见、敞开心扉，接受他人的表达也有可能是对的，哪怕暂时不能同意，也至少可以把不同的声音，作为一个认知选项来看待。

常有同学来问我："老师，我怎样可以快速学习呢？"其实快速学习的本质，并不在于提高学习的速度，而是你可以换一个角度想一想，如果你能让所有的声音、所有的人、所有的事物，成为你的老师，你都能从中"学到点什么"，那比起只是通过书本学习，或只通过上课学习的人，你的学习量、知识面和学习速度都会高很多呢！因为他只有一到两个学习渠道，而你有千个万个，根本无法同日而语。

坐在井底虽然安全，但跳出井外才能看到更大的天空。正如拥抱自己会感觉很安全，但拥抱可能性才会有更大的世界。

2）利他属性：人人都爱你

如果你想一直赚钱，一直发挥自己的价值，一直能够用自己的价值换钱，那就别忘了，要多培养自己的"利他属性"。你的兴趣爱好不是利他属性，大多数的爱好，是"利己属性"，它们的特点是：都是让自己爽。利他是让别人爽，让别人有收获，如设计、写作、演讲、教学等，都是具备利他属性的项目。当然如果这恰好是你的兴趣，那就再好不过了。除了这些技能，还有一项非常重要的"利他素养"，就是——让别人高兴。

因为无论你在做什么，只要你赚钱，就是你的"利他属性"发挥了作用。利他行为是一个习惯，需要从日常的不起眼的小事开始培养。比如，在路上帮助问路的人，去参与一些公益活动，还可以积极加入社区的义工团体。又比如，你可以开始给路边的行乞者一点钱。突然有陌生人出现，问你借钱坐车，过去你可能会觉得，肯定不给啊，都是骗人的。但从今天起，不要再去关注别人是不是在骗钱，因为就算是别人在骗你，对你而言，也就是十块八块而已，万一对方没有骗你，你就真的帮到人了。况且，怎么能让别人的行为，来决定自己要不要去做一件正确的事呢？你要永远把握"可控"，而可控的永远只有自己。

我对自我要求很高，但标准很简单，在此也分享给你："让自己的出现，成为别人生命中的一份礼物。"所以，从今天起，请把"对朋友好"这件事，当作你的日常。对于常联系的朋友，投其所好，给他们分享一些他们感兴趣的资讯，随时看看有没有自己可以帮忙或提供价值的地方。

无论是朋友需要你的倾听，还是建议，你都能陪伴左右。

对于不常联系的朋友，偶尔联系一两位，了解一下互相的近况，谈论一下共同的回忆。相对陌生但又有交集的人，你可以热情地打招呼，可以赞美几句，问候几句。哪怕看起来好像没什么，但这些美好的话语，能给他们提供足够的情绪价值，没准能让他们本来平淡无奇的一天增加一些色彩。

还有一点，要舍得给朋友花钱，更要舍得给父母花钱。多把钱给父母，让父母带上你去见他们的朋友，因为从建立有效人脉的角度看，你父母的朋友，在大概率上，总会比你自己的朋友更有钱、更有资源、更有地位。当然，除了讲究利他的方式方法，最重要的，还是得有一颗"利他的心"。无论你在做什么，你要做什么，一切都得出于真心！

因为，所有的套路，最终都会败给细节；而所有的细节，全都来自真心。

3）关注重点：事事均本质

我很喜欢电影《教父》里的一句经典台词：在一秒钟内看到本质的人，和花半辈子也看不清一件事情的本质的人，自然是不一样的命运。而普通人最大的特点，就是永远搞不清重点。本质原因是太过自以为是，以为自己看到的，就是全部。

比如，常说孝顺孝顺，其实"孝"是手段，"顺"才是目的。但多数人只记得"尽孝"，忘了"顺"才是重点。又比如，很多人会认为学习重要、阅读重要，但是比起学习，思考更重要；比起阅读，解读更重要。再比如，选择朋友，在为人处世上，有一句真理般的话可参考：君子和而不同。这句话其实有三个重点，一是"前提"，双方得是君子，二是"和"（保持和谐），三是"不同"（不必苟同他人观点）。关键是，这句话后面还紧跟着一句：小人同而不和。

事实上，看到本质，需要一个人先看到全局，再综合比对，从全局中挑出一个可能毫不起眼的重点。就好像说到财富自由，拥有财富的重点，在于"守住钱"而不是"多赚钱"。投资的重点，在于控制"风险"，然后才是追求"收益"。类似的例子：早起的重点，不在于有什么"秘诀"，而在于"早睡"。减肥的重点，不在于"做了多少运动"，而在于是否"管住嘴"，因为比起你吃进去的热量，那点运动根本不值一提。还有，"恋爱"的重点不在于"送礼物"，也不在于"对对方好"，而在于"让自己有吸引力"。工作的意义不在于"重复"，而在于"创造"。生命的意义不在于"索取"，而在于"给予"。

"二八定律"告诉我们，一件事情真正重要的部分，或起关键作用的部分，只占了全部的 20%。所以，我们要常问自己：

这件事情，最重要的那 20%，到底是什么？

重要的是什么？

更重要的是什么？

问这些问题，是为了让你分清，在日常的生活、工作、学习中，到底什么事情需要百分之百认真，什么事情可以不必在意，什么事情可以完全不放心思。有人说人生如戏，我说人生就是一场最大型的投资。你看到的重点，决定了你的记忆和生活。坚持下去，你会节省下很多不必要花费的时间和精力，投资的思维、最大化的思维会变得生活化。不仅仅是变得有钱，你还会成为真正富有的人。

后记

爱和感恩，是钱和财富的代名词

诸位好，我是本书的作者，帅健翔。感谢你能看到这里。

这书里的内容，虽都是我的想法和理念，但绝非我一人的功劳。若缺乏必要的帮助，这些想法就难以付梓。所以这本书能成功出版，需要感谢很多人。

首先感谢我的编辑彩萍老师，她为这本书付出了不为人知的汗水和心血。

去年，我失去了生命中重要的人。感谢挚友 Scalers 老师在这段特殊时期里的陪伴和关怀，S 成长会的线下活动邀请，也让我重新获得力量，持续行动。

感谢好友刘媛媛老师对本书的鼎力支持，虽然平日里没有过多的交流，但只要看到媛媛在事业上的专注和勤奋，我就不敢有半分懈怠。

感谢杨小米老师在稿件修改上给出的真知灼见，感谢马晓白律师为本书提供的宝贵法律意见，感谢李娜老师在本书的完善上指出了我没看到的角度。

感谢身在千里之外的本田健老师，在得知这本书要出版的消息后，就第一时间答应成为推荐人。在这里也顺便祝贺老师的作品在全球的销量超过 800 万册。

感谢恩师郑宏山老师对我一如既往的信任和鼓励，这是我不断前进的动力。

特别鸣谢陈春江先生和唐丽娜（子木）女士。3 年前，为满足宝妈们和 UP 读书会成员们对财富知识的渴望，我们一起策划并开办了首期的宝妈财富课。在准备这节课的过程中，多年以来我在财富上的心得和观点得以整理和沉淀，也最终凝结成了我写这本书的初心。

诸位都是我的良师益友，言传身教，让我受益匪浅。当然还得感谢我所有的家人对我的放养和包容，让我可以一直尝试不走寻常路。

最后感谢我所有的读者和学生，特别是千分之一俱乐部和"有钱有闲"专栏的成员，感谢一直以来的信任与支持！遇见你们，是我此生最大的幸运。我一直都会跟你们说，成长中最重要的事情，就是指望自己。其实在财务自由的路上，原理别无二致——千万不要把自己的成长和责任假手于人。

关于财富和自由，如果还有什么是必须让大家记住的，那么我想给你分享这条终极的财富秘诀：爱和感恩，是钱和财富的代名词。给出去的爱和感恩越多，你就会越富有。你慢慢会明白，人生的终极富有，终究与钱无关。钱不过是通向爱的工具。

诚然，人生的最大财富其实并不是钱，而是重要的人，一直在身边。

感谢你们一直都在！我也会一直在！

我深知一个人的力量有限，所能达到的结果也很有限。只有在一起，才能成更大的事。

流水不争先，争的是滔滔不绝，让我们一起走得更远，在更高处相见！

爱你的帅老师

2021 年 2 月于广州